W0229920

»Ganz Praha ist ein Goldnetz von Gedichten«, sagte Detlev von Lilien-cron nach einem Besuch in Prag. Das malerische Stadtbild wird geprägt von der Moldau, den Brücken und Inseln, der Burg Hradschin, den zahl-reichen Kirchen, Klöstern und Palästen, den unzähligen Türmen und Türmchen, die der Stadtansicht jenes Malerische verleihen, das der Be-griff »Goldenes Prag« zusammenfaßt.

Prag, eine Stadt der Denkmäler, in denen sich alle Epochen europäi-scher Baukunst verfolgen lassen, eine Stadt mit langer, bewegter Ge-schichte, die seit der Gründung immer wieder Schauplatz vieler das gan-ze Land und Europa prägender Ereignisse wurde. Seit der Frühzeit war slawisches, jüdisches und deutsches Kulturgut hier vermischt und be-stimmte im Nebeneinander das kulturelle Leben der Stadt. Franz Kafka, Rainer Maria Rilke, Max Brod, Franz Werfel, Egon Erwin Kisch, Johan-nes Urzidil, Friedrich Torberg, sie alle fühlten sich Prag und der eigen-tümlichen Atmosphäre, die diese Stadt hervorbrachte, in besonderer Weise verbunden, ja sogar an sie gebunden.

insel taschenbuch 994
Prag

PRAG

Ein Lesebuch

Herausgegeben und
mit einem Nachwort versehen
von Jana Halamíčková
Insel Verlag

insel taschenbuch 994
Erste Auflage 1988
Originalausgabe
© dieser Ausgabe Insel Verlag Frankfurt am Main 1988
Alle Rechte vorbehalten
Text- und Bildnachweise am Schluß des Bandes
Vertrieb durch den Suhrkamp Taschenbuch Verlag
Umschlag nach Entwürfen von Willy Fleckhaus
Satz: Fotosatz Otto Gutfreund, Darmstadt
Druck: Nomos Verlagsgesellschaft, Baden-Baden
Printed in Germany

1 2 3 4 5 6 – 93 92 91 90 89 88

Inhalt

FRÜHZEIT UND MITTELALTER

Cosmas von Prag:
Aus dem ersten Buch der Chronik
von Böhmen

Prag

Dieser Mann (Premizl), welcher seiner Mannhaftigkeit wegen mit Recht ein Mann genannt wird, bezähmte das wilde Volk durch Gesetze, bändigte die Unbändigen und brachte sie in die Knechtschaft, unter welcher sie heute seufzen; und alle Gesetze, nach welchen das Volk jetzt lebt und regiert wird, gaben er und Lubossa allein.

Während so der Anfang mit der Gesetzgebung gemacht wurde, weissagte eines Tages die genannte Herrin, von ihrem Geiste getrieben, in Gegenwart ihres Gemahls Premizl und anderer Vornehmen des Volkes wie folgt:

»Sieh, ich erblickte die Stadt, ihr Ruhm reicht bis zu den Sternen, ein unscheinbares Dorf, in einem Wald gelegen, dreißig Meilen von hier, bespült von der Wlitawa Wellen; gegen Norden schützt sie das in tiefem Tale rinnende Bächlein Brusnica, gegen Süden ragt ein hoher Berg empor, welcher wegen seiner Felsen Petrin genannt wird; derselbe krümmt sich wie ein Delphin oder Meerschwein und läuft bis zu dem genannten Bächlein fort. Wenn ihr dahin kommt, werdet ihr mitten im Walde einen Mann treffen, der für ein Haus die Schwelle anfertigt, und weil zu der niedern Schwelle sich auch große Herren neigen, sollt ihr, dem Vorgang entsprechend, die Stadt, welche ihr dort erbaut, Prag nennen. In dieser Stadt werden einmal zwei goldene Ölbäume wachsen, welche mit ihrem Gipfel bis in den siebenten Himmel reichen und in der ganzen Welt durch Zeichen und Wunder glänzen werden. Alle Stämme Böhmens und die übrigen Völker werden sie durch Opfergaben ehren und verherrlichen. Einer derselben wird ›Größere Ehre‹, der andere ›Heerestrost‹ genannt werden.«

Sie würden noch mehr gesprochen haben, wenn der höllische Weissagergeist nicht vor dem Gebilde Gottes entflohen wäre. Man begab sich aber sogleich in den alten Wald, und nachdem man an dem vorherbestimmten Ort das gegebene Zeichen gefunden hatte, wurde dort Prag, die Hauptstadt von ganz Böhmen, erbaut.   *Um 1100*

Clemens von Brentano:
Die Gründung Prags

LIBUSSA *(wird ernst, schaut in die Ferne hinaus, und steigt auf Kroks' Stuhl, und spricht, als sähe sie die Stadt vor ihren Augen entstehen).*

Die Berge treten ehrfurchtsvoll zurück,
Es öffnet sich des Tales sicherer Schoß,
Denn oben schwebt das wandelbare Glück,
Und wirft der Nachwelt rätselhaftes Los.
O Herrlichkeit! sie wächst vor meinem Blick,
Sie steigt, sie windet sich, wie wird sie groß!
Schon ruft sie, spiegelnd in der Moldau Welle:
Prag, Prag, heiß ich, bin deines Ruhmes Schwelle!

Ich hör das Beil, es lichtet durch den Wald,
Und feste Häuser steigen rings empor,
Sie reihen sich in wechselnder Gestalt,
Die Mauer schirmt, es wehret Turm und Tor,
Es engt der Raum, zur Höhe treibt Gewalt,
Schon ragt am Berg der Schlösser hohes Chor,
Sie jauchzen lichtstolz in der Sonnenhelle:
Prag, Prag, du unsres Glanzes Ehrenschwelle!

Schon fasset sie nicht mehr des Tales Bucht,
Schon wehret ihr nicht mehr des Flusses Macht,

Und wie der Bergstrom wachsend Ebne sucht,
Dringt jenseits sie; der Wälder tiefe Nacht,
Sie neigt sich ihr; der Fläche stolze Frucht,
Die weite Stadt, zum blauen Himmel lacht,
Und grüßt hinüber zu den Schlössern helle:
Prag, Prag liegt hier vor seines Thrones Schwelle!

Ja wie des Bergstroms Sohn, der blanke See,
Liegt sie gebreitet in der Sonne Glanz,
Und wie versteinte Wogen ringsum seh
Ich stolzer Schlösser, hoher Tempel Kranz.
Es braust das Volk, und rauscht in Wohl und Weh;
Es tost die Stadt in Lust und Waffentanz,
Und mancher singt auf des Geschickes Welle:
Prag, Prag, du meines Glückes reiche Schwelle!

Sieh! auf dem Schloß erglänzet eine Krone,
Und, wie ein Königsmantel weit, ergießt
Die goldne Stadt sich von des Berges Throne;
Um ihn, als ein gestirnter Gürtel, fließt
Die Moldau ernst, und Heil der Nachwelt Sohne!
Der mit der Brücke Demantschloß ihn schließt.
Durch Siegesbogen lobsingt laut die Welle:
Prag, Prag, du meines Heils umpalmte Schwelle!

O Trinitas, ich seh aus deiner Gruft
Zwei goldene Oliven sich erschwingen,
Im heilgen Garten würzen sie die Luft,
Durch alle Himmel muß ihr Duften dringen,
Gleich frommen Bienen um der Blüten Duft
Wird alles Volk in ihrem Schatten singen.
Es bricht die Nacht, o Duft, o Lichtes Helle!
Prag, Prag, du unsers Heils und Glaubens Schwelle!

1. Praga. Zeitälteste Ansicht von Prag. 1493. Holzschnitt von M. Wohlgemuth und W. Pleydenwurff.

Eduard Petiška:
Von der Einwanderung der
Juden in Böhmen

In den alten Zeiten, da in Böhmen die Wege rasch zuwuchsen, da dort, wo heute Städte aufragen, Wälder rauschten und Quellen sangen und arglose Hindinnen zu ihnen kamen, um zu trinken, in jenen alten Zeiten also herrschte über das Volk der Tschechen der weise Krok, und er war seinem Volke ein gerechter Walter und Richter. Er hatte der Töchter drei: Kazi, Teta und Libuše, ein Sohn war ihm jedoch nicht beschieden.

Als der Fürst Krok gestorben war, erheischte es die Notwendigkeit, an seiner Stelle einen neuen Herrscher einzusetzen. Damals fiel die Wahl auf die jüngste der drei Fürstentöchter: Libuše wurde die neue Herrscherin. Ihre Schönheit war erhaben, und ihr Scharfsinn und ihre Weisheit strahlten still und beständig wie das Leuchten eines Edelsteins. Sie hatte auch die seltene Gabe der Weissagung, und die Zukunft sprach oftmals aus ihrem Munde. Alle nahmen Libušes Prophezeiungen mit heiliger Ehrfurcht auf.

Nach Jahren erwählte sich Libuše als ihren Gemahl den Přemysl. Auf ihn übertrug sie das Herrscheramt und begründete mit ihm das mächtige Geschlecht der Přemysliden.

Es wird überliefert, daß als erste der drei Töchter des Fürsten Krok die älteste, Kazi, starb. Sie wußte um die Kraft der Heilkräuter und rief oft mit ihnen die Gesundheit zurück, wenn diese einen Menschen zu verlassen begann. Sie machte eine große Zahl von Kranken gesund, und alles Volk trauerte um sie. Da war keine Hand, die nicht Erde herbeigetragen hätte, als sich über ihrem Leichnam der Grabhügel wölbte.

Danach starb Teta, die das Volk gelehrt hatte, sich vor den Göttern des Waldes und des Wassers zu verneigen, vor den Waldgeistern und Nixen, und ihnen Opfer darzubringen. In der Nacht nach ihrem Tode ging ein mächtiges Rauschen durch die Wälder, und die Flüsse wogten auf.

Am Ende vernahm auch die Fürstin Libuše den Schritt des nahenden Todes. Sie erhob sich von ihrem Lager und schritt langsam hinaus zu den Schanzen, um vom Vyšehrad hinabzuschauen zu den dunklen Strahover Wäldern. Umsonst bemühte sich ihr geschwächtes Auge, in die Ferne zu spähen. Dort irgendwo standen die gezimmerten Gerüste der Burg Praha, Prag, die zu errichten sie befohlen hatte und deren Ruhm sie wachsen und blühen und bis an die Sterne reichen sah. Sie blickte auch hinab zum Fuß des Vyšehrader Felsens, wo die Wasser der Moldau zwischen den noch fröstelnden Ufern glitzerten. Was da auf dem Wasser schimmerte, war der Abglanz der goldenen Wiege von Libušes erstgeborenem Sohn. Sie selbst hatte sie einst im Fluß unter dem Vyšehrad versenken lassen. Wenn die Zeit gekommen ist – so lautete ihre Weissagung –, dann wird die Wiege aus eigenem Willen aus dem Wasser emporsteigen, um das Kind in sich zu betten, das seinem Volke und seinem Lande dereinst Rettung und Erlösung bringen wird.

Libuše stand an den Schanzen der Burg Vyšehrad, doch ihre Gedanken flogen wie die Vögel bis hinter den Horizont, weit in die Zukunft.

Als sie auf ihr Lager zurückgekehrt war, ließ sie ihre Sippe zu sich rufen, den Fürsten Přemysl, ihren gemeinsamen Sohn Nezamysl und die Wladiken, die Berater des Fürsten, um von ihnen Abschied zu nehmen, denn der Tod stand schon bei ihr und wies ihr den Weg in sein Reich.

Damals sprach die Weisheit der Libuše noch einmal und zum letzten Mal aus ihrem Munde. (...)

Ihrem Sohn Nezamysl widmete sie die folgende Weissagung:

»Die Zeit wird sich erfüllen, und dein Enkel wird den Fürstenthron besteigen. Alsdann wird ein Haufen von Fremdlingen am Moldauufer zwischen der Burg Prag und dem Vyšehrad erscheinen. Diese Leute werden auf der Flucht aus einem Lande gen Sonnenaufgang zu uns gelangen. Sie werden an einen einzigen Gott glauben, und sie werden an diesem Flusse eine neue Heimat suchen. Möge dein Enkel sie gastfreundlich aufnehmen und ihnen seinen Schutz gewähren. Sie werden nicht Fremdlinge eines uns feindlichen Stammes sein, und ihr Tun und Handeln wird dem ganzen Fürstentum zum Nutzen gereichen.«

Die Fürstin Libuše starb, und ihre Prophezeiung wanderte von einem Herrscher zum andern, wurde von einer Generation an die nächste übergeben, bis sie zu Hostivit gelangte, dem Enkel des Nezamysl.

Hostivit wartete nun auf den Tag, da sich die Weissagung erfüllte.

Eines Nachts hatte er einen Traum. Er träumte, daß den Saal, in dem er schlief, eine leuchtende Frauengestalt im Fürstengewand betrat und zu ihm sprach:

»Ich bin die Mutter deines Großvaters. Der Tag, den ich vorausgesagt habe, naht nun. Morgen werden dich Fremdlinge aufsuchen. Sei barmherzig und freundlich zu ihnen.«

Am nächsten Tage kam ein Wachposten herbeigeeilt, um dem Fürsten Hostivit zu melden, daß auf dem Moldauufer eine Schar von Fremdlingen lagere und daß deren beiden Ältesten den Fürsten um eine Audienz bäten.

Hostivit empfing sie und hörte sie huldvoll an.

»Herr«, erklärten die Ankömmlinge, »wir sind Juden, Hebräer, und wir sind mitsamt den Frauen und Kindern nicht mehr als einhundertfünfzig an der Zahl. Wir irren bereits zehn Jahre durch die Welt. Seit der Zeit, da unsere Gemeinde aus ihrer Heimat in den litauischen Landen vertrieben wurde, ist unser Lager die kalte Erde, ist der harte Stein unser Kopfkissen und der winddurchbrauste Himmel unser Dach. Vergönne uns die ersehnte Ruhe, o Fürst, erlaube uns, uns in deinem Lande niederzulassen und hier seßhaft zu werden. Auf dem Wege hierher haben wir erkannt, daß es ein gutes Land ist, und gut scheint uns auch sein Volk zu sein. Wenn du erlaubst, werden wir auf dem uns zugewiesenen Platz unsere Hütten bauen und deine getreuen Untertanen werden. Wir werden zu unserem Gott beten, er möge dir und deinem Volke Ruhe und Frieden, Wohlstand und Ruhm bescheren.«

2. *Wyschehrad vor 1420. Ein Gemälde im Nordschiff der Hl. Peter Kirche.*

Der Fürst Hostivit überlegte. Er erkannte in den Ankömmlingen jene Fremden, die ihm die Fürstin Libuše im Traum angekündigt hatte. Er wollte jedoch nicht allein entscheiden. Weil er die Gewohnheit hatte, sich in allen Fragen mit den Wladiken zu beraten, sprach er zu den Ältesten der Juden:

»Kehret zurück zu den Euren und geduldet euch. Wenn ich einen Boten zu euch schicke, dann kommet und holet euch meine Antwort auf euer Anliegen.«

Hostivit ließ die Beratung der Wladiken einberufen und sprach zu ihnen von seinem Traum und wiederholte die Weissagung der Libuše.

»Nun saget an, Wladiken«, redete er die Versammlung an, »sollen wir den Fremdlingen erlauben, sich in unserem Lande niederzulassen? Sie haben eine mächtige Fürsprecherin, und ihnen ist eine Weissagung vorausgegangen. Ich will der Weissagung Genüge tun, aber ich gedenke nicht, ihr gegen euren Willen zu gehorchen.«

»Dein Wille ist auch unser Wille, o Fürst«, erwiderten die Wladiken einmütig.

Und so sandte der Fürst Hostivit einen Boten hin, und es dauerte nicht lange, und die Abgesandten der Hebräer überschritten erneut die Schwelle des Fürstenhauses.

»So höret denn meine Entscheidung«, sprach der Fürst. »Ich vertraue der Weissagung, die mir eure Ankunft angekündigt hat, und ich will auch euch vertrauen. Von dieser Stunde an bin ich euer Fürst. Als Wohnstatt weise ich euch einen Platz am linken Ufer des Moldauflusses zu.«

»Vieledler und ruhmreicher Fürst«, riefen die Hebräer und fielen vor Hostivit aufs Angesicht nieder, »möge dein Ruhm in Ewigkeit währen wie die Sonne und der Mond und die Sterne, möge dein Feld mit vollen Ähren prangen, mögen sich deine Herden in Reichtum mehren, mögen deine Feinde vor deinem Blick fliehen. Friede sei mit dir und deinem Volk!«

Die Abgesandten der Hebräer eilten mit der Freudenbotschaft zu ihrem Stamme. Die fürstliche Wache führte sie dann alle auf den ihnen zugewiesenen Platz nahe der Moldau. Das war die Stelle, die man heute Kleinseite nennt. Hier bauten die Fremdlinge ihre Hütten, und weil sie geschickt waren in Gewerbe und Handel, erging es ihnen bald auf das beste.

Als der Fürst Hostivit Krieg gegen die Deutschen führte, vergaßen die Zuwanderer nicht der Gnade, die der Fürst ihnen erwiesen hatte. Sie halfen ihm mit allen Kräften, versorgten ihn mit Gold und Waffen, damit er den Krieg bestehen konnte, verpflegten seine Truppen und standen getreulich bei ihm, bis er gesiegt hatte.

Unter dem ersten christlichen Herrscher von Böhmen, unter dem Fürsten Bořivoj [894–910], waren die Hebräer bereits so viel an der Zahl, daß der ihnen als Wohnstatt zugewiesene Platz nicht mehr ausreichte. Sie wandten sich deshalb mit der Bitte an den Fürsten, ihnen eine neue Siedlung zu bestimmen.

Der Fürst Bořivoj teilte ihnen sodann einen Platz am rechten Moldauufer zu, dort wo heute die Reste des alten Judenfriedhofs der Stadt Prag stehen. Und die Juden zogen um aufs rechte Ufer mit ihren Frauen und Kindern und ihrer gesamten Habe, und sie bauten sich hier eine neue Heimat auf.

Anfangs standen dem Hörensagen nach in der Prager Judenstadt dreißig Holzhäuser. Auf dem freien Platz zwischen den Häusern errichteten die Juden ihr Gotteshaus, die Synagoge. Die erste Synagoge war wie ihre Häuser aus Holz.

Die Prager jüdische Gemeinde wurde bald sehr berühmt, und die Stadt Prag erhielt von den Juden den Namen »Mutter Israels«.

Alles, was die folgenden Jahrhunderte mit sich brachten, Freude und Leid, Ängste und Unbill, Feuersbrünste, gewaltsamen Tod und stilles Glück, wie es die Weisheit gewährt, all dies fand seine Heimat auf dem kleinen, engen Stück Erde rings um die Synagoge.

Adalbert Stifter:
Witiko

Indes... war es in Prag, wie es schon viele Tage vorher gewesen war. Das Schleudern gegen die Mauern dauerte, und die Verteidigung dauerte. Die Männer in der Stadt waren weniger, und die Männer vor der Stadt waren auch weniger. Die Mauern zeigten größere Beschädigungen, die Geräte der Feinde waren in geringerer Wirkungskraft, und die auf den Mauern auch.

Am fünften Tage des Brachmonates drängten sich so viele Feinde gegen die Stadt, daß die auf den Mauern meinten, kein einziger Mensch sei in dem Lager zurückgeblieben. Das Werfen aus den Schleuderstücken der Feinde wurde stärker, als es früher gewesen war. [...] Die Feinde suchten auch an der schwächsten Stelle der Mauer emporzuklimmen. Diepolds Scharen drängten sich zur Verteidigung heran. Da, als es schon gegen den Abend ging, begann die Kirche des heiligen Veit zu brennen. Der Türmer ließ das große Banner des Herzogs Wladislaw nieder, und rettete es zu Diepold. Darauf faßte das Feuer das ganze Dach, und es ging eine breite Lohe gegen den Himmel empor. Und fast zur nämlichen Zeit begannen das Kloster und die Kirche des heiligen Georg zu brennen, und die Flammen gingen in die Lüfte.

Die Männer auf den Mauern wendeten ihre Angesichter dahin, und es war, als erstarrten sie. [...]

Endlich kam die späte Abenddämmerung dieser Jahreszeit, und die Feinde wichen von den Mauern, und gingen zurück, und gingen immer weiter zurück, und endeten ihr Werfen. Die Verteidigung hörte auch auf, und es war nach einer Stunde so stille, als ob nichts gewesen wäre, nur daß der Schein der Feuer, die sanfter brannten, gegen die Luft emporleuchtete.

Der Bischof Otto hielt nun mit seinen Priestern unter dem freien Himmel ein Dankgebet. Dann ging er in die Kirche der heiligen Jungfrau Maria und betete mit ihnen dort wieder, und es beteten die Krieger mit. [...]

Die Herzogin ging zu der Brandstelle der Kirche des heiligen Veit und fragte, was man denn von den Heiligtümern und wichtigen Dingen zu bergen imstande gewesen sei. Die, welche die Rettung der Kirche und die Löschung des Brandes versucht hatten, sagten, daß manches schnell fortgeschafft worden sei, daß man es in verschiedene Plätze gebracht habe, daß man aber nicht erkennen könne, was gerettet worden sei, und was das Feuer verzehrt habe.

Hierauf konnte man die Ruhe, die mit der Sicherheit möglich war, suchen.

Die kurze Nacht ging bald vorüber.

Als sich der erste Schein des Morgens lichtete, spähten Menschen nach jeder Richtung. Und da es endlich hell geworden war, sah man, daß das Lager der Feinde leer sei, und daß die Nähe und die Ferne um die Stadt und die Burgflecken leer sei. Kein Feind war zu erblicken, und kein Retter war zu erblicken. Im Lager der Feinde standen die Geräte da, es standen Reihen von Gezelten, und es lagen Dinge des Krieges und andern Gebrauches umher.

Die Männer auf den Zinnen erhoben einen Siegesruf, und die Menschen in der Stadt riefen ihn nach, und die in den Burgflecken auch, daß man die Stimmen von oben herab und von unten hinauf zu hören vermochte.

Kundschafter kamen und sagten, daß die Feinde abgezogen seien.

Da ertönten, als die Sonne sich erhob, die Glocken der Kirche der heiligen Jungfrau Maria, die Glocken der Kirche am Teyn, und es ertönten die Glocken in den Burgflecken, die Glocken der Kirchen im Wyšehrad, und in allen Kirchen wurden Gottesdienste gefeiert.

Fabian, der Župan vom Wyšehrad, sandte Boten an Diepold, die sagten, daß die Burg dem Herzoge unverletzt sei.

Nun wurde gerufen, daß man hinausgehen und das Lager der Feinde plündern solle. Diepold aber verweigerte es; er ließ die Tore und die Mauern besetzt und sandte wieder Kundschafter aus.

Die Männer zeigten sich nun von den Mauern die Stellen, wo gekämpft worden war, wo arge Geschosse gestanden waren, und was sonst die Feinde getan hatten.

Gegen Menschen, die sich in dem Lager blicken ließen, befahl Diepold einige Steine zu werfen. Darauf gingen sie fort.

Die Kundschafter kamen wieder und sagten, das Heer der Feinde sei im Eilwege in der Richtung nach Mähren.

Diepold ließ nun das Brückentor öffnen.

Da es zwei Stunden nach dem Mittage war, sprengten Reiter vom Abende her gegen die Stadt, welche rosenfarbene Fähnlein auf den Lanzen trugen. Sie ritten ein und meldeten, daß der Herzog Wladislaw [1140–1172; seit 1158 böhmischer König] am Abende dieses Tages mit seinen Scharen in Prag eintreffen werde, daß der König Konrad ihm mit einem großen Heere folge und morgen kommen werde. Die Feinde seien schon eine Tagereise weit von Prag entfernt und werden sich auflösen.

Diepold ließ die Kunde allen seinen Kriegern mitteilen, und die Herzogin ließ sie in der Stadt und in den Burgflecken ausrufen.

Diepold sendete Leute zur Hut in das verlassene Lager der Feinde.

Am Nachmittage war der Weg nach dem Petřin hin mit Menschen gefüllt.

Gegen die Abendzeit, ehe die Sonne den Berg Petřin rot färbte, sah man in ihrem Scheine vom Abende her unzählige Lanzen funkeln. Sie wogten auf und nieder wie von Reitern getragen und näherten sich, und man erkannte dann das blaue Banner und die rosenfarbenen Fähnlein, und in der Mitte die große rote Fahne. Es war die Schar Wladislaws, des Herzogs von Böhmen und Mähren.

Ein luftbewegender Ruf erhob sich weit draußen jenseits des Berges Petřin, und ging an allen Menschen bis in die Stadt hinein. Das große rosenrote Banner auf den Zinnen der Stadt rückte nun bis an die Spitze seines Tragbaumes empor.

Der Herzog Wladislaw ritt mit den Seinigen sehr langsam auf dem Wege an der Moldau zwischen der Menschenmenge gegen

3. *Valdislavsaal im königlichen Palast auf der Burg, erbaut nach den Plänen von Benedikt Rejt 1486–1502.*

die Stadt Prag dahin. Sein Schwert war in der Scheide und sein Haupt entblößt. Nur der Schmuck der blonden Haare war auf demselben und um die Stirne. Alle Glocken der Stadt und der Burgflecken begannen zu läuten. Neben dem Herzoge ritt in schöner Rüstung der Bischof Zdik, dann ritt Welislaw in schönem Gewande, Odolen in schimmerndem Ringleinpanzer, Witiko mit besonders schönem Kleide geziert, die zwei Hofkapläne in Rüstungen, und Župane und Wladyken und andere Führer. Viele deutsche Jünglinge hatten sich dem Zuge beigesellt, Wolfgang von Ortau mit dreien seiner Freunde zu Witiko, Rudolph von Bergheim mit drei Freunden zu Welislaw, Hanns vom Wörthe mit fünf Freunden zu Odolen, und Adalbert von der Au, und Werinhart von Hochheim, und der junge Graf Heinrich von Rineck. Da der Herzog gegen die Stadt kam, warfen Knaben in schönen Kleidern und schöngekleidete Mädchen Blumen und Zweige auf den Weg, und das Volk warf grüne Reiser und Kränze und sang Lieder.

An dem Brückentore harrete Otto, der Bischof von Prag, mit seinen Priestern, mit den Priestern der Burgflecken und den Jungfrauen des heiligen Georg, dann der Propst vom Wyšehrad mit seinen Priestern, dann die Äbte mit ihren Priestern, und dann die Herren des Hofes.

Da Wladislaw vor dem Bischofe angekommen war, stieg er von seinem Pferde. Der Bischof begrüßte ihn mit dem Zeichen des Segens, und er und die Priester und die Jungfrauen sprachen die Begrüßungsworte. Wladislaw antwortete dem Gebete mit der Kirchensprache, dann grüßte er den Bischof und küßte seine Stirne. Dann bestieg er wieder sein Pfed, und zog im Geleite aller, die da waren, und in dem Geleite seines Heeres in die Stadt empor.

Da er zu den Trümmern der Kirche des heiligen Veit gekommen war, stieg er wieder von dem Pferde, kniete vor der Kirche nieder und tat ein Gebet. Dann ritt er zu der Kirche der heiligen Jungfrau Maria, ging in dieselbe und betete.

Hierauf ritt er gegen die Zinnen der Stadt. Dort standen alle

Krieger, welche die Stadt verteidigt hatten. Als er zu ihnen gekommen war, stieg er von dem Pferde, schritt zu dem Baume, auf welchem das große Banner war, berührte den glatten Schaft und rief: »So beginnt mein Befehl und meine Macht wieder über alle, die in Prag sind.«

Alois Jirásek:
Das alte Prag

Karl IV. ist der Gründer zahlreicher Prager Kirchen und Klöster. Er ließ auch die St.-Emaus-Kirche und ein Benediktinerkloster bei Skalky errichten. Die aufwendigen Bauarbeiten dauerten zwanzig Jahre. Als die Kirche 1372 vollendet worden war, zelebrierte man die Gottesdienste in slawischer Sprache. Das Evangelium wude aus alten slawischen Kirchenbüchern gelesen. Deshalb nannte man das Kloster und die Kirche »Na Slovanech«.[*]

Die St.-Emaus-Kirche war noch nicht beendet, als Karl IV. bereits eine weitere Kirche stiftete. Sie sollte auf dem höchsten Hügel der Neustadt stehen. Die Baupläne trug ein junger Prager Baumeister an den König heran. Die Kirche sollte einen achteckigen Grundriß und ein kunstvolles, prachtvoll verziertes Gewölbe haben. Karl IV. war von diesem Bauvorhaben sichtlich begeistert. Kenner des Metiers, erfahrene und bewährte Baumeister, staunten zwar über die Pläne ihres jungen Kollegen, behaupteten aber gleichzeitig, sie seien zu gewagt und ließen sich niemals verwirklichen.

Doch der König hörte nicht auf ihre Einwände. Und so begannen die Maurer eines Tages unter Anweisungen des jungen Baumeisters die Kirche zu errichten. Sie kamen schnell voran. Bald wurde die Kirchenmauer hochgezogen, in die zwei- und dreiteilige Fenster und prachtvolle Maßwerke eingemauert waren. Bald

---

[*] Bei den Slawen.

4. *Votivbild des Očko von Vlašim um 1375. Links Kaiser Karl IV. empfohlen vom hl. Sigismund; rechts Wenzel IV. empfohlen vom hl. Wenzel.*

stand auch ein mit Edelsteinen, Statuen und mit einem reich ver-
zierten Portal da. Bald wurde das Kirchenschiff mit einem ge-
wagten, noch nie dagewesenen Gewölbe überspannt – alles
haargenau nach dem Bauvorhaben des jungen Meisters.

Als die Bauarbeiten beendet worden waren, kursierten in Prag
Gerüchte herum, das Kirchengewölbe werde von Gerüsten gestützt, und sobald man diese entfernt habe, stürze die Decke
augenblicklich zu Boden.

Diese Gerüchte kamen auch dem jungen Meister zu Ohren
und ließen ihn nicht unberührt. Sein Selbstvertrauen war er-
schüttert, Zweifel und Sorgen peinigten ihn und brachten ihn um
den nächtlichen Schlaf.

Als er eines Nachts abermals nicht schlafen konnte, lief er in die Neustadt. Aus der Dunkelheit ragten die Umrisse seiner Kirche empor. Im Inneren war die Kirche vom Mond beleuchtet, dessen blasser Schein durch die noch nicht verglasten Fenster hineinströmte. Nachdenklich lief der junge Baumeister im Kirchenschiff auf und ab, seinen Blick stets zu dem Gewölbe gerichtet. Plötzlich blieb er stehen und hielt inne. Einen Augenblick lang sah er seine Kirche in ihrer ganzen Pracht – mit Gold und Wandgemälden verziert – vollendet, und alle, der König, die Höflinge und das Volk, bewunderten vor allem das von ihm entworfene und kunstvoll gebaute Gewölbe.

Als er aus dieser kurzen Vision erwachte, übermannten ihn wieder die Zweifel. Auf dem Heimweg schwor er, diesen Bau um jeden Preis zu vollenden, sei es auch mit Hilfe des Teufels. Und so geschah es.

Nachdem der junge Baumeister seine Seele dem Teufel verschrieben hatte, versprach der Teufel, ihm bei der Vollendung behilflich zu sein. Er hielt sein Wort.

Als die Maurer sich weigerten, das Baugerüst abzuräumen, beschloß der Meister, es selber zu tun. Daran wurde er aber von älteren erfahrenen Bauarbeitern gehindert.

»Dann stecke ich es in Brand!« sagte er sich. Diese Lösung hatte ihm der Teufel eingeflüstert.

Eines Tages ging er ans Werk. Vor der Kirche versammelte sich eine Schar von Neugierigen. Der Baumeister war gerade aus der Kirche hinausgetreten, als hinter ihm ein so heftiges Donnern erschallte, daß die Luft zitterte. Die Menschen liefen mit Schrecken davon und streuten in der Stadt die Nachricht aus, das Gewölbe der neuen Kirche sei zu Boden gestürzt.

Der junge Baumeister blieb nach dem Knall erst eine Weile erstarrt stehen. Geistesabwesend sah er zu, wie dicke Staubwolken sich aus den Fenstern hinauswälzten.

»Der Teufel hat mich an der Nase herumgeführt«, dachte er. »Das ist die Strafe Gottes!« Er wartete nicht ab, um sich zu vergewissern, was genau passiert war, sondern rannte in Panik davon.

5. *Kirche im Karlshof. Gewölbe.*

Allmählich legten sich die Staubwolken nieder, und als ein paar Neugierige es schließlich wagten, die Kirche zu betreten, schrien sie auf vor Begeisterung. Auf dem Boden lagen Bretter und Balken im wilden Durcheinander, doch darüber spannte sich ein großartiges, noch nie dagewesenes Kirchengewölbe. Sie eilten zu dem Schöpfer der Kirche, um ihn von dem Ausgang seiner Arbeiten zu unterrichten. Sie trafen ihn zwar zu Hause an, aber er war tot. Aus Verzweiflung hatte er sich das Leben genommen.

Sein Traum aber wurde Wirklichkeit. Der König, die Höflinge und das Volk – jeder, der die Kirche, die nach seinem Gründer »Karlshof« genannt wurde, betrat, konnte von dem prächtigen Kirchengewölbe kaum die Augen lassen. Und man vergaß nicht, gleichzeitig des unglückseligen Baumeisters zu gedenken, der für diesen Bau mit dem Leben bezahlt hatte.

Hugo Salus:
Das Königsbad

Wer den Namen König Wenzels IV. [1379–1419] hört, dem läuft, namentlich in Böhmen, ein Grausen über den Rücken, der weiß, daß dieser König Wenzel, der Sohn Karls IV., als dreijähriges Kind zum König von Böhmen gekrönt, als zehnjähriger Bub mit einer bayrischen Herzogstochter vermählt, als fünfzehnjähriger Knabe zum römischen König gewählt, später den böhmischen und deutschen Königsthron bestieg. Von welcher überragenden sittlichen und geistigen Reinheit hätte solch ein Jüngling sein müssen, wenn er, zum Herrscher über viele, viele Millionen erkoren, ein Weiser und Gerechter gewesen wäre, wenn er sich ein schmückendes Beiwort zu seinem Namen verdient hätte! So war Wenzel zwar gut unterrichtet und von großer Begabung, aber ihm mangelte die Ausdauer und der sittliche Ernst, er lebte in Böhmen auf seinen Schlössern, ließ seine Herren das Land

6. *Ermordung des Johannes Nepomuk durch König Wenzel von Böhmen am 30. April 1393. Radierung nach einem Gemälde.*

regieren und ergab sich dem Weine und Biere, den Karten und Weibern, raufte mit den Städten und Ständen, mit dem Adel und der Geistlichkeit, und machte den Generalvikar des Erzbischofs von Prag, seines Gegners, Johann von Nepomuk, zum Märtyrer für alle Zeiten, indem er ihn von der Prager steinernen Brücke in die Moldau stürzen ließ. Dort zieht noch jetzt alljährlich eine Prozession von vielen, vielen frommen Menschen hin, an dem Königsbade vorbei, das noch heute an der gleichen Stelle steht und noch immer das Königsbad heißt, auf die herrliche, alte Brücke zum Denkmale des guten Johann von Nepomuk, um ihn zu verehren, zu der gewaltig ragenden, herrlichen Burg Hradschin hinaufzudrohen und das Andenken des bösen Wenzel zu verfluchen, der ihnen so Schlimmes getan und ihnen dadurch doch den guten Johann von Nepomuk zum böhmischen Heiligen gemacht hat.

Alfred Meißner:
Žiška vor Prag

In seinem Zelte
Vor den Toren Prags
Schlummert Žiška*.
Im zerbeulten Panzer,
Der eins geworden
Mit seinem Fleische,
Liegt er da
Und stöhnet auf,
Und wühlt sich verzweifelnd
In seinen purpurnen Feldherrnmantel;
Denn auf ihm lastet
Quälend,
Zum Wahnsinn treibend,

* Hussitenführer (1419–1425)

33

Die jahrlang getragene,
Unabwerfbare Finsternis.
Stimmen ringen sich los,
Aus dem Dunkel,
Und ballen sich
Wie Lawinen,
Und wecken das schlummernde Echo
In allen Abgründen der Seele
Bis sie, herangewachsen,
Das innere Ohr
Betäuben mit Donnergang.
Žiška, tönt es, Žiška!
Prag willst du zerstören?
Mit der feurigen Pflugschar
Deines Zornes willst du
Zerwühlen den Friedhof böhmischer Vorzeit?
Daß Jahrhunderte
Von Ruhm und Glanz
Nichts sein sollen
Als tönende Fabel?
Unseliger,
Du bist blind!
An deines Herzens
Verschlossenes Eisentor
Pocht kein Strahl des Lichts!
Abgeschnitten
Von Menschentreiben
Und Menschenempfinden
Wandelst du hin
In ewiger Finsternis!
O gehe in dich,
Wenn du nicht werden willst
Ein Bild des Abscheus
Kommenden Tagen.
Halte die feurigen

Rosse deiner Leidenschaft,
Daß sie nicht dein Heldenbild
Gräßlich zerschmettern
An den Trümmern,
Die selber du schufst!
Prag, dies Prag,
Zweimal hast du's errettet
Von Brand und Untergang,
Zweimal hast du's
Dir zujauchzen gehört:
»Befreier! Befreier!«
O schreite nicht weg,
Über den Leichnam der Mutter,
Schone Prag! schone Prag!

Die Stimmen verlieren sich
Grollend, verrollend,
Doch Žiška wälzt sich
Herum und murmelt:
Doch mußt du fallen,
Babylon, Babylon!
Da fährt ein Donnerschlag
Durch die Seele des Blinden
Und er wird sehend.
In weiter Runde
Ein prangendes Wunder
Von Pracht und Herrlichkeit,
Liegt vor ihm die alte
Hunderttürmige,
Unabsehbare Stadt!
Auf stolzer Höhe
Thront die Burg Wyšehrad
Wie Libussa selber,
Die königliche Zauberin!
Eine silberschuppige Schlange

Windet zu Füßen
Ihr sich die Moldau.
Gegenüber der Heidin,
Auf dem Hradcjn
Liegt der Dom,
Ein brauner Priester,
Betend auf den Knie'n
Und hebt die Quaderarme
Starr in den Himmel!

Tag ist's,
Über die tausend und tausend Dächer
Glitzert das Sonnennetz,
Durch die säuselnde Luft
Gehn Wogen von Glockengesang,
Es rauscht der Strom,
Die Inseln blühn
Wie selige Gärten!

Der Žiška erhebt,
Er fährt mit der Hand
Über die geschlossenen,
Nach innen starrenden Augen,
Und in Wonnegefühl,
Jahrelang unbekannt,
Durchrauscht ihm die alte
Eherne Brust.

Da plötzlich –
In dunkelrot flackerndem Licht
Ist alles verwandelt,
Der Glockengesang
Wird Angstgeschrei
Und Hilferuf!
Wie Stimmen gewaltiger Wasser

Drängt es heran
Von benachbarten Höh'n
Wie schwarzes Gewässer,
Das Land überflutend,
Wogt und braust
Das Heer der Taboriten
Zum Sturm, zum Sturm.
Schwärzer und schwärzer,
Wie Wolkenschatten,
Senkt sich's herab,
Und aus den gewundenen Gassen
Tönt der angstvolle Ruf der Tausende:
Žiška, der Schreckliche,
Žiška ist da!

Trompetenruf!
Es sammeln sich
Zum Angriff die Haufen,
An die Tore pocht es,
Glühende Kugeln
Fliegen herein
Und zünden die Lohe
An den Ecken der Stadt.

Verzweifelt Gefecht
An Toren und Wällen!
Das Feuer greift weiter,
Im Sturmwind faßt es
Mit riesigem Arme
Dächer um Dächer,
Hoch in den Wolken kämpfen
Sich wild umschlingend
Feuer und Rauch
Wie mächtige Riesen.

Die Weiber, die Kinder,
Gelösten Haars,
Stürzen zum Dome,
Und auf sie hernieder fließt
Das geschmolzene Blei,
Urplötzlich sie wandelnd
Zu ringenden Leibern,
Zu schweigenden Leichen.

Da braust vom Wyšehrad aufwärts,
Auf gespenstigen Rossen reitend,
Eine wunderbare Schar.
Näher und näher
Auf feurigen, leuchtenden,
Herrlichen Wolken
Kommt heran
Libussa, die Zauberin,
Den Kronenreif ums gelb wallende Haar,
Zu ihrer Seite
Der Gatte Přemisl.
Ottokar auch,
Der gewaltige Held,
Der die böhmischen Waffen
Trug zu zwei Meeren,
Braust heran
In den blutigen Waffen vom Marchfeld.
Der fromme Wenzel
Erscheint inmitten
Der vierzig Reiter,
Mit denen er hauset
Im Berge Blaník.

Unendlicher Zug
Gespenstiger Reiter
Auf gespenstigen Rossen!

Frauen und Männer,
Ritter und Könige,
Der Přemisliden
Volle, herrliche Schar
Sie brauset weiter,
Und alle heben
Drohend die Arme
Und rufen entsetzlich,
Markdurchschütternd:
Wehe dir, wehe dir
Zerstörer Prags!

In Angstschweiß gebadet,
Zerschmettert, vernichtet,
Erwacht Žiška.
Mit den eingesunkenen Augen
Starrt er herum,
Nicht heimisch mehr
Auf der langgetretenen Erde.
Kaum kennt er mehr
Die brüderliche Stimme
Des großen Prokop,
Der zögernd spricht:
Es harret draußen
Die Gesandtschaft der Prager,
Um Frieden bittend,
O höre an sie!

Alois Jirásek
Die Altstädter Rathausuhr

Aus dem Altstädter Rathaus trat der Bürgermeister mit den Stadträten hinaus. Neben ihm schritt ein älterer Mann mit ernstem, bleichem, vom schwarzen Haar umrahmten Gesicht in einem dunklen Meistergewand. Es war der Uhrmeister Hanuš. Das auf dem Ring versammelte Volk bildete ein Spalier, durch das der Bürgermeister und seine Gefolgschaft hindurchgingen. Meister Hanuš wurde von allen Seiten begrüßt und erwiderte die Grüße mit einem stummen Kopfnicken. Als sie vor der Rathausuhr stehengeblieben waren, begann Meister Hanuš die Bedeutung und die Funktion der verschiedenen Zeichen und Kreise zu erläutern. Schließlich forderte er den Bürgermeister und die Räte auf, sich das System seines Uhrwerks im Inneren des Turmes näher anzuschauen. Alle folgten ihm und bewunderten das komplizierte Uhrwerk, das aus vielen Waagarmen, Rädern, Hebeln und Räderchen bestand. Größte Aufmerksamkeit und Bewunderung erregte ein Rad mit 365 Zähnen, das sich, den Erklärungen des Meisters Hanuš zufolge, jeden Tag um einen Zahn fortbewegte. Das Uhrwerk schien so zu arbeiten, als hätte es ein eigenes Gehirn und eine eigene Seele. Meister Hanuš, sein Schöpfer, war auch der einzige Uhrmacher in Prag, der die Uhr zu reparieren vermochte.

Ganz zum Schluß ergriff ein Universitätsgelehrter das Wort. Er sagte, in der Wallachei und in Frankreich habe er großartige astronomische Uhren gesehen, doch keine ließe sich mit der Prager Rathausuhr auf dem Altstädter Ring messen. Sie sei einzigartig und die schönste auf der ganzen Welt. Und sie bliebe es auch, wenn Meister Hanuš keine zweite bauen würde.

Ebendiese Bemerkung war es, die dem Bürgermeister nicht aus dem Kopf ging, nachdem sie den Turm wieder verlassen hatten.

Die Rathausuhr auf dem Altstädter Ring wurde überall in Böhmen und über seine Grenzen hinaus als eine Prager Sehens-

7. *Astronomische Uhr am Altstädter Rathaus.*

würdigkeit bekannt. Wer Prag besuchte, versäumte nicht, sie zu besichtigen. Bald trafen auch Gesandte aus verschiedenen böhmischen und ausländischen Städten in Prag ein, die eigens gekommen waren, um Meister Hanuš mit der Bitte aufzusuchen, für ihre Stadt eine ähnliche astronomische Uhr herzustellen. Als dies dem Bürgermeister zu Ohren gekommen war, bekam er es mit der Angst. Er stellte sich vor, Meister Hanuš würde den Bitten nachgeben und mehrere Uhren bauen, so daß sich dann auch andere Städte mit ähnlichen, ja sogar prachtvolleren Meisterwerken brüsten könnten als die Prager. Und das gönnte er keiner anderen Stadt. Die Prager astronomische Uhr sollte einzigartig auf der ganzen Welt bleiben.

Und so kam es, daß der Bürgermeister eines Tages die Stadträte zu einer geheimen Versammlung bestellt hatte. Befürchtungen waren hier zu hören, Meister Hanuš habe womöglich Aufträge gegen Gold oder gegen andere Entgeltung entgegengenommen und arbeite bereits an einer neuen, vielleicht noch schöneren Uhr. Da der Prager Stadtrat dies jedoch um jeden Preis verhindern wollte, einigte er sich auf eine grausame Tat.

Eines Nachts zeichnete Meister Hanuš in seiner Werkstatt an einem komplizierten Uhrwerk. Die Fensterläden waren geschlossen, im Kamin brannte Feuer, und zwei brennende Kerzen spendeten ihm Licht. Die Straßen waren zu der späten Stunde menschenleer. Auch im Haus bekam keiner mit, daß jemand durch die Haustür zum Hof in die Werkstatt des Meisters eingedrungen und kurz danach, ebenso lautlos wie gekommen, wieder verschwunden war.

Erst am nächsten Morgen wurden die Spuren des nächtlichen Einbruchs entdeckt. Meister Hanuš lag mit verbundenen Augen fiebernd im Bett. Er erzählte später, daß drei vermummte Gestalten ihn in der Nacht überwältigt und mit brennendem Eisen des Augenlichts beraubt hätten.

Als die Prager von diesem grausamen Verbrechen erfuhren, waren sie verbittert und empört. Nach den Übeltätern wurde zwar gefahndet, doch sie schienen wie vom Erdboden verschwunden zu sein. Meister Hanuš vertrat die Ansicht, die Suche nach den Verbrechern sei ohnehin vergeblich. Man vermutete, daß er sie kannte, ihre Identität jedoch nicht preisgeben wollte.

Wie ein blinder Vogel im Käfig saß Meister Hanuš fortan stumm und untätig in der Ecke seiner Werkstatt, wo er früher mit Eifer und Mut seinen kühnen Ideen hatte Gestalt zu geben vermocht.

16. UND 17. JAHRHUNDERT

Johannes Butzbach:
Wie die Reisenden nach Prag kamen, und von der Lage und Schönheit dieser Stadt

Also wurden wir etlichemal zur Flucht genötigt, kamen aber immer glücklich davon; den Rest des Weges legten wir ohne weiteren Unfall zurück und gelangten zu der Hauptstadt des Königreiches, welche sie in ihrer Sprache Praa, d. i. Türschwelle nennen. Prag ist berühmt durch seine Königsburg, darin der heilige Wenzeslaus ruht. Es wird in drei Stadtviertel geteilt, zwischen denen die Moldau mitten durchfließt. Jedes Viertel ist von dem andern durch eine Mauer getrennt und ist gleichsam eine Stadt für sich. Doch bilden die drei Viertel zusammen das eine Prag. Es gibt nämlich allda eine Neustadt und eine Altstadt, welche nur von Ketzern bewohnt sind. Der andere Teil der Stadt mit der Burg ist über dem Flusse gelegen und von Christen bewohnt. Der König aber, welcher auch Ungarn und die Markgrafschaft Mähren besitzt, ist sehr christlich gesinnt. Einstmals, da er von den Ketzern zu einem Gastmahl geladen war, wäre er von ihnen beinahe ermordet worden, wenn nicht einer aus ihnen, der ihm treu war, ihm durch einen Brief den Trug entdeckt hätte, als er schon sich anschickte, herabzukommen. Diese Stadt ist, wie wenigstens die böhmischen Historien erzählen, kurz nach Abrahams Zeiten gegründet worden, gleichwie auch die Städte Trier und Worms, und war schon damals ein geehrter königlicher und hohenpriesterlicher Sitz. In dem kleineren Stadtteile, welcher mit dem Hügel in Verbindung steht, darauf des Königs Wohnung gelegen ist, befindet sich auch der erhabene bischöfliche Tempel zu St. Veit. Die Altstadt ist ganz in der Ebene gelegen und mit prächtigen Bauten wunderbar geziert, unter welchen das Richthaus, der Markt, das ausgedehnte Rathaus und das Collegium, sämtlich von Karl IV. gegründet, die hervorragendsten sind. Jene beiden Seiten der Stadt sind durch eine steinerne Brücke miteinander verbunden, welche auf vierundzwanzig Bogen ruht. Die beiden Teile der größeren Seite sind durch einen tiefen, beiderseits mit Mauern bewehrten Graben getrennt; der äußere, die Neustadt, dehnt sich weit und breit bis zu den Hügeln und ist darin auch die berühmte Memorienkirche der heiligen Katharina und Karls des Großen zu sehen. Auch ist daselbst ein hervorragendes, burgähnliches Gebäude, darinnen ein weitbesuchtes Collegium seinen Sitz hat.

um 1500

Micha Josef bin Gorion:
Die Schaffung des Golems

Es lebte zu Worms ein Mann von gerechtem Wesen mit Namen Bezalel. Diesem wurde in der Passahnacht ein Sohn geboren. Es war das Jahr fünftausendzweihundertdreiundsiebenzig nach der Weltschöpfung, und die Juden litten unter schweren Verfolgungen. Die Völker, unter denen sie lebten, beschuldigten sie, daß sie bei der Herstellung des Passahbrotes Blut verwendeten. Als der Sohn Bezalels zur Welt kam, brachte seine Geburt schon Gutes. Wie nämlich das Weib von Geburtswehen erfaßt wurde, liefen die Hausgenossen auf die Straße, um die Wehmutter zu holen, und vereitelten dadurch das Vorhaben einiger Bösewichte, die ein totes Kind im Sacke trugen und es mit der Absicht, die Juden des Mordes zu beschuldigen, in die Judengasse werfen wollten. Da weissagte Bezalel über seinen Sohn und sprach: Dieser wird uns trösten und uns von der Plage der Blutbeschuldigungen befreien. Sein Name in Israel sei Juda Aria, gemäß dem Vers im Segen Jakobs: Juda ist ein junger Löwe; als meine Kinder zerrissen wurden, stieg er hoch.*

Und der Knabe wuchs heran und ward ein Schriftgelehrter und Weiser, dem alle Wissenszweige vertraut waren, und der alle

---

* Aria bedeutet Löwe.

48

Sprachen beherrschte. Er wurde Rabbiner der Stadt Posen, bald darauf aber berief man ihn nach Prag, woselbst er oberster Richter der Gemeinde ward.

Sein Sinnen und Trachten war darauf gerichtet, seinem bedrängten Volk zu helfen und es von der Verleumdung des Blutgebrauchs zu befreien. Er bat den Himmel, ihm im Traume zu sagen, wie er den Priestern, die die falschen Beschuldigungen ausstreuten, beikommen könnte. Da ward ihm in einem nächtlichen Gesicht der Bescheid: Mache ein Menschenbild aus Ton, und du wirst der Böswilligen Absicht zerstören. Also rief der Meister im geheimen seinen Eidam wie seinen ältesten Schüler zu sich und vertraute ihnen die himmlische Antwort an. Auch erbat er ihre Hilfe zu dem Werk. Die vier Elemente waren zur Erschaffung des Golems notwendig: Erde, Wasser, Feuer und Luft. Von sich selbst sprach der Rabbi, ihm wohne die Kraft des Windes inne; der Eidam sei einer, der das Feuer verkörpere, den Schüler nehme er als Sinnbild des Wassers; und so hoffe er, daß ihnen dreien das Werk vollkommen gelingen möge. Er legte ihnen ans Herz, von dem Vorhaben nichts zu verraten und sich sieben Tage lang für die Aufgabe vorzubereiten.

Als diese Frist um war, es war der zwanzigste Tag des Monats Adar im Jahre fünftausenddreihundertundvierzig und die vierte Stunde nach Mitternacht, begaben sich die drei Männer nach dem außerhalb der Stadt gelegenen Strome, an dessen Ufer eine Lehmgrube war. Hier kneteten sie aus dem weichen Ton eine menschliche Figur. Sie machten sie drei Ellen hoch, formten die einzelnen Gesichtszüge, danach die Hände und die Füße und legten sie mit dem Rücken auf die Erde. Hierauf stellten sie sich alle drei vor die Füße des Tonbildes, und der Rabbi befahl seinem Eidam, siebenmal im Kreise darum zu schreiten und dabei eine von ihm zusammengesetzte Formel herzusagen. Als dies vollbracht war, wurde die Tonfigur gleich einer glühenden Kohle rot. Danach befahl der Rabbi seinem Schüler, gleichfalls siebenmal das Bild zu umkreisen und eine andre Formel zu sagen. Da kühlte sich die Glut ab, der Körper wurde feucht und strömte

Dämpfe aus, und siehe da, den Spitzen der Finger entsproßten Nägel, Haare bedeckten den Kopf, und der Körper der Figur und das Gesicht erschienen als die eines dreißigjährigen Mannes. Hierauf machte der Rabbi selbst sieben Rundgänge um den Tonkloß, und die drei Männer sprachen zusammen den Satz aus der Schöpfungsgeschichte: Und Gott blies ihm den lebendigen Odem in die Nase, und der Mensch ward zur lebendigen Seele.

Wie sie den Vers zu Ende gesprochen hatten, öffneten sich die Augen des Golems, und er sah den Rabbi und seine Jünger mit einem Blick an, der Staunen ausdrückte. Rabbi Löw sprach laut zu dem Bildnis: Richte dich auf! Und der Golem erhob sich und stand da auf seinen Füßen. Danach zogen ihm die Männer Kleider und Schuhe an, die sie mitgebracht hatten – es waren Kleidungsstücke, wie sie Synagogendiener trugen –, und der Rabbi sprach zu dem Menschen aus Ton: Wisse, daß wir dich aus dem Staub der Erde geschaffen haben, damit du das Volk vor dem Bösen behütest, das es von seinen Feinden zu leiden hat. Ich heiße deinen Namen Joseph; du wirst in meiner Gerichtsstube wohnen und die Arbeit eines Dieners verrichten. Du hast auf meine Befehle zu hören und alles zu tun, was ich von dir fordere, und hieße ich dich durchs Feuer gehen, ins Wasser springen oder dich von einem hohen Turm herunterwerfen. Der Golem nickte mit dem Kopfe zu den Worten des Rabbi, als wollte er seine Zustimmung ausdrücken. Er hatte auch sonst in allem ein menschliches Gebaren; er hörte und verstand, was man zu ihm sprach, nur die Kraft der Rede blieb ihm versagt. So waren in jener denkwürdigen Nacht drei Menschen aus dem Hause des Rabbi gegangen; als sie aber um die sechste Morgenstunde heimkehrten, waren ihrer vier. [...]

Der Hohe Rabbi Löw [1525–1609] bediente sich des Golems nur, wo es galt, die Blutbeschuldigung zu bekämpfen, unter welcher die Juden Prags besonders zu leiden hatten. Schickte Rabbi Löw den Golem irgendwohin, wo dieser nicht gesehen sein sollte, so machte er ihm ein Amulett um, das auf Hirschhaut geschrieben war. Dieser Talisman machte ihn unsichtbar, er selbst aber konnte alles sehen. In der Zeit vor dem Passahfest mußte der Golem allnächtlich durch die Stadt streifen und jeden aufhalten, der eine Last auf dem Rücken trug. War es ein totes Kind, das in die Judengasse geworfen werden sollte, so band er den Mann und die Leiche mit einem Strick, den er immer bei sich trug, und führte ihn nach dem Stadthaus, wo er ihn der Obrigkeit übergab. Die Kraft des Golems war übernatürlich, und er vollbrachte viele Taten.

Sebastian Munster:
Cosmographey oder Beschreibung Prags

In drey theil wirt diese Statt Prag getheilt / Klein Prag / Alt Prag / vnnd Neüw Prag. Klein Prag begreifft die lincke seiten der Mulda / vnnd berhürt dem Berg darauff der Königlich Hoff / vnnd die Bischoffliche Thumbkirche ligt. Alt Prag ligt gantz auff einer Ebne / geziert mit Herlichen vnd prächtigen Gebeüwen. Auß dieser alten Statt kompt man in die kleine vber eine Steine Bruck / die hat xxiiij. gewelbter Bogen / aber die Neüwe Statt ist von der Alten abgesündert mit einem tieffen Graben / vnnd gerings vmb mit Mauren bewaret / vnnd wie vor gemeldt ist, Carolus der vierdt Keyser dieses nammens hat die Pragisch Kirch dem Mentzer Bisthumb entzogen / vnnd mit verwilligung Bapst Clemens des sechßten zu einem Erzbisthumb gemacht. Er hat auch zu Ingelheim bey Mentz des Grossen Keyser Carlens Pallast zu einem Regulier Closter gemacht / in welchem man Bohemer angenommen hat. Jetz zu vnsern zeiten ist es den Bohemen gar entzogen / vnnd seind die Münch alle außgestorben.   *1578*

8. *Prag um 1572. Stich von F. Hooghberg.*

Jürgen Rennert:
Rabbi Löw

Wär das schön, wenn alles Unglück
Jeweils käme nur vom Kaiser!
Meistens kommt es mehr von andern,
Die besorgen es ihm leiser.

Aber hat uns Gott nicht Weise
Wie den Rabbi Löw gegeben,
Der dem Kaiser in den Weg trat,
Und der Kaiser ließ uns leben?

Unser Rebbe ganz alleine!
Schon begann das Volk zu tosen
Und warf nach ihm Pflastersteine –
Doch es trafen ihn nur Rosen.

Gustav Meyrink:
Der Golem

Der Maler Vrieslander ließ sein Schnitzmesser sinken:

»Golem? – Ich habe schon so viel davon reden hören. Wissen Sie etwas über den Golem, Zwakh?«

»Wer kann sagen, daß er über den Golem etwas *wisse*?« antwortete Zwakh und zuckte die Achseln. »Man verweist ihn ins Reich der Sage, bis sich eines Tages in den Gassen ein Ereignis vollzieht, das ihn plötzlich wieder aufleben läßt. Und eine Zeitlang spricht dann jeder von ihm, und die Gerüchte wachsen ins Ungeheuerliche. Werden so übertrieben und aufgebauscht, daß sie schließlich an der eigenen Unglaubwürdigkeit zugrunde gehen. Der Ursprung der Geschichte reicht wohl ins siebzehnte

Jahrhundert zurück, sagt man. Nach verlorengegangenen Vorschriften der Kabbala soll ein Rabbiner da einen künstlichen Menschen – den sogenannten Golem – verfertigt haben, damit er ihm als Diener helfe, die Glocken in der Synagoge zu läuten und allerhand grobe Arbeit tue.

Es sei aber doch kein richtiger Mensch daraus geworden, und nur ein dumpfes, halbbewußtes Vegetieren habe ihn belebt. Wie es heißt, auch das nur tagsüber und kraft des Einflusses eines magischen Zettels, der ihm hinter den Zähnen stak und die freien siderischen Kräfte des Weltalls herabzog.

Und als eines Abends vor dem Nachtgebet der Rabbiner das Siegel aus dem Munde des Golem zu nehmen versäumt, da wäre dieser in Tobsucht verfallen, in der Dunkelheit durch die Gassen gerast und hätte zerschlagen, was ihm in den Weg gekommen.

Bis der Rabbi sich ihm entgegengeworfen und den Zettel vernichtet habe. Und da sei das Geschöpf leblos niedergestürzt. Nichts blieb von ihm übrig als die zwerghafte Lehmfigur, die heute noch drüben in der Altneusynagoge gezeigt wird.«

»Derselbe Rabbiner soll einmal auch zum Kaiser auf die Burg berufen worden sein und die Schemen der Toten beschworen und sichtbar gemacht haben«, warf Prokop ein, »moderne Forscher behaupten, er habe sich dazu einer Laterna magica bedient.«

»Jawohl, keine Erklärung ist abgeschmackt genug, daß sie bei den Heutigen nicht Beifall fände«, fuhr Zwakh unbeirrt fort. »Eine Laterna magica!! Als ob Kaiser Rudolf, der sein ganzes Leben solchen Dingen nachging, einen so plumpen Schwindel nicht auf den ersten Blick hätte durchschauen müssen!

Ich kann freilich nicht wissen, worauf sich die Golemsage zurückführen läßt, daß aber irgend etwas, was nicht sterben kann, in diesem Stadtviertel sein Wesen treibt und damit zusammenhängt, dessen bin ich sicher. Von Geschlecht zu Geschlecht haben meine Vorfahren hier gewohnt, und niemand kann wohl auf mehr erlebte und ererbte Erinnerungen an das periodische Auftauchen des Golem zurückblicken als gerade ich!«

Zwakh hatte plötzlich aufgehört zu reden, und man fühlte mit

9. *Das Grab von Rabbi Löw (1525–1609).*

ihm, wie seine Gedanken in vergangene Zeiten zurückwanderten.

Wie er, den Kopf aufgestützt, dort am Tische saß und beim Scheine der Lampe seine roten, jugendlichen Bäckchen fremdartig von dem weißen Haar abstachen, verglich ich unwillkürlich im Geiste seine Züge mit den maskenhaften Gesichtern seiner Marionetten, die er mit so oft gezeigt.

Seltsam, wie ähnlich ihnen der alte Mann doch sah!

Derselbe Ausdruck und derselbe Gesichtsschnitt! [...]

»Zwakh, wollen Sie uns nicht weitererzählen?« forderte Prokop den Alten auf und sah fragend nach Vrieslander und mir hoch, ob auch wir gleichen Wunsches seien.

»Ich weiß nicht, wo ich anfangen soll«, meinte der Alte zögernd, »die Geschichte mit dem Golem läßt sich schwer fassen. So wie Pernath vorhin sagte, er wisse genau, wie jener Unbekannte ausgesehen habe, und doch könne er ihn nicht schildern. Ungefähr alle dreiunddreißig Jahre wiederholt sich ein Ereignis in unsern Gassen, das gar nichts besonders Aufregendes an sich trägt und dennoch ein Entsetzen verbreitet, für das weder eine Erklärung noch eine Rechtfertigung ausreicht:

Immer wieder begibt es sich nämlich, daß ein vollkommen fremder Mensch, bartlos, von gelber Gesichtsfarbe und mongolischem Typus, aus der Richtung der Altschulgasse her, in altmodische, verschossene Kleider gehüllt, gleichmäßigen und eigentümlich stolpernden Ganges, so, als wolle er jeden Augenblick vornüber fallen, durch die Judenstadt schreitet und plötzlich – unsichtbar wird.

Gewöhnlich biegt er in eine Gasse und ist dann verschwunden.

Ein andermal heißt es, er habe auf seinem Wege einen Kreis beschrieben und sei zu dem Punkte zurückgekehrt, von dem er ausgegangen: einem uralten Hause in der Nähe der Synagoge.

Einige Aufgeregte wiederum behaupten, sie hätten ihn um eine Ecke auf sich zukommen sehen. Wiewohl er ihnen aber ganz deutlich entgegengeschritten, sei er dennoch, genau wie jemand, dessen Gestalt sich in weiter Ferne verliert, immer kleiner und kleiner geworden und – schließlich ganz verschwunden.

Vor sechsundsechzig Jahren nun muß der Eindruck, den er hervorgebracht, besonders tief gegangen sein, denn ich erinnere mich – ich war noch ein ganz kleiner Junge –, daß man das Gebäude in der Altschulgasse damals von oben bis unten durchsuchte.

Es wurde auch festgestellt, daß wirklich in diesem Hause ein Zimmer mit Gitterfenster vorhanden ist, zu dem es keinen Zugang gibt.

Aus allen Fenstern hatte man Wäsche gehängt, um von der Gasse aus einen Augenschein zu gewinnen, und war auf diese Weise der Tatsache auf die Spur gekommen.

Da es anders nicht zu erreichen gewesen, hatte sich ein Mann an einem Strick vom Dache herabgelassen, um hineinzusehen. Kaum aber war er in die Nähe des Fensters gelangt, da riß das Seil, und der Unglückliche zerschmetterte sich auf dem Pflaster den Schädel. Und als später der Versuch nochmals wiederholt werden sollte, gingen die Ansichten über die Lage des Fensters derart auseinander, daß man davon abstand. Ich selber begegnete dem ›Golem‹ das erste Mal in meinem Leben vor ungefähr dreiunddreißig Jahren.

Er kam in einem sogenannten Durchhause auf mich zu, und wir rannten fast aneinander.

Es ist mir heute noch unbegreiflich, was damals in mir vorgegangen sein muß. Man trägt doch um Gottes willen nicht immerwährend, tagaus, tagein die Erwartung mit sich herum, man werde dem Golem begegnen!

In jenem Augenblick aber, bestimmt – ganz bestimmt, noch ehe ich seiner ansichtig werden konnte, schrie etwas in mir gellend auf: der Golem! Und im selben Moment stolperte jemand aus dem Dunkel des Torflures hervor, und jener Unbekannte ging an mir vorüber. Eine Sekunde später drang eine Flut bleicher, aufgeregter Gesichter mir entgegen, die mich mit Fragen bestürmten, ob ich ihn gesehen hätte.

Und als ich antwortete, da fühlte ich, daß sich meine Zunge wie aus einem Krampfe löste, von dem ich vorher nichts gespürt hatte.

Ich war förmlich überrascht, daß ich mich bewegen konnte, und deutlich kam mir zum Bewußtsein, daß ich mich – wenn auch nur den Bruchteil eines Herzschlags lang – in einer Art Starrkrampf befunden haben mußte.

Über all das habe ich oft und lange nachgedacht, und mich dünkt, ich komme der Wahrheit am nächsten, wenn ich sage: Immer einmal in der Zeit eines Menschenalters geht blitzschnell eine geistige Epidemie durch die Judenstadt, befällt die Seelen der Lebenden zu irgendeinem Zweck, der uns verhüllt bleibt, und läßt wie eine Luftspiegelung die Umrisse eines charakteristischen Wesens erstehen, das vielleicht vor Jahrhunderten hier gelebt hat und nach Form und Gestaltung dürstet.

Vielleicht ist es mitten unter uns, Stunde für Stunde, und wir nehmen es nicht wahr. Hören wir doch auch den Ton einer schwirrenden Stimmgabel nicht, bevor sie das Holz berührt und es mitschwingen macht.

Vielleicht ist es nur so etwas wie ein seelisches Kunstwerk, ohne innewohnendes Bewußtsein – ein Kunstwerk, das entsteht, wie ein Kristall nach stets sich gleichbleibendem Gesetz aus dem Gestaltlosen herauswächst.

Wer weiß das?«

Rainer Maria Rilke: Kaiser Rudolf

Hoch auf seiner Himmelswarte
über einer Sternenkarte
sitzt der Kaiser Rudolf dort,
forschend, ob der langerharrte
Flugstern, der die Weisen narrte,
streifen würde diesen Ort.

Around the oval portrait:

RVDOLPHVS II. D.G. ROMANOR. IMPERAT: SEMP: AVGVST: GERMANIAE HVNG: BOHEM. REX etc. ARCH. AVST: DVX BVRG.etc.

A DOMINO

Austria gauisa est primo diadema Rudolpho
Cæsareum, et forti sceptra gerente manu.
Austriadum decimus, Magnoq̃ secundo ab illo
Nomine, nunc eadem sceptra Rudolphe tenet.

Abraham Hogenberg. sculpsit.

10. *Rudolf II., Kaiser und König (1576–1612). Kupferstich von*
P. van Sompel nach P. Southman 1602.

Und er fragt den Astrologen,
der am hohen Himmelsbogen
alle Wandelwege weiß:
»Wird von Unglück der betrogen,
den der Stern hineingezogen
in den unheilvollen Kreis?«

Und der Alte weicht ihm leise
aus: »Der Stern zieht seine Gleise,
Herr, im fernen Ätherreich!«
Und gen Süden sieht der Weise; –
und der Kaiser schaut die Kreise
seines Globen, ernst und bleich. –

Und von Süden kommt Verderben,
kommt Matthias. – Eilge Erben
lassen ihm nur den Hradschin;
und der Kaiser spricht im herben
Spott: »Mir bleibt nichts, als zu sterben,
denn schon bin ich tot für ›ihn‹.

Alter! Laß den Blick uns heben!
du hast recht, die Sterne schweben
hoch ob allem Erdenbann;
aber – die nach ihnen streben,
knüpfen selbst ihr dunkles Leben
an die lichten Lose an!«

Abraham Saur von Franckenberg:
Die Statt Praga

Praga, eine Haptstatt inn Behmen / von Primislao dem dritten Hertzogen in Behmen / vnnd Libussa seinem Gemahel / einer Tochter Croci deß andern Hertzogen / mit Mauwren vnnd Wallen befestiget / von einer Schwelle also genannt / Praga auf Behmisch / wie Eneas Syluius darvon schreibet / da die Zimmerleuth gefraget worden / was sie baweten / vnnd sie antwort gaben / ein Schwelle / darvon diese Statt den Namen bekommen. Das Schloß auff dem Berge Vissegradum, oder Herschin ist ehe gestanden.

Sie wird in drey fürnemliche Stätte abgesondert / in die Alte / Newe / vnnd kleine seiten / welche den lincken Ort des Wassers Mulda begreiffet / vnnd berühret den Berg / darauff das Königliche Schloß / (welches Anno 1541 etwas durch ein Fewerbrunst verderbet / aber nachmals herrlich wider erbawet) vnnd die Bischoffliche Thumbkirche S. Viti, mit einer steinern Brücken von 24 Schwiebogen vber die Mulda an die alte Statt gehenckt / Keyser Carolus vierdter König in Behmen / hat sie mächtig mit Gebäwen gezieret / vnnd ein Ertzbischofftumb durch Consens Bapsts Clementis deß sechsten auffgericht.

Anno Christi 1430 richtet König Carl die hohe Schul zu Prag auff / die stundt biß zum Jahr Christi 1508. Da zogen mehr dann zwey tausent gelehrter Doctores vnnd Teutsche Studenten / von Prag gen Leiptzig / daß also die hohe Schul sehr geschwecht ward / jedoch warde sie ferner nach solchem Auffruhr / mehr vnnd mehr gebessert / vnnd ist widerumb zu vnser zeit in flore / vnnd vorige dignitet kommen. M. Johannes Huß / vnnd M. Hieronymus Pragensis lehrten vnnd schrieben daselbst wider den Bäpstischen Jahrmarckt deß Jobeljahrs / welche hernach auff dem Costnitschen Concilio zum Feuwer verdampt vnnd verbrandt sind / Anno 1415.

11. *Die Altstadt im Jahre 1606. Ausschnitt aus dem Prospekt von Egidius Sadeler (1570–1629).*

Franz Grillparzer:
Ein Bruderzwist in Habsburg

(Garten im königlichen Schlosse auf dem Hradschin. In der Mitte des Hintergrundes ein Ziehbrunnen mit einem Schöpfrade.)
HEINRICH THURN *und* GRAF SCHLICK *kommen mit einigen bewaffneten Bürgern.*
THURN *(zu ihrem Anführer).*

    Stellt Wachen aus, besetzt die äußern Pforten!
    Von hier aus ließ den Feind man in die Stadt,
    Darum bewahrt vor allem den Hradschin.
    (Die Bürger gehen.)
SCHLICK. Scheint's doch ein Wunder fast, daß wir gerettet.
THURN. Das Wunder war der Mut, die Tapferkeit

    Der wackern Bürger unsrer Altstadt Prag.
    Der Feinde Plan war listig angelegt.
    Hier oben von Verrätern eingelassen,
    Drang ihre Schar nur langsam, zögernd vor,
    Als ob den Widerstand der Gegner scheuend;
    Doch desto schneller fliegt durch Seitengassen
    Ihr Reitertrupp der Moldaubrücke zu,
    Die Altstadt, wohl im Schlaf noch, überfallend.
    Schon füllt die Brücke sich mit Roß und Mann,
    Schon dringen, die zuvorderst, in die Stadt;
    Da fällt mit eins das Gitter vor das Tor,
    Und von dem Turm aus Büchsen und Kartaunen
    Ergießt sich Feuer auf die wilde Schar.
    Die Rosse bäumen, und die Reiter stürzen,
    Der Vortrupp weicht, der Nachzug drängt nach vorn,
    Ein unentwirrter Knäuel füllt die Brücke,
    Entladend in die Moldau sein Gedräng';
    Bis endlich Schrecken, mächt'ger als die Raubgier,
    Nach rückwärts treibt den lauten Menschenstrom,
    Sich überstürzend und den Nachbar schäd'gend;

Ins eigne Fußvolk bricht die Reiterei,
Daß unsern Bürgern, die im Ausfall folgen,
Die Mühe nur das Schlachtens übrig bleibt.
Die Wege, die er kam, verfolgt der Rückzug,
Und Bürgertreue schließt die Einbruchspforte,
Die Rachsucht öffnete und der Verrat.

SCHLICK. Doch sind sie stark noch außen vor der Stadt.

THURN. Seid unbesorgt! Der räuberische Durchzug
Von Passau her, durchs obre Österreich
Bis fern nach Böhmen, blieb nicht unbewacht,
So wie er unvorhergesehen nicht.
Von ringsum sammeln sich die Garnisonen,
Der Landmann greift zur Wehr, und der Erzherzog
Matthias, derzeit noch von Ungarn König,
Und bald von Böhmen, denk' ich, etwa auch,
Er ist zur Hand, rasch folgend ihrer Ferse.
Ja nur, weil nicht gewachsen ihm im Feld,
Versuchten sie heut nacht den Überfall.
Von hier verdrängt, ihr Zufluchtsort verloren,
Zerstäubt in alle Winde bald die Schar.

SCHLICK. Allein was tun wir selbst?

THURN. Man wirbt um Euch.
Verhaltet Euch wie die verschämte Braut,
Der neue Freier bringt Euch neue Gaben.

HERZOG JULIUS *kommt mit einem* HAUPTMANNE, *der einen*
Schlüssel trägt.

JULIUS. Ihr Herrn, ist das wohl Fug und Recht? Man stellt
Im Schlosse Wachen, wie in Kerkermauern,
Selbst vor des Kaisers fürstliches Gemach.
Man fordert ab die Schlüssel aller Pforten,
Des Eingangs Freiheit und des Ausgangs hemmend.
Zuletzt noch diesen, der vor allem nötig.
Er führt zum Turm, in den man rück Don Cäsar,
Den unglückselig wildverworrnen, brachte,
Im Wahnsinnfieber gen sich selber wütend.

12. *Prager Burg: Veitsdom. Grabmal des Feldmarschalls Graf Leopold Schlick.*

Die Ärzte haben, Blut mit Blut bekämpfend,
Die Adern ihm geöffnet an dem Arm
Er braucht des Beistands und des freien Zutritts,
Drum fordr' ich diesen Schlüssel hier von Euch.
THURN. Doch deucht mich, daß Don Cäsar, eben er,
  Verbunden mit den Räubern heute nacht,
  Teilnahm an all dem Greuel, der geschah,
  Weshalb er in Gewahrsam nur mit Recht.
JULIUS. Der Richter wird erkennen seine Schuld.
THURN. Man weiß noch nicht, wer Richter hier im Lande.
JULIUS. Doch wohl nicht Ihr?
THURN. Verhüt' es Gott!
  Doch auch nicht jene, die, des Unheils Stifter,
  Als schuldig etwa selber sich gezeigt.
  Wir harren eines Höhern, der schon naht.
  Allein damit Ihr seht, daß Euer Wert
  Als Fürst des Reiches und als Ehrenmann
  Auch hier im fernen Böhmen anerkannt;
  Nehmt diesen Schlüssel, ob zwar auf Bedingung:
  Daß nur der Eintritt und für Ärzte nur,
  Nicht auch der Austritt etwa gar für ihn
  Geknüpft an diesen Bürgen seiner Haft.
JULIUS. Ich dank' Euch, edler Graf, und bin erbötig
  Zu gleichem Dienst, kommt Ihr in gleichen Fall.
  Doch jetzt nehmt Euern Abschied, wenn's beliebt.
  Von fern seh' ich des Kaisers Majestät,
  Den Ihr vertrieben aus der Burg Gemächern,
  Gönnt ihm den Atem in der freien Luft.
THURN. Die Luft ist frei für jeden, doch die Burg
  Verschließt man gern vor Untreu' und Verrat.
  (Er entfernt sich mit seinem Begleiter.)

13. *Die Prager Exekution auf dem Altstädter Ring am 21. 6. 1621.*
Anonymer Kupferstich.

cken Execcution

n Maytl die hieun

. Ritter vnd Bur

j diß 1621 Jahrs

t worder

Wie man die Koyff vnd Hend
auff dem Brucken thürm, vnd
deß Jeßeny Viertheil auß der
Statt neben dem Rabenstein
aufgesteckht hat

M

P

F

O

G

G

G

F

G

G

G

N

N

K

N

Ring

Alois Jirásek:
Eine traurige Gedenkstätte

In der Nacht vom 20. auf den 21. Juni 1621 herrschte überall in Prag Angst und Trauer. Die Straßen waren wie ausgestorben, denn über Prag war Ausgangsverbot verhängt worden. Nur das Klirren der Waffen und schwere Schritte fremder Soldaten, die an allen Ecken der Stadt Wache hielten, durchbrachen die bedrückende Stille.

Auf dem Altstädter Ring herrschte ein reger Betrieb. Bretter und Balken wurden von Wagen abgeladen und zur Platzmitte getragen, wo beim flackernden Licht zahlreicher Fackeln ein Gerüst wuchs. Als es zu dämmern begann, ragte da ein mit rotem Stoff überzogener Galgen empor.

Beim Sonnenaufgang donnerte von der Prager Burg ein Kanonenschlag. Ein Zeichen dafür, daß die Exekution beginne. Der Altstädter Ring war indes mit Infanteristen und Kavalleristen gefüllt. Auf dem Galgengerüst waren dunkle vermummte Gestalten zu sehen – die Henkershelfer und der Totengräber. Schließlich erschien auch der Henker Jan Mydlář.

Alsbald nahmen die kaiserlichen Richter ihre Sitze ein, und die Namen der siebenundzwanzig zum Tode verurteilten Standesherren, die während dieser Nacht im Altstädter Rathaus eingesperrt worden waren, wurden ausgerufen.

Während in den Straßen Prags fremde Soldaten trommelten, beteten in den Häusern die Prager für ihre Getreuen im Prager Rathaus, die siebenundzwanzig Herren, die zur selben Zeit geköpft oder gehängt wurden.

Auf der Stelle am Altstädter Ring, wo diese Hinrichtung einst stattgefunden hatte, setzte man später sechzehn große Pflastersteine zu einem großen Quadrat zusammen. Man betrat sie nicht, und das galt als Zeichen der Achtung vor den Toten.

Es wird berichtet, daß die hingerichteten Adligen und Bürger einmal im Jahr, immer in der Nacht vom 20. auf den 21. Juni, auf dem Ring erscheinen. Schweigend gehen sie über den Platz zur Kirche, wo sie, vor dem Altar kniend, das Abendmahl in beiderlei Gestalten empfangen. Und so lautlos wie gekommen verschwinden sie wieder.

Alfred Döblin:
Wallenstein

Zwischen Wallensteins Bevollmächtigten de Witte und den Bankhäusern Walter von Hartoge zu Hamburg, dann Georg Ammann und Julius Cäsar Pestaluz zu Augsburg kamen die Geschäfte zum Abschluß, in denen die ungeheuren Summen flüssig gemacht waren für das Darlehen an den Kaiser; unmittelbar daran schlossen sich die Verhandlungen um die Beträge für die Aufstellung der Armada. Wallenstein wollte von sich aus wie bisher Regimenter aufstellen, alsdann brauchte er Summen als Vorschüsse für Obersten, die nicht flüssig waren, dann richtete er auf seinen Gütern, in seinen Städten riesige Werkstätten ein für Tuche, Stiefel, ferner Saliterhütten, Pulvermühlen, Waffenschmieden.

Michna konnte sich nicht bezähmen, als das ungeheure Leben anging, und sich beiseite stellen. Er sah einen beispiellosen Schlag Wallensteins voraus; dies übertraf alles, was jemals projektiert war. Es war Wallenstein nicht darum zu tun, vom Kaiser die ausgelegten Summen wieder zurückzuerhalten; der Schlaue wußte, daß der Kaiser und das ganze Heilige Reich ihm von nun an mit Haut und Haaren verkauft war. Wenn Michna in seinem Häuschen für sich in diesen Tagen das Projekt Wallensteins überdachte, fand er sich nicht zurecht vor Entzücken über seine Großartigkeit. Nichts riskierte Wallenstein, und der unerhörte nicht auszudenkende Gewinn. Und in solche Hitze versetzte Michna das Nachgrübeln über die geschäftliche Situation, daß er sich aufmachte und Wallenstein in seinem Palast aufsuchte. »Seid kein Schlafzipfel«, nickte Wallenstein aufgeräumt, indem er ihm auf die Schulter klopfte, »der Herr versteht vortrefflich, Geschäfte zu betreiben; jetzt soll er für den Kaiser Geschäfte betreiben; er wird auf besseren Boden gestellt, als sonst auf der ganzen Erde zu finden ist; zeige er nun, was er kann.« Die Sache hatte ein ganz anderes Gesicht als alles, was er kannte; hier ging es ins Leere hinaus, hier war das Ungewiß von Sieg und Niederlage in Rechnung einzustellen, stand da, alle wußten es, Wallenstein wußte es, und doch steckten sie ihre Vermögen hinein. Und dies, die fiebernde Erregtheit, das schwankende Ungewiß, die Grenzenlosigkeit des Ausblicks, durchzuckte mit einem Blitz Michna, daß er die Hände krampfte. Es ging in ein freieres stolzeres frecheres Leben hinein. Er tadelte sich, als er zugesagt hatte, wie er mit grauen Haaren Manieren annehmen konnte, die einem Grafen Fürsten Grünspecht gut anstanden. Kam er zu Wallenstein, verschwand jedes Bedenken. Hier herrschte Bestimmtheit wie im Lauf der Sonne. Wie zwischen den blitzenden Stangen eines Räderwerks ging man. Hier war plötzlich keine Rede mehr vom Gewinn, und dies beängstigte ihn nur, wenn er dem Palast den Rücken kehrte; er merkte, daß ihn die wenigen Wochen des Hin und Her zwischen seinem Häuschen und dem Friedländerpalast gebrochen hatten; seine Frau sah, daß er froher war und verliebter gegen sie; er hatte den Drang, aus sich, aus ihr und seinem Leben etwas zu machen. Plötzlich nach vielen Jahren hielt er es für gut, seine Eltern aus Nisch kommen zu lassen; sie sollten ihn sehen; er schämte sich plötzlich ihrer nicht, fuhr mit ihnen als mächtiger Mann und böhmischer Kammerrat aus und hatte Freude, wie sie sich freuten über das starke Treiben in der Alt- und Neustadt. Zum Kommissar für Getreidebeschaffung war er bestellt worden. Wie sehr er sich verändert hatte, merkte er an dem Tage, an dem er den Titel eines Freiherrn von Waizenhofen empfing; er hätte sonst widerspenstig hinter der Titelverleihung etwas vermutet, sich ihr in Zorn widersetzt. Jetzt stiftete er zehntausend Gulden den Armen Prags.

Lange bevor die Stadt etwas ahnte, zog in das Judenviertel das Gerede von Wallenstein, der dem Kaiser ein Heer aufstellen

ALBERTVS D.G.DVX FRIDLANDIÆ. SAC.ᵃᵉ CÆS.ᵃᵉ MAᵗⁱˢ CONSILIARI,
BELLIC.CAMERARI, SVPREM, COLONELL, PRAGENSIS. ET
EIVSDEM MILITIÆ GENERALIS

14. *Albrecht E. W. von Wallenstein. Herzog von Friedland*
(1583–1634). Anonymer Kupferstich.

wollte. Als Bassewi von Wien kommend von dem Abschluß der Verhandlungen, von der Rangerhöhung des Friedländers in der Synagoge erzählte, brach ein Jubel aus, dessen Schall Sicherheitsmannschaften der Besatzungstruppen alarmierte, welche herbeiritten, nichts als ein toll gewordenes Hebräervolk vorfanden, dem sie aufsässigen Lärm verboten. Die abseits standen, die Arme über der Brust skeptisch verschränkten, auf den Gassen und in der Synagoge, blieben in der Minderzahl. [...]

Böhmen empfing mit dumpfem staunendem Murren die Nachricht von dem Ereignis; der unersättliche verabscheute Mann stand in dem blendenden Licht des Kaiserhofes. Man wußte, er hatte schon die Baupläne zu einer Prager Zitadelle in seinem Palast; sein Name war unter den Münzkonsorten genannt, sein Regiment hatte am Weißen Berge die Unglücksschlacht mit entscheiden helfen; nun segnete den Todbringer die deutsche siegreiche Majestät. Der Böhme! Der Erzverräter! Die hoffärtige Bestie, die an Wien die Ehre verloren hatte. Wie Judas hatte er sich einnisten wollen in das Herz seines Volkes, hatte er in der Stunde der Erhebung mit teuflischer Tücke starke Truppen an sich gezogen, täuschend, um sie gegen das eigne Land zu werfen. »Da kam Judas, einer von den Zwölfen, und mit ihm eine große Schar mit Schwertern und Knütteln; und der Verräter hatte ein Zeichen mit ihnen verabredet und ihnen gesagt: der ist's, den ich küsse, den greift und führt ihn ohne Zögern ab.« Es sollte nicht soweit kommen; die Truppen verließen ihn. Mit Schimpf und Schande stand er in Wien, armselig, trug einen gestohlenen Säckel in der Hand, die Regimentskasse. Der Kaiser selbst schickte den Beutel zurück. Der Mann aber war nicht verdorben, war wie Hederich gewuchert, hatte Schandtat auf Schandtat gehäuft, erkannte nichts an als Gewalt.

Eduard Petiška:
Aus den Zeiten Wallensteins

Der berühmte kaiserliche Astrologe und Mathematiker Johannes Kepler stellte dem vierundzwanzigjährigen Albrecht von Wallenstein das Horoskop. Dieses enthielt außer schmeichlerischen Worten von hohen Würden, großem Reichtum und gewaltiger Macht auch Worte von Grausamkeit den Untertanen gegenüber, von Geldgier und Geiz, von Mangel an Mitleid und Barmherzigkeit.

Nicht ohne Grund wird erzählt, daß Wallenstein schon mit fünfzehn Jahren in einem Wutanfall einen seiner Diener nur deshalb auspeitschen ließ, weil dieser es wagte, die Arbeit für einige Augenblicke ruhen zu lassen und aus dem Fenster zu schauen.

Von all diesen unangenehmen Eigenschaften Wallensteins wußte auch die Prager Judenstadt zu Beginn des Krieges, der dreißig Jahre lang währte, ein Liedlein zu singen.

Damals war der General Albrecht Wenzel Eusebius von Wallenstein der Oberbefehlshaber der kaiserlichen Truppen [von 1620 bis 1634], und er kommandierte sie mit der gleichen Strenge und Grausamkeit, mit der er seine Besitztümer leitete. Er war überzeugt, daß die Furcht die Mutter jeder Manneszucht sei, und so zauderte er nie, wenn es galt, jemanden wegen Ungehorsams an den Galgen zu schicken. Er selbst bereicherte sich schamlos und nicht gerade auf ehrenhaften Wegen. Um so mehr verfolgte er die kleinen Diebe. [...]

Es geschah einst, daß ein Soldat aus Wallensteins Heer, der mein und dein nicht unterscheiden konnte, heimlich in den Lichtensteinpalast eindrang und dort unter anderem ein Stück eines Brokatvorhangs stahl. Mit dem Brokat unter dem Mantel eilte er in die Judenstadt. Dort handelte er mit dem Juden Josef Jekusela Thein einen Preis aus und strebte dann ohne den Brokat, aber mit einer Handvoll Geld in den Taschen, frohgemut in die nächste Schenke. Er ließ Gebratenes aller Art auffahren und schwelgte in

Schnaps und Bier. Er ahnte nicht, daß dies sein letztes Mahl, seine Henkersmahlzeit war.

Der Verwalter des Lichtensteinpalastes ließ die Gegenstände, die aus dem Palast verschwunden waren, nach damaligem Brauch in allen Synagogen ausrufen. Unter den gestohlenen Sachen war auch das Stück Brokat beschrieben, das der Händler Thein gekauft hatte. Sobald Thein erfuhr, daß der Brokat aus dem Lichtensteinschen Palast stammte, brachte er ihn unverzüglich in die Synagoge und glaubte, daß damit alles erledigt sei.

Aber Wallenstein gab nichts auf die alten Gebräuche und Gewohnheiten.

»Den Namen, ich will den Namen dieses Juden wissen!« schrie er, so daß sein sonst bleiches hageres Gesicht rot anlief.

»Euer Gnaden«, sagten die Ältesten der jüdischen Gemeinde eingeschüchtert zu ihm und verbeugten sich tief, »niemals hat bisher jemand die Namen der unglücklichen Käufer solcher gestohlener Waren wissen wollen. Die Hauptsache war immer, daß sich der vermißte Gegenstand wiederfand. Wir erlauben uns untertänigst, daran zu erinnern, daß vor Jahren Seiner kaiserlichen Gnaden Rudolf II. ein kostbarer Pokal entwendet wurde. Als der Pokal gefunden wurde, fragte selbst der Kaiser nicht nach dem Namen dessen, der den Pokal käuflich erworben hatte, ohne zu wissen, daß es sich um Diebesgut handelte. Wenn wir den Namen des Kaufmanns veröffentlichen, wird niemand mehr von ihm etwas kaufen wollen, denn jeder wird befürchten, er kaufe gestohlene Ware und füge sich selbst dadurch Schaden zu.«

»Schert euch von dannen!« schrie Wallenstein sie an, als befehle er seinen Soldaten. »ich will diesen Juden kennenlernen, aber nicht zu meinem Vergnügen, sondern um ihn aufhängen zu lassen. Ihr habt ihn mir also in subito auszuliefern, sofort und ohne jede Widerrede! Habt ihr verstanden? Sofort und auf der Stelle!«

Niedergeschlagen verließen die Gemeindevorsteher der Judenstadt unverrichteterdinge den Herzog. Wallenstein jedoch befahl, einen Galgen zu errichten, und ließ verkünden, daß der gesamte Vorstand der jüdischen Gemeinde aufgehängt werde, falls er nicht umgehend den Namen des der Hehlerei bezichtigten Juden erfahre.

Die Gemeindeältesten ergriff Furcht. Und sie lieferten den Kaufmann Thein an Wallenstein aus, unternahmen aber zugleich alles, was in ihren Kräften stand, um Thein das Leben zu retten. Ihnen blieb nur zweierlei Hoffnung. Die eine waren die Prager Jesuiten. Sie suchten sie also auf und baten um ihre Fürsprache für den verfolgten Thein, der im Kerker auf die Henkersknechte wartete.

»Bei Wallenstein sollen wir Fürsprache einlegen?« Die Jesuiten schüttelten nur den Kopf. »Ja, wißt ihr denn nicht, daß bei ihm keinerlei Fürsprache gilt, wenn einer seine Befehle überschritten hat? Unlängst haben wir uns für einen solchen Unglückswurm eingesetzt, er diente in Wallensteins Heer und war mit einem Mitglied unseres Ordens verwandt. Wallenstein hörte sich unsere Bitte nicht einmal zu Ende an. Er jagte uns davon. Lauft in eure Kirche, um für diesen Missetäter zu beten, schrie er. Wer sich für die Aufhebung eines meiner Befehle einsetzt, der wird selbst neben dem Verurteilten hängen. Den Soldaten ließ er hinrichten, und wir sind durch diesen Vorfall bei ihm in Ungnade gefallen.«

Danach suchten die Juden Rat und Hilfe bei den Mächtigen, die damals die Geschicke des Landes leiteten. Zu ihnen gehörte auch der Jude Jakub Baschewi, dem für seine Dienste dem Kaiser gegenüber eine ungewöhnliche Ehrung zuteil geworden war: Er war in den Adelsstand erhoben worden. Sein Haus in der alten Judenstadt glich einem fürstlichen Palast. Jakub Baschewi von Treuenburg stand in enger Verbindung mit Albrecht von Wallenstein, er war sein treuer Geschäftsfreund.

Baschewi suchte also auf die Bitten der Gemeindeältesten den gestrengen Wallenstein auf und legte für den unglücklichen Kaufmann Thein Fürsprache ein, so lange und mit einer solchen Beredsamkeit, daß sich Wallenstein schließlich erweichen ließ.

»Nun gut«, sagte er. »Wenn den Juden so viel am Leben eines einzigen Glaubensgenossen liegt, dann sollen sie ihn loskaufen.

Sie sollen mir zehntausend Rheinische Taler zahlen, und ich werde ihn freilassen.«

Kaum hatte Wallenstein diese Entscheidung getroffen, befahl er, den verurteilten Thein aus dem Kerker zu holen und auf die Richtstätte zu führen. Unter dem Galgen, mit dem Gesicht zur Judenstadt, von zwei scharfen Hunden bewacht, sollte Thein so lange sitzen, bis die Juden das Lösegeld für ihn aufgebracht hätten.

In der Judenstadt setzte ein reges Leben und Treiben ein. Rheinische Taler wanderten aus Verstecken, aus Truhen und Beuteln und füllten unter der Aufsicht des Gemeindevorstandes einen Sack. Als der Sack voll war, luden sie ihn auf einen Wagen und fuhren ihn zu dem Herzog Wallenstein. Dieser blickte aus dem Fenster seines Palastes hinab auf den Wagen mit dem Sack darauf und schickte einen Diener auf den Hof, um die Juden fragen zu lassen, in welcher Münze sie das Lösegeld brächten.

»In Gold«, antworteten die Juden.

»Sage ihnen«, befahl Wallenstein dem Diener und schickte ihn zurück, »sie sollen das Lösegeld in Silber bringen. Und zwar in zehn Säcken zu je tausend Silberlingen. So wünsche ich mir das. Und sie sollen es mir zu Fuß bringen und nicht mit dem Wagen.«

Der Diener kehrte zurück zu den Juden und teilte ihnen Wallensteins Befehl mit. – Die Abgesandten der Juden kehrten mit dem Sack voller Goldmünzen in die Judenstadt zurück, wo man nun mit der Sammlung der Silbermünzen begann. Das Silbergeld war zu dieser Zeit nicht viel wert, und einen großen Anteil an seiner Abwertung hatten Albrecht von Wallenstein und seine Geschäftspartner, zu denen auch der geadelte Jude Jakub Baschewi von Treuenburg gehörte. Aber Wallenstein ging es ja nicht um den Wert des Geldes, sondern nur um die Zahl, um die Menge. Er wußte, daß es die Juden große Mühe und Lauferei kosten würde, um einen solchen Haufen von Silberlingen aufzutreiben.

Thein saß inzwischen unter dem Galgen mit der Aussicht auf den Strick und auf die Schnauzen der Hunde, die die scharfen Zähne fletschten, sobald er sich auch nur ein bißchen rührte. Er wartete den ganzen Tag.

Die Juden sammelten die ganze Nacht hindurch die erforderlichen Silbermünzen, und bei Tagesanbruch machten sich zehn Männer mit je einem großen Beutel voller Silberlinge auf den Weg zum Herzog Wallenstein. Sie warteten, bis er aufgestanden war und gefrühstückt hatte, dann erst ließen sie sich anmelden. Und es wird berichtet, daß Wallenstein beim Anblick der jüdischen Abgesandten in Wut geraten sei und gerufen habe:

»Wie könnt ihr es wagen, die Geldbeutel versteckt zu tragen und sie jetzt unter den Mänteln hervorzuholen? Wollt ihr vielleicht erreichen, daß die Leute sagen, der Wallenstein ließe sich von den Juden bestechen?«

Und der allmächtige Generalissimus jagte die Juden erneut davon und befahl, sie sollten die Geldbeutel auf den Schultern wegtragen, allen Leuten vor Augen, von seinem Palast über die Moldaubrücke bis zum Altstädtischen Rathaus. Auf diesem Wege mit dem Lösegeld wurden sie auf Wallensteins Geheiß von Musketieren eskortiert, die gut aufpaßten, daß kein einziger Beutel unter dem Mantel verschwand, sondern daß alle zehn Säcke den neugierigen Blicken der Zuschauer ausgesetzt waren.

Erst als die Juden das Lösegeld auf dem Altstädtischen Rathaus abgeliefert hatten, kam die Reihe an den armen Thein. Von dem langen Warten zermürbt und entkräftet, durfte er jetzt endlich die Richtstätte verlassen. Er wäre vor Schwäche zusammengebrochen, hätten ihn nicht seine Angehörigen gestützt.

Als Albrecht von Wallenstein später beim Kaiser in Ungnade fiel, ereilte das gleiche Schicksal auch den ersten jüdischen Adeligen in Böhmen, Jakub Baschewi von Treuenburg. Baschewi, der einst Fürsprache für Thein eingelegt hatte, mußte nun selbst ohne jeden Fürsprecher Prag verlassen und auf Wallensteins Besitztümern Zuflucht suchen. Und auch im Tode war er an seinen Gönner gefesselt. Im Jahre 1634 wurde Wallenstein in Eger ermordet, und im selben Jahr starb auch Baschewi. Selbst nach seinem Tode konnte Baschewi nicht nach Prag zurückkehren. Er liegt in Mladá Boleslav begraben.

15. *Belagerung Prags durch die Schweden 1648. Kupferstich nach Karl Skreta von Matthias Merian.*

Rainer Maria Rilke:
Frieden

Prag gebar die Mißgestalt
dieses Krieges, der voll Tücke
hauste. – Auf der Karlsbrücke
starb er, dreißig Jahre alt.

Endlich riß das Eisenstück
nur dem Acker eine Schramme,
und vom Kirchturm schlug die Flamme
in den trauten Herd zurück.

Edward Brown:
Gantz sonderbare Rejse

Nachdem ich Cottenberg verlassen / kam ich nach Colline und nach Böhmisch-Broda. [...] Von hier gelangeten wir zu Prag an / welches die Haupt-Stadt / und Königliche Residentz des Königreichs Böhmen ist. Die Stadt hat ihren Nahmen von dem Böhmischen Wort Prahe, welches so viel ist / als eine Schwelle. Ihre Mauren haben einen so weiten Umkreiß / als ich einigen in Deutschland gesehen; doch nehmen auch die Berge und ledigen Plätze / so inner der Stadt liegen / eine ziemliche Weitschafft ein / und ist sie dißfalls der Stadt Lyon in Franckreich gleich. Sie liegt an dem Fluß-Moldau / so von den Böhmen Ultave genannt wird.

Dieser grosse Ort bestehet in dreyen Städten / die alte Stadt / die neue Stadt / und die kleine Seiten / oder die kleine Stadt. Die alte Stadt liegt an der Ost-Seite des Moldau-Stroms; ist sehr Volkreich / stehet voller Häuser / sowohl gemeiner / als auch anderer vornehmer Gebäuden.

Auch ist in diesem Theil die Hohe Schul sehr ansehnlich / sintemal ein grosse Anzahl von Studenten allhier seyn / dieweil in Böhmen nur eine Universität ist / auch aus andern Landen sehr häuffig hieher zu studiren kommen. Es ist nicht zu glauben / was man erzehlet / wie viel in den vorigen Zeiten Studenten zu Prag sollen gewesen seyn / wiewohl viel Autoren davon schreiben / und Ludwig de May, Fürstl. Würtembergl. Rath / hält vor gewiß / daß dermaln kaum so viel Studenten in ganz Deutschland zu finden seyen / als ihrer zu Prag waren in dem Jahr 1409 da man ihrer mehr als 40000 rechnete / als eben Johann Huß Rector daselbst war.

Carol der vierdte / Römischer Keyser und König in Böhmen / war Stiffter dieser Universität von Prag / und gab den Böhmen / Pohlen und Hochdeutschen ziemlich große Freyheiten; Und als er seine Begnadigung gegen die Frembden etwas einziehen wolte / so zogen in einer Woche 24000 Studenten aus der Stadt / und kurz hernach 16000: Darauß man urtheilen kan / daß damals mehr Studenten in Prag gewesen / als in vielen großen Städten Personen zu finden sind.

In dieser alten Stadt sind auch unterschiedene Collegien und Klöster. Die Jesuiten haben ein schönes vortreffliches Collegium unweit der Brucken. Doch sind in der alten Stadt nicht so viel vornehme Gebäude / als auf der kleinen Seiten.

Die Neustadt ist ein weites Wesen / und stehet über dem Wasser neben der alten / wird aber von dieser abgeschieden durch einen breiten Lauff-Graben / darein sie das Wasser können lauffen lassen. Die Irrländer haben ein Franzißkaner-Kloster nahe bey dem alten Thurn in der Mauern der alten Stadt stehen. Man ist nun beschäfftiget / schöne Bollwerke um die Stadt an der einen Seiten derselbigen zu machen. Es ist auch ein Schloß daselbst oder eine Burg / doch nit ganz vollbracht / genannt Wisserath / so vorhin die Residenz der alten Fürsten aus Böhmen gewesen / wie denn auch die berühmte Prinzessin Libussa, deren Vatter Crocus und ihr Gemahl Primislaus geheissen / allhier ihre Wohnung gehabt.

Auf der kleinen Seiten / so man auch klein Prag nennet / ist es überaus viel lustiger / auch giebt es viel schönere Gebäude und vortrefflicher Palläste allhie / als in den andern Städten: Dieses Theil liegt an der West-Seiten des Muldau-Stroms / und muß man aus der alten Stadt auf diese kleine Seite über eine starke wolgebaute steinerne Brücken gehen.

Diese bestehet aus sechzehen grossen Bögen / und ist ungefehr 1700 Schuh lang und 35 Schuh breit / und stehet an jedem Ende derselben ein offnes Thor unter einem hohen steinernen Thurn.

Ein groß Theil von dieser Stadt liegt hoch / und oben auf dem Berge nennet man es den Rathschin oder Ober-Prag / allwo auch ein schönes Keyserlisches Lusthauß nebenst einem herrlichen Palast der Keyser und Könige von Böhmen zu finden ist. Auch ist eine schöne Thum-Kirchen daselbst zu S. Veit gennant / welche gestifftet worden von S. Wenceslav / Herzog in Böhmen im Jahr 923 / davon man die Stadt und Strom am allerbesten übersehen kan.

In dieser Kirche sind unterschiedliche alte Begräbnüssen / von grossen Herren / als da ist das Begräbnus des Böhmischen Königs Georgii Podiebracii, wie auch Wenceslai, Rudolphi des andern / Uladislai, Maximiliani des andern / und mehr anderer Erzherzogen und Keysern. So sind auch viel schöne Häuser deren von Adel und anderer grossen Herrn in diesem Theil der Stadt. [...]

Mir aber gefiel fürtrefflich wol der Palast des von Wallenstein Herzogen von Friedland / Generalen Keysers Ferdinand des andern / welcher um Verdachts willen / als ob er selbst nach der Krone getrachtet / hernach zu Eger um den Halß kommen. Dieser Pallast ist erbauet worden an einem Ort / da vor diesem wol hundert Häuser gestanden / die man alle mit Fleiß niedergerissen / um Raum und Platz genug vor diesem neuen Bau zu haben / und ist darinnen ein schöner grosser Saal / wie auch ein vortrefflicher Hof; an dessen einer Seiten eine Renn-Bann ist / Pferde zu bereiten / und noch dabey eine Roßschwemme; so sieht man auch anders wo ein treffliches Vogelhauß / nebenst einen Baum-Garten / welches zu vergleichen ist mit dem Vogelhause Prinzen Doriae zu Genua / welches 80 Schritt lang ist / und 18 breit. Daselbst ist auch ein weiter und besehens würdiger Pferd-Stall / darinnen

16. *Wallenstein-Palast, Loggia (1627).*

zwischen jedem Pferde eine Seul von Marmor stehet / und ist vor jedem Pferde ein Rauffe von Stahl / mit einer marmernen Krippen in einem Blend-Werk in die Mauer gemachet / oben auf aber hängt das Gemählde von dem Pferde in Lebensgrösse und sein Nahme darunter geschrieben.   *1685*

18. JAHRHUNDERT

Johann Georg Keyssler:
Zustand und Merkwürdigkeiten
der Stadt Prag

Prag hat breitere Straßen, aber weniger kostbare Palläste als Wien. Die Brücke über die Mulda übertrifft an Länge die Regensburgische und Dresdener, indem sie siebenhundertundzweyundvierzig gemeine Schritte hält. Ihre Breite ist von vierzehn solchen Schritten, und können drey Wagen einander ausweichen. Sie ruhet auf sechszehn Pfeilern, und ist auf den Seiten mit achtundzwanzig geistlichen Statuen, davon das Crucifix und der heil. Johann von Nepomuk von Metall, die übrigen aber von Stein sind, gezieret. Es fehlet zu keiner Zeit an Leuten, welche vor diesen Bildern kniend ihre Andacht verrichten, absonderlich aber geschieht solches häufig zur Mittags- und Abendzeit. Der h. Nepomuk, welchen der König Wenceslaus, weil er ihm der Königinn Beichte nicht offenbaren wollen, von dieser Brücke in das Wasser stürzen und auf solche Art hinrichten lassen, machet anitzt in Böhmen fast alle andere Heilige vergessen, und ist gewiß, daß man ihm das meiste zugeschrieben haben würde, wenn es dem Höchsten gefallen hätte, Ihre Majestät die Kaiserinn mit einem männlichen Erben zu segnen. Wenigstens wurde im Jahre 1724 bey der damaligen Schwangerschaft der Kaiserinn ein Kupferstich öffentlich verkauft, auf welchem dieser Heilige einen neugebohrnen Prinzen aus den Wolken hervorreichet, und die Worte zu lesen sind:

> Seht doch der heilge Nepomuc
> Macht hier ein treflich Meisterstuck.

Ob er gleich selbst von einer Brücke verunglückte, so ist er doch insbesondere der Beschützer derselben, und innerhalb wenig Jahren wird man in den österreichischen Erb- und andern benachbarten Landen, kaum eine einzige Brücke mehr zu Gesichte bekommen, auf welcher sein Bildniß nicht erscheine.

Die Jesuiten haben in der alten Stadt zu Prag eines der größten Collegiorum, welche ihr Orden besitzt, und geht ihm außer dem zu Goa und Lissabon keines vor. Es sind beständig über zweyhundertundzehn Patres darinnen, und führet es von der Kirche S. Clementis den Namen des Collegii Clementini. Die Jesuiten haben noch in der Neustadt ein Collegium, und in der kleinen Stadt ein Profeßhaus, ein Convictorium und zwey Seminaria, also daß ihre Anzahl in Prag sich über dreyhundert erstrecket. Ihre Schulen haben großen Zulauf, und zählet man in den zwölf Classen des Collegii Clementini bey achtzehnhundert Studenten, in dem Profeßhause fünfhundert, und in dem Collegio auf der Neustadt vierhundert. Vor allem verdienet die Bibliothek des Collegii Clementini wegen ihres hellen und hohen Gewölbes, der wohl angebrachten Galerie und anderer Bequemlichkeiten gesehen zu werden. Ueber das seit acht Jahren angelegte Cubiculum Mathematicum hat der P. Klein anitzt die Aufsicht, und findet sich darinnen eine Sphaera armillaris, so nach dem Systemate Tychonis de Brahe sich beweget und den Lauf des Himmels andeutet. Von diesem Tycho ist auch ein großer Sextans vorhanden. Ferner zeigen sie ein Perpetuum mobile mit herumlaufenden Kugeln, allerley Uhrwerke, etliche Cameras obscuras und andere optische Künste. Man hat ihnen folgende artige Erfindungen zu danken, daß vermittelst zweener hohlgeschliffenen Spiegel, welche in einer Weite von zweyunddreyßig Fuß von einander gegenüber stehen, Zunder und Pulver in dem foco des einen Spiegels sich entzündet, wenn in dem foco des andern nur eine glühende Kohle angeblasen wird. Die Spiegel sind parabolisch geschliffen, und hat Mr. du Fay im Jahre 1728 dieses Experiment in der Academie des Sciences zu Paris nachgemacht, auch behauptet, daß mit zween speculis Sphaericis eben diese Wirkung in einer noch größeren Entfernung hervorgebracht werden könne. Auf dem Thurme des Collegii Clementini ist ein Observatorium, von welchem man eine schöne Aussicht über die Stadt hat. Auf der Spitze hält der Atlas eine große und wohleingerichtete Sphaeram armillarem. In der Kirche beym Trinhofe ist das Grabmaal des Tychonis

17. *Der hl. Johann von Nepomuk auf der Karlsbrücke (1683).*

de Brahe, der in der Chymie, vornehmlich aber in der Astrono-
mie einen unsterblichen Ruhm sich erworben hat, zu sehen.

Anna Amalie Abert:
Der junge Gluck in Prag

1731 taucht Christoph Willibalds Name in der Matrikel der Prager Universität auf – es ist, abgesehen vom Geburtstag des Meisters, das erste feststehende Datum in seiner Lebensgeschichte.
[...]
Getrieben von dem instinktiven Wissen um seine Berufung,
zugleich aber mit einem guten Schuß echt jugendlicher Abenteu-
rerlust, machte sich der fünfzehn- oder sechzehnjährige Christoph Willibald Gluck auf die Wanderschaft von Eisenberg süd-
ostwärts nach der Landeshauptstadt Prag. [...]
Was der Musikant Gluck in Prag im einzelnen getrieben hat,
wissen wir nicht. Der alte Meister sagt darüber nur, er habe
schrankenlos seiner Leidenschaft leben und von früh bis spät
musizieren und komponieren können.
Von Kompositionen aus dieser Zeit ist nichts erhalten. Lediglich eine handschriftlich unter Glucks Namen überlieferte D-
Dur-Sinfonie, ein etwas primitives Durchschnittswerk im zeitge-
mäßen »galanten Stil«, könnte, wenn es wirklich von Gluck ist,
aus jenen Jahren stammen. Wahrscheinlich aber ist alles, was der
begeisterte Musikant in seinem jugendlichen Überschwang damals schrieb, verlorengegangen oder auch von dem alten Meister, der sich nie gern in die Werkstatt blicken ließ, später als
wertloses Anfängergeschreibsel vernichtet worden.
Von einer richtigen Lehre bei einem bestimmten Meister, von
Kompositionsunterricht oder geregelter Weiterbildung auf
einem der Instrumente verlautet nichts. Ob zwischen ihm und
dem damals bedeutendsten Musiker Prags, dem Kirchen- und
Orgelkomponisten Bohuslav Czernohorsky, Beziehungen be-
standen haben, sei es, daß Gluck den Unterricht des Älteren ge-

nossen oder nur bei Kirchenmusiken unter dessen Leitung mitgewirkt hätte, ist ungewiß. In Glucks Schaffen finden sich jedenfalls von Czernohorskys strengem, etwas rückwärtsgewandtem Kirchenstil keine Spuren.

»Von früh bis spät musiziert«, wie es in Glucks Bericht heißt, hat er zweifellos, schon um, wie bereits auf seiner Wanderung nach Prag, seinen Lebensunterhalt zu verdienen, denn die pekuniäre Unterstützung, die er vom Vater erhielt, ist vermutlich nicht sehr reichlich gewesen. Gerade in jenen Jahren schenkte die Forstmeisterin ihrem Gatten das achte und neunte Kind; da kann für den erwachsenen Ältesten, der nach Ansicht des Vaters eine brotlose Kunst betrieb, nicht viel übriggeblieben sein. So schlug sich Christoph Willibald denn weiterhin als Musikant durch, indem er teils in Prag selbst, teils in den Dörfern der Umgegend bei kirchlichen und weltlichen musikalischen Veranstaltungen aller Art mitwirkte. Auch in den Häusern der Aristokratie dürfte er bei so manchen festlichen Gelegenheiten mit »aufgewartet« haben.

Ob nicht auch der Sohn des angesehenen Lobkowitzschen Forstmeisters eine Möglichkeit gehabt hätte, in die Prager Kapelle des Hauses Lobkowitz einzutreten? Aber es war nicht Sache Christoph Willibalds, sich als Bedienter in Livree zu produzieren, weder jetzt noch später. Der so streng erzogene Försterssohn war gleichsam schon als Grandseigneur geboren. Sein nüchterner Sinn für die Gegebenheiten des Lebens hinderten ihn zwar daran, offen wider den Stachel der dem Musiker gezogenen gesellschaftlichen Grenzen zu löcken, wie es Mozart später zu seinem Unglück tat, aber er vermied es schon als junger Mann geschickt, diese Grenzen zu berühren. Nur selten und immer nur vorübergehend hat er sich in Abhängigkeit begeben. [...]

Durch eigenes Musizieren wird der junge Prager Musikant seine in der ländlichen Heimat gesammelten Erfahrungen gefestigt und vertieft, aber nicht wesentlich erweitert haben. Die volkstümliche Tanz- und Unterhaltungsmusik einerseits und die Kirchenmusik andrerseits waren in der Stadt grundsätzlich nicht anders als auf dem Dorf. Neu war dem Jüngling vielleicht die in den Kreisen der Aristokratie gepflegte, großenteils italienische Gesellschaftsmusik, die auf der Schwelle zur modernen Kunst der Empfindsamkeit stand, neu auch die Mitwirkung bei Jesuitendramen, neu aber waren für ihn vor allem die großen Gattungen des Oratoriums und der Oper. Das Oratorium wurde gerade in jenen Jahren in den Kirchen Prags besonders eifrig gepflegt. Gluck hatte hier Gelegenheit, Werke der bedeutendsten italienischen Meister wie Antonio Lotti, Antonio Caldara, Francesco Feo und Niccolo Jommelli zu hören.

Als repräsentivste Gattung vor allen andern aber galt im achtzehnten Jahrhundert die Oper. Prag hatte nicht lange vor Glucks Eintreffen, 1723, eine denkwürdige, glänzende Opernaufführung auf einer eigens für sie errichteten Freilichtbühne erlebt – die Festoper zur Königskrönung Karls VI., »Costanza e Fortezza« des berühmten Wiener Hofkapellmeisters Johann Joseph Fux – aber eine stehende Oper besaß es damals noch nicht. Es existierte nur ein privates Operntheater des Grafen Sporck, das dieser jedoch bald nach jener Festaufführung zum »Opera Hauß« erweiterte. Hier konnte Gluck sich mit der damals weltbeherrschenden italienischen Oper vertraut machen. Vielleicht ist in dem leidenschaftlichen und doch scharfblickenden jungen Musiker in jener Zeit schon der Wunsch aufgekeimt und zum Entschluß herangereift, ein Opernkomponist zu werden, denn es ist auffallend, mit welcher Zielsicherheit er von Prag aus weiter seinen Weg in die große Musikwelt, die eben die Welt der großen Oper war, verfolgte.

Musizierend, hörend, das Gehörte verständnisvoll aufnehmend und innerlich klug verarbeitend, wohl auch in Studienarbeiten nachbildend, eignete sich der junge Gluck in Prag einen ersten Überlick über die Kunst an, der er sein Leben zu weihen entschlossen war. [...]

Gleichzeitig aber empfand er offenbar das Bedürfnis, seiner einfachen Landschulbildung durch den Besuch der Prager Universität etwas aufzuhelfen – oder war es der Vater, der seinem

Ältesten die in der Kindheit versagte höhere Bildung noch nachträglich verschaffen wollte? Glucks Name erscheint 1731 in den Listen der philosophischen Fakultät unter den Studierenden der Logik, das heißt der untersten Abteilung; der junge Musiker hat sich also nicht aus freier Wahl für das Studium der Logik entschieden, sondern er konnte ein Studium an der Universität Prag überhaupt nur auf diese Weise beginnen. Über Vorbereitung, Fortgang und Ende dieses Ausfluges in die Wissenschaft breitet sich wieder geheimnisvolles Dunkel. Man weiß nicht, wo Gluck, der ja kein Gymnasium besucht hatte, sich die für das Studium nötige Vorbildung angeeignet hat und wie lange er auf der Universität verblieben ist. Die das Studium krönende Magisterprüfung hat er jedenfalls nicht abgelegt.

Wahrscheinlich wurde sich der Jüngling, der in Prag seine Berufung zum Komponisten immer deutlicher erkannt haben dürfte, schon ziemlich bald darüber klar, daß das Prager Musikleben für ihn nicht der Weisheit letzter Schluß sein konnte. Prag hatte schon seit 1612 – seit der Hof in Wien residierte – viel von seiner ursprünglichen musikalischen Bedeutung eingebüßt, und so bewies der junge Musiker wieder einen feinen künstlerischen Instinkt, als es ihn aus der Landeshauptstadt Böhmens in die Reichshauptstadt Wien zog. Wann er der böhmischen Heimat den Rücken gekehrt hat, ist wiederum nicht bekannt – es muß gegen Ende 1735 gewesen sein.

Egon Erwin Kisch:
Käsebier und Fridericus Rex

Im Sommer 1757, nach der Schlacht bei Prag, belagerte Friedrich II. fast mit seiner ganzen Wehrmacht die Stadt, in die sich die österreichische Armee unter Führung des Herzogs Karl von Lothringen zurückgezogen hatte. Obwohl in Prag Hungersnot und Bombardement furchtbar wirkten und die Stadt so hermetisch abgesperrt war, daß weder Nahrungsmittel noch Boten vom Hofe Maria Theresias hinein konnten, erfolgte keine Übergabe. Auch die Preußen vermochten es nicht, Kundschafter in die Stadt zu bringen, um den wahren Zustand der belagerten Armee und der Verteidigungslinien auszuspionieren. Da ließ König Friedrich den durch seine Schlauheit und Waghalsigkeit, Verkleidungen und Streiche geradezu weltberühmten Dieb Christian Andreas Käsebier (einen gebürtigen Hallenser) mittels Eilstafetten in das Lager kommen, damit er sich in die Stadt einschleiche und entweder Nachrichten bringe oder gar durch Bestechung von Wachtposten Prag in die Hände der Brandenburger liefere. Die Eskorte traf am 12. Juni 1757 um neun Uhr dreißig aus dem Stettiner Strafhause im Schloß Stern ein, und der Dieb wurde sofort vom König in einer einstündigen Audienz empfangen.

Schon die ersten Worte, die Friedrich und Käsebier wechselten, verrieten den kommenden Konflikt. Käsebier trug nämlich an den Händen eine große Kette, an der eine eiserne Kugel hing. »Er war die ganze Reise so gefesselt?« fragte der König. — »Nein, Majestät, erst beim Betreten des Lagers hat mir der Transportkommandant die Kette angelegt.« — Der König mit unverhohlener Verachtung: »Es ist nicht vornehm, diese Nachsicht zu verraten.« — »Majestät«, versetzte darauf Käsebier, »ein preußischer Lieutenant, der glaubt, der große Käsebier werde flüchten, wenn ihn der große König ruft, wäre nicht wert, ferner in den Diensten des großen Königs zu stehen.« Über diese Antwort soll Fridericus, der durch sie eines voreiligen Urteils überführt wurde, sehr betroffen gewesen sein.

Sein Ärger steigerte sich, als er mit einem, wie er meinte, überraschenden Auftrag herausrücken wollte und Käsebier ihm ins Wort fiel, exakt erklärend, auf welche Weise er sich nach Prag einzuschleichen beabsichtige und durch welche Mittel er für den König die Stadt gleichsam stehlen wolle. Der König hatte zu den Vorschlägen Käsebiers nur hinzuzufügen, daß sie binnen drei oder vier Tagen vollzogen sein müßten. Darauf reagierte Käsebier mit den Worten:

»Aha, die Entsatzsarmee ist schon so nahe!«

Diese Bemerkung versetzte Friedrich II. und den anwesenden Marschall Keith in die peinlichste Überraschung. Tatsächlich ralliierte sich nämlich seit zirka einer Woche der österreichische Feldmarschall Daun mit der zum Entsatz von Prag bestimmten Armee bei Kolin, und es mußte binnen vier Tagen zur Entscheidungsschlacht kommen. Friedrich vermutete aber mit Recht, daß die Nachricht vom Herannahen der Entsatzarmee in der so lückenlos abgeschlossenen Stadt Prag nicht bekannt sei. Diese Ahnungslosigkeit der Prager war für Fridericus ungeheuer wichtig, da er drei Viertel der Belagerungsarmee abziehen und gegen Daun werfen wollte. Würde nun die in Prag eingeschlossene Armee von der Nähe eines Entsatzes erfahren, so könnte sie eine allfällige Absicht der Übergabe hinausschieben und sogar gegen die geschwächten Belagerer einen erfolgreichen Ausfall unternehmen. Und nun sollte der König einen Gauner als Spion in die Stadt lassen, der das Vorhandensein der Entsatzarmee erraten hatte!

»Was fällt Ihm ein«, schrie Marschall Keith, »wer spricht von einer Entsatzarmee? Von einer Entsatzarmee ist keine Rede.«

Käsebier ließ sich aber dadurch nicht beirren und verneigte sich nur ironisch: »Wie Herr Marschall befehlen.« Während der ziemlich erregten Audienz zog Marschall Keith den König beiseite und warnte ihn abermals, den Dieb, der ein so gefährliches Kriegsgeheimnis wisse, zum Feinde zu lassen. Friedrich II. aber, der nun schon einmal den Kriminalverbrecher aus Stettin herbeigeholt hatte, wollte ihn auch verwenden und erwiderte bloß: »Man wird ihm unten nicht glauben. Er war bereits im Prager Stockhaus eingesperrt und auf dem Pranger gestanden. Der Aussage eines solchen Menschen schenkt man keine Bedeutung.«

Er wandte sich an Käsebier, und um ihn einigermaßen zu versöhnen, forderte er ihn auf, eines seiner berühmten Gaunerstückchen zu erzählen. Dies lehnte der Dieb ab, indem er sagte, er vermöge es nicht, wie ein Schauspieler oder ein Fabeldichter auf Kommando eine Geschichte vorzubringen, er könne nur im

18. *Bombardement von Prag durch Friedrich den Großen 1757.*
Anonymer Kupferstich.

Freundeskreise bei einem Gläschen Bier sehr lustig erzählen. »Ich werde Ihn doch nicht zur Hoftafel einladen!« brauste da der König von neuem auf.

Darauf soll Käsebier wörtlich geantwortet haben: »Spotten Eure Majestät nicht. Wenn ich wiederkehre, kann es leicht geschehen, daß Majestät mich an der Hoftafel sitzen lassen. Im Kriege kann als Verdienst aufgefaßt werden, was unter anderen Umständen als Kriminalverbrechen gilt: wenn jemand den Feind tötet, so ist er kein Mörder, sondern ein Mordskerl, wenn jemand in eine feindliche Stadt einbricht, so ist das kein Einbruchsdiebstahl, sondern ein siegreicher Einbruch. Und wenn da unten in Prag morgen das kaiserliche Hauptquartier in Flammen aufgehen sollte, so werden Eure Majestät schwerlich sagen: daß der Käsebier ein ›Brandstifter‹ ist, sondern: ›ein Feuerkopf‹. Deshalb kann es sehr leicht sein, daß ich nächste Woche an der Hoftafel sitze und Eurer Majestät lustige Kapitel aus dem Kriminalroman ›Leben und Taten des Andreas Christian Käsebier‹ erzähle.

Bei der Erwähnung der Brandstiftung stampfte der König unwillig auf und rief erbost: »Er wird auch mit anderer Rekompense zufrieden sein. Er wird begnadigt werden und Geld erhalten.« Damit war die Audienz zu Ende.

Tatsächlich gelang es Käsebier, durch die Tore zu kommen. In einer Spelunke am Moldauufer, nahe dem Spital der Barmherzigen Brüder, begann er seine Recherchen. Dort wurde er von einer jungen Dirne erkannt. In ihrer Kinderzeit hatte sie ihn am Pranger stehen gesehen. Das Mädchen ließ sich mit Käsebier ein, und als sie Gewißheit hatte, daß er ein preußischer Späher sei, soll sie versucht haben, ihn davon abzubringen, den Preußen Kriegsdienste zu leisten.

Käsebier beharrte darauf, binnen vier Tagen die Entscheidung herbeizuführen und solcherart seine Geschicklichkeit dem König zu beweisen. Daraufhin denunzierte besagte Dirne ihren neuen Liebhaber mit lauter Stimme bei einem österreichischen Konfidenten, der gleichfalls in der Spelunke zu Gast war. Der Spitzel trat aber auf den Entlarvten zu und – bat Käsebier, ihm bei der preußischen Armee Beschäftigung zu verschaffen. Der erstaunte Käsebier erfuhr, daß die Übergabe der Stadt vom österreichischen Generalstab bereits beschlossen sei und daß der Obristleutnant Laudon um sechs Uhr abends den Preußen die Kapitulation anbieten werde. Zu diesem Schritt habe sich der Generalstab veranlaßt gesehen, weil die Stadt vollkommen ausgehungert und stark zusammengeschossen und die Hoffnung auf Herannäherung einer Entsatzarmee geschwunden sei. Daraus erkannte Käsebier, daß er dem König keinerlei Dienste mehr leisten und ihm seinen Wert als genialer Verbrecher nicht mehr beweisen könne.» Wenn ich die Stadt nicht für den König stehlen kann, so will ich sie wenigstens dem König stehlen«, soll er gesagt haben. Er ließ sich durch den Konfidenten ins Clementinum führen, wo das österreichische Generalkommando tagte, und machte davon Mitteilung, daß die Entsatzarmee Dauns ganz nahe sei. Man benachrichtigte sofort Herzog Franz, die bereits beschlossene Übergabe wurde hinausgeschoben und Käsebier in vorläufige Verwahrung genommen, bis sich die Richtigkeit seiner Angaben herausgestellt hätte.

Richard Pococke:
Von Böhmen

Die Lage von Prag, welches man für das alte Marobodium hält, verdienet unter die schönsten in der Welt gezählet zu werden. Diese alte Stadt lag vermuthlich da, wo die heutige Altstadt stehet, und war die erste unter allen Städten. Auf dem Wischehrad oder hohen Felsen hatten die ersten Herzöge von Böhmen ihr Schloß, auch war daselbst im Jahre 1088 vom König Wratislaus eine Kirche erbauet worden. Die Domkirche ist nicht nur deswegen berühmt, weil sie der Begräbnisplatz der Könige von Böhmen ist, sondern auch wegen der zwei Patronen des Reiches, des

Wenzeslaus und S. Johannes von Nepomuk. Die Kapelle des erstern ist inwendig mit allerhand böhmischen Jaspis von schönen Farben bekleidet, in deren einigen sich eine Mischung von Amethyst und Achaten befindet; sie sind aber sehr unregelmäßg zusammengesetzt. Die Kapelle des letztern ist mit Bildsäulen und andern silbernen Verzierungen ausgeschmückt. Die Könige von Böhmen werden in dieser Kirche von dem Erzbischofe, und die Königinnen von der Äbtissin zu S. Georg gekrönet. Johann Huß war Prediger bei der S. Galluskirche; und man zeigt hieselbst seine Becher und Pult, wie auch verschiedene Handschriften von seinen und Wiclefs Anhängern. Das Jesuitercollegium ist eines der größten in Europa, und die irländischen Franziskaner haben ein Kloster, worin gegen 70 Personen sind. Der berühmte Tycho Brahe lieget in der Kirche zu Teyna begraben; er hielt sich an dem Hofe des Kaisers Rudolph des Zweiten auf, der sehr viel Gnade vor ihn hatte. An einem Steine, der an einem Pfeiler in der Kirche errichtet ist, steht ein Relief von ihm mit einem Panzer; die linke Hand hält er an sein Schwert, und die rechte auf einer Weltkugel. Um den Hals hat er eine Kette mit einem Schaustücke, und um den Stein stehet folgende Inschrift:

Anno Domini 1603. die 24. Octobris obiit illustris et generosus Tycho Brahe Dns in Knudstrup sacrae Caesareae Maiestatis Consiliarius cuius ossa hic requiescunt.

Über demselben ist ein anderes marmornes Grabmal mit einer langen Grabschrift. Zu Prag ist eine berühmte Universität. Man will 6000 Studenten auf derselben haben, und ehemals sollen nicht unter 30000 dagewesen sein. Auf dem Hofplatze des königlichen Palastes stehet eine vortreffliche metallene Bildsäule vom H. Georg zu Pferde, die im Jahre 1333 gemacht ist. Das so genannte mathematische Haus in dem Garten ist, obgleich nicht ganz ohne Fehler, doch ein schönes Stück der Baukunst. Wo ich nicht irre, ward es entweder für den Tycho Brahe gebauet oder doch zu seinem Gebrauche bestimmet. Der Graf Lobkowitz hat hier einen Palast, welcher nebst den Palästen der Grafen Webna

19. *Hauptfassade des Černín-Palais, erbaut von F. Carratti 1669–77.*

und Collowrat, dem erzbischöflichen und norbertinischen, sehr gut gebauet sind. Die übrigen sind meistenteils nach einem schlechten Geschmacke gebauet. Die Grafen Gallasch und Straka haben sehr große Paläste. Indessen übertrifft der Palast des Fürsten Tschernin alle übrigen an Pracht. Die Treppe und eine Reihe von Zimmern in demselben sind sehr vortrefflich. Ein Schlafzimmer ist mit Goldleinwand, welche mit indianischer Seidenarbeit gezieret ist, bezogen und ausstaffieret.

Die Prager Brücke über die Mulda ist eine der schönsten in Europa. Kaiser Karl der Vierte fing im Jahre 1357 an, sie zu bauen; sie ward aber nicht eher, als im Jahre 1502 fertig. Sie ist 1580 Fuß lang und 30 Fuß 4 Zoll breit. Sie ruhet auf 17 Bogen und ist ganz von Quadersteinen gemauert. Über eine jede Widerlage ist an jeder Seite das Bild eines Heiligen gestellet.   1773

Adolf Goldschmitt:
Figaro in Prag

Am 11. Januar 1787 trifft Mozart mit seiner Gattin in der böhmischen Hauptstadt ein. Im Gräflich Thunschen Palais, in seinem behaglich geheizten Zimmer, schreibt er an seinen Schüler Gottfried von Jacquin und berichtet von einem Ball:
»Das wäre so was für Sie gewesen, mein Freund! Ich meine, ich sehe Sie all den schönen Mädchen und Weibern nachlaufen. Ich sah mit ganzem Vergnügen zu, wie alle diese Leute, auf die Musik meines Figaro, der in lauter Contretänze und Teutsche verwandelt war, so innig vergnügt herumsprangen. Denn hier wird von nichts gesprochen als von – Figaro, nichts gespielt, geblasen, gesungen und gepfiffen als – Figaro. Keine Oper besucht als – Figaro und ewig Figaro. Gewiß große Ehre für mich! Am Mittwoch werde ich den Figaro sehen und hören – wenn ich nicht bis dahin taub und blind werde.«

Figaro auf allen Gassen, allen Tanzböden, in allen Schenken, allen Salons. Prag ist mozartisch geworden, wie einst Salzburg. Das Lieblingsstück der Prager ist Figaros Spottlied auf den verliebten Cherubin: »Non più andrai farfallone amoroso...« Wo immer Mozart erscheint, tönt ihm das Lied wie eine Huldigung entgegen. [...]

Am 19. Januar gibt Mozart auf allgemeines Verlangen ein Konzert. »*Nie sah man noch*«, berichtet Niemetschek, »*das Theater so voll Menschen, nie ein stärkeres einstimmiges Entzücken, als sein göttliches Spiel erweckte. Wir wußten nicht, was wir mehr bewundern sollten: ob die außerordentliche Komposition oder das außerordentliche Spiel... beides zusammen bewirkte einen Eindruck auf unsere Seelen, der einer süßen Bezauberung glich. Zum Schlusse phantasierte Mozart auf dem Pianoforte und steigerte die Begeisterung der entzückten Böhmen aufs Höchste. Dadurch sah er sich gezwungen, sich nochmals ans Klavier zu setzen. Er begann und leistete Unerhörtes, als auf einmal aus der totenstummen Menge eine laute Stimme rief: Aus Figaro! Mozart begann mit dem Motiv der Lieblingsarie: Non più andrai, spielte ein Dutzend wunderbarer Variationen aus dem Stegreif und endete unter dem rauschendsten Jubel.*«

Auch eine neue Sinfonie hörten die Prager: seit Jahren, seit der Haffner-Sinfonie, wieder die erste in Mozarts Schaffen. Zwischen Niederlage und Triumph ist sie entstanden: noch in Wien, kurz vor der Prager Reise, in jenen Tagen der Liebesbeteuerung: »Ch'io mi scordi di te!«

Das Prager Konzert hat Mozart zweihundert Dukaten gebracht. Wieder einmal schäumt das Leben in goldenem Überfluß.

Die nächste Aufführung des Figaro dirigiert Mozart persönlich. Im roten, pelzverbrämten Rock steht er im Orchester, vom Feuer der Leidenschaft erfüllt, wiegend im Rhythmus der Melodien. Von Arie zu Arie steigert sich der Beifall zu einer Stärke, wie selbst Mozart es nie erlebt hat. Vor diesem Ansturm des Jubels verliert er alle Fassung. Am folgenden Morgen schließt er mit

20. *Palais Thun-Hohenstein, Neruda-Gasse.*

dem Prager Operndirektor Bondini einen Vertrag, der ihn für die nächste Spielzeit zu einer neuen Oper verpflichtet, gegen ein Honorar von hundert Dukaten.

Hundert Dukaten? Das einzige Prager Konzert hat zweihundert Dukaten gebracht – nur für einen einzigen Abend! Und nun – für die Arbeit und Mühe eines halben Jahres, für eine neue Oper, nur hundert Dukaten? Aber was sind Zahlen und Summen, wenn sich ein Traum erfüllt! Eine Oper schreiben... eine neue Oper... eine Oper für Prag!

Adolf Goldschmitt:
Don Giovanni

Die Spätsommerfahrt nach der böhmischen Hauptstadt wird, anders als jene erste, die Winterreise nach Prag, von einer trüben Stimmung begleitet. Im Gasthof »Bei den drei goldenen Lilien« steigen die beiden Reisenden ab. Aber schon nach einigen Tagen siedeln sie in die Bertramka über, das Landhaus der befreundeten Sängerin Josepha Duschek, und hier, in der idyllischen Ruhe vor den Toren von Prag, vollendet Mozart in wenigen Wochen den Don Giovanni.

Die Proben beginnen. Im Finale des zweiten Aktes hat Mozart die Trompeten- und Paukenstimmen aus dem Gedächtnis, nicht aus der Partitur ausgeschrieben. Er bringt die Stimmen selbst ins Orchester: »Ich bitte Sie, meine Herren, bei dieser Stelle besonders aufmerksam zu sein. Es werden vier Takte zu viel oder zu wenig sein...«

Eine Stelle ist von drei Posaunen begleitet. Aber einer der Posaunisten bläst falsch. Mozart erscheint am Pult des Musikers; aber dieser erklärt ärgerlich: »Das kann man so nicht blasen, Herr Mozart! Und von Ihnen werd' ich es auch nicht lernen.«

»Gott bewahre mich, Sie Posaune lehren zu wollen!« erwidert Mozart. »Aber geben Sie her, ich werde die Stimme ändern.«

In der Gesamtprobe ist ihm der gellende Aufschrei Donna Elviras beim Erscheinen des Geistes nicht gellend, nicht markerschütternd genug. Er geht selbst auf die Bühne, und als der Aufschrei kommen soll, packt er die Sängerin am Arm: »So ist es recht!« sagt er lachend. »So muß man schreien.«

Über den langsamen Fortgang der Proben schreibt er am 15. Oktober an Gottfried von Jacquin:

»Erstens ist das hiesige theatralische Personal nicht so geschickt wie das in Wien, zweitens fand ich bei meiner Ankunft zu wenige Vorbereitungen. Man gab also gestern bei ganz illuminiertem Theater meinen Figaro, den ich selbst dirigierte...« [...]

Der Tag der Uraufführung des Don Giovanni, der 29. Oktober, ist gekommen. Werden auch die Prager zweifeln und fragen: Tragödie oder Komödie? denkt Mozart. Aber von Szene zu Szene steigert sich der Beifall.

Auch Herr Guardasoni, der Regisseur, fragt nun nicht länger. »Nach jeder Arie«, sagt er, »lobjauchzen die Herzen. Das ist die beste Antwort auf alle Fragen.«

Noch ganz erfüllt von seinem Triumph, schreibt Mozart nach Wien an den Dichter da Ponte:

»Guardasoni kam heute in mein Zimmer, im Enthusiasmus der Freude ausrufend: Es lebe Mozart! Es lebe da Ponte! Solange die beiden leben, haben die Impresarii kein Elend zu befürchten.«

Auch an Gottfried von Jacquin berichtet Mozart von seinem Erfolg, und in bester Laune schließt er:

»Nun liebster Freund, ich hoffe, daß Sie sich wohl befinden mögen – besonders, da Sie nun von Ihrer vorigen, etwas unruhigen Lebensart ganz zurückzukommen scheinen... Mein Urgroßvater pflegte seiner Frau, meiner Urgroßmutter, diese ihrer Tochter, meiner Großmutter, diese wieder ihrer Tochter, meiner Mutter, diese abermals ihrer Tochter, meiner leiblichen Schwester, zu sagen, daß es eine sehr große Kunst sei, wohl und schön zu reden, aber vielleicht eine nicht minder große, zur rechten Zeit aufzuhören. Ich will also dem Rate meiner Schwester, dank un-

21. *Tyl-Theater, ehemaliges Standestheater.*

serer Mutter, Großmutter und Urgroßmutter folgen und nicht nur meiner moralischen Ausschweifung, sondern meinem ganzen Briefe ein Ende machen.«

Die Prager Oberpostamtszeitung berichtet über die Aufführung:

»Montag den 29. Oktober [1787] wurde von der italienischen Operngesellschaft die mit Sehnsucht erwartete Oper des Meisters Mozart ›Don Giovanni‹ aufgeführt. Kenner und Tonkünstler sagen, daß zu Prag ihresgleichen noch nicht aufgeführt worden. Herr Mozart dirigierte selbst, und als er in das Orchester trat, wurde ihm ein dreimaliger Jubel gegeben, welches auch bei seinem Weggang geschah.«

Aber Herr Guardasoni, der Regisseur, hält wenig von geschriebener Kritik:

»Der beispiellose Beifall«, meint er, »ist die beste, die wahre Kritik.«

Wolfgang Hildesheimer:
La Clemenza Di Tito

»La Clemenza di Tito« (K. 621) war gewissermaßen schon zu ihrer Entstehungszeit ein Relikt. Daß diese Oper am Ende des achtzehnten und am Anfang des neunzehnten Jahrhunderts populär wurde, verdankt sie dem Geschmack der klassizistischen Epoche an ethisch-heroischer Allegorie. Zur Zeit der Aufführung war das Libretto von Metastasio immerhin schon sechzig Jahre alt und bereits von zwanzig Komponisten vertont worden, unter anderem von Gluck. Der »sächsische Hofpoet« Caterino Mazzolà hat es zwar gestrafft und das Personenregister reduziert, aber der Fabel hatte er treu zu bleiben und damit auch dem unwandelbaren Schema der Opera seria: Erweiterung und Umrankung antiker, meist römischer, Geschichte durch Fiktionen, die den – angeblich historisch belegten – Edelmut einer Herrscherfigur als solchen in sein privates, gleichsam inoffizielles Leben zu übertragen. Ein symbolischer Akt devoter Darbringung, meist zu Krönungen, offiziellen Besuchen und anderen Ehrungen der Herrscher und Fürsten angebracht, eine Verbeugung dem jeweils zu Ehrenden gegenüber, der als Sagengestalt, als personifizierte Milde und Weisheit, von der Bühne herab seine Superiorität gegenüber den Beherrschten zu demonstrieren hatte. Wenn wir heute diese gestelzten Strophen der Seria lesen, wird uns klar, welcherlei Umwälzung die Opera buffa darstellen mußte, in der plötzlich ein Mann wie Figaro das große Wort in Umgangssprache führte. In der Tat ist dieser Edelmut im »Tito«, auf Kosten jeglicher psychologischer Wahrscheinlichkeit, besonders penetrant, da der Held selbst mehrfach nachdrücklich darauf hinweist. Eine dieser Hinweis-Arien hat Mozart denn auch kurzerhand gestrichen, ihm wurde da der Tugend wohl zuviel getan. Zudem muß auch ihm klargewesen sein, daß die Zeit der Opera seria vorbei war. Vieles weist also darauf hin, daß er, nach »Figaro« und »Don Giovanni«, mit einem solchen Stoff nicht mehr viel anzufangen wußte. Der Eintragung in sein Werkregister, daß Herr Mazzolà das Libretto »zu einer wirklichen Oper umgearbeitet« habe – »ridotta à vera opera dal Sig:^{re} Mazzolà« –, meinte man zu entnehmen, daß er damit zufrieden gewesen sei. Das halten wir für höchst unwahrscheinlich, es muß etwas anderes bedeutet haben. Wahrscheinlicher ist, daß Mozart es, wie vorher Hunderte anderer, verworfen hätte, hätte er es sich leisten können.

Er konnte es sich nicht leisten. Der Auftrag bedeutete zwar die Unterbrechung an zwei großen Arbeiten, der »Zauberflöte« und dem »Requiem« – es hätte ihm relativ gleichgültig sein können, daß der böhmische Adel zur Krönung des Kaisers Leopold II. zum böhmischen König in Prag, im September 1791, eine Opera seria brauchte –, aber er brauchte die Ehre und vor allem das Geld. Das Geld erhielt er, die Ehre wurde ihm nicht zuteil. »Una porcheria tedesca« – »eine deutsche Schweinerei« – war das Urteil der Kaiserin und neugekrönten Königin von Böhmen, der

Spanierin Maria Louisa. Offensichtlich waren Majestät eine strenge und lapidare Richterin. [...]

»Reichlich viele Noten!« soll der Kaiser nach der Aufführung der »Entführung« zu Mozart gesagt haben. Worauf Mozart erwidert habe: »Genau so viel wie nötig sind, Majestät!«

Josef Svátek:
Schiller in Prag

Anfang Juli 1791 treffen – laut Kurliste Nr. 370 – der erkrankte »Herr Hofrat Schiller nebst Frau aus Jena« und sein Arzt »Ferdinand Eicke aus Eschershausen« in Karlsbad ein. Während dieses Aufenthaltes besucht die Reisegesellschaft Eger und Dux, wo Schiller mit dem alternden Johann Jakob Casanova de Seingalt zusammentrifft.

Schiller nahm sich vor, seinen Aufenthalt in dem sagenreichen Böhmen auch auf die Hauptstadt des Landes, das hunderttürmige Prag, auszudehnen, auf jene Stadt mit dem königlichen Schlosse, wo der Dreißigjährige Krieg, den Schiller mit so lebhaften und ergreifenden Farben geschildert hatte, inauguriert worden war und wo des Herzogs von Friedland Palast zu den ersten Sehenswürdigkeiten der Kleinseite Prags zählt. Zudem hatte Böhmens Hauptstadt neben ihren unzähligen historischen Merkwürdigkeiten für den Dichter auch noch einen anderen Wert, indem die Prager Bühne zu jenen zählte, die Schillers dramatische Werke stets zuerst zur Aufführung brachte und dem Dichter auch in Österreichs ziemlich abgesondertem Gebiete zur Popularität verhalf.

Zu diesen Beweggründen des Dichters, Prag zu besuchen, gesellte sich außerdem die Sehnsucht der beiden Damen und des Dr. Eicke, die großartigen Vorbereitungen zur baldigen Krönung des Kaisers Leopold II. in der Landeshauptstadt Böhmens in Augenschein zu nehmen. [...]

Prag präsentierte sich dem Dichter aus Anlaß der bevorstehenden Feierlichkeiten in glänzendem Festgewande und machte daher auf die Angekommenen einen sehr freundlichen Eindruck, denn die geschmückten und durch die vielen Fremden äußerst belebten Gassen und Plätze der Stadt gestalteten Prag in jenen Tagen zu einer wahren Großstadt. »Herr von Schiller« (wie der Dichter nach dem in Österreich geltenden Gebrauche tituliert wurde) zählte hier viele Verehrer seiner Muse, die ihm überall einen würdigen Empfang bereiteten. Mit der zuvorkommendsten Freundlichkeit wies man dem genialen Dichter alle Stätten und historischen Denkmale, die auf den Dreißigjährigen Krieg und auf den Friedländer Herzog Bezug hatten. Bald war in den schöngeistigen Kreisen Prags die Ankunfts Schillers bekannt, und auf allen Schritten wurde er mit der größten Ehrfurcht behandelt. Auch das ständische Theater, das zu jener Zeit unter Guardasonis Leitung eines guten Rufes sich erfreute, beehrte der Dichter mit mehrmaligem Besuche; ob aber während seines Verweilens in Prag ein oder das andere Drama Schillers dem Dichter zu Ehren auf die Bühne gebracht wurde, finden wir in den damaligen Prager Blättern, die noch keine Theaterzettel und auch keine Referate über Theatervorstellungen brachten, nirgends verzeichnet, obwohl bei der großen Beliebtheit, deren sich Schillers Werke in Prag erfreuten, und bei der vielfach geäußerten Pietät der Prager gegen den Dichter daran nicht zu zweifeln ist.

Unter jenen Persönlichkeiten in Böhmens Hauptstadt, an welche Schiller von seinen Freunden und Gönnern empfohlen worden war, ragte besonders der kunstsinnige Graf Prokop Lažansky, damals Oberschoflehenrichter in Böhmen, hervor. Derselbe, ein eifriger und renommierter Mäzen der Künste und Wissenschaften in Prag, fühlte sich durch den Besuch Schillers hochgeehrt und diente ihm vom ersten Augenblick an bis zur Heimreise als Führer durch die altertümliche Hauptstadt. Bei einem solchen Gange wurde dem Dichter eine Ovation zuteil, die ihn gerade an dieser Stelle um so mehr freuen mußte, als dieselbe eine durchaus spontane und aus dem Volke hervorgegangen war. Als

22. *Einzug Leopolds II. auf dem Altstädter Ring 1791. Kupferstich von Karl Pluth nach Ph. und F. Heger.*

Schiller nämlich in Begleitung des Grafen Lažanský auf dem Altstädter Ring erschien, um das durch die Exekution vom 21. Juni
1621 denkwürdige Rathaus zu besichtigen, hatte sich die Nachricht von dem bevorstehenden Besuche Schillers auf dieser Stätte
bereits früher unter den zahlreichen Verehrern des Dichters verbreitet, und scharenweise strömten dieselben zum Haupteingan-
ge des Altstädter Rathauses, um auch die Persönlichkeit des ihnen so werten Dichters kennenzulernen und ihm ihre Huldigung
darzubringen. Schiller konnte sich durch die Menge kaum Bahn
brechen, und als er auf der erhöhten Treppe am Eingange erschien und mit seiner hohen Gestalt die Menge überragte, scholl
ihm aus hundert Kehlen ein donnerndes »Hoch!« entgegen.

Vom Rathause begab sich Schiller nach gründlicher Besichtigung des historisch denkwürdigen Ringplatzes in die geschicht-
lich nicht minder interessante Theinkirche, die als die einstige
Hauptkirche der böhmischen Kelchner große Anziehungskraft
für den Dichter hatte. Daß Graf Lažanský mit seinem werten
Gaste auch den berühmten Judenfriedhof nicht unbesucht ließ,
brauchen wir kaum erst erwähnen zu müssen. In der Kleinseite
war die größte Aufmerksamkeit Schillers auf das Waldsteinsche
Palais, diesen langjährigen Schauplatz seines großen Helden, gerichtet, in dessen Räumen und ausgedehntem Garten er auch zu
öfteren Malen stundenlang verweilte und den Geist des großen
Friedländers an seinem inneren Auge vorbeiziehen ließ. Nicht
minder widmete er mehrere Besuche der königlichen Burg auf
dem Hradschin, wo ihn vorzüglich die alte Landtagsstube und
die königliche Kanzlei, der Schauplatz des Fenstersturzes, inter-
essierten.

19. JAHRHUNDERT

Arthur Schopenhauer:
Aus dem Tagebuch des Dreizehnjährigen

Sonnabend, 30. August.

Prag ist außerordentlich groß, u. sehr stark befestigt. Die Häuser sind meistens von Fels oder Quaderstein oder wenigstens mit Kalk künstlich überzogen, u. alle sehr massiv. Da viel hoher Adel u. Geistlichkeit hier wohnt, so sind hier viel prächtige Schlösser, die meistens mit schönen Statüen gezieret sind. Überhaupt hat Prag große Ähnlichkeit mit Paris: die Häuser sind weiß wie dort, die Straßen ebenso kothig, auch sieht man hier wie dort die Fiaker dutzendweise auf den Gassen warten. – Niemand außer die niedrigen Klassen von Handwerkern u. s. w. heißt hier Herr u. Madam, sondern alles ist Ihro Gnaden, Exzellenzen u. s. w. Die Moldau fließt mitten durch die Stadt. Über sie führt eine überaus prächtige Brücke: diese ist ganz von Stein, fast unübersehbar lang, u. so breit, daß drey Wagen sich darauf vorbey fahren können. Außerdem ist noch auf beiden Seiten ein erhabener Weg für die Fußgänger, auf dem die Ordnung herrscht, daß die von einem Ende Kommenden auf der einen Seite, u. die vom anderen Ende, auf der andern Seite gehn. Auf beiden Seiten der Brücke ist ein schönes steinernes Geländer, auf dem eine Menge zum Theil sehr schöner religiöser Statüen stehn, unterandern auch die des Hlg. Nepomuk, der von dieser Brücke gestürzt wurde. Die bigotten Einwohner von Prag würden es sich für die größte Sünde anrechnen, über die Brücke zu gehn, ohne vor jeder Statüe wenigstens den Hut abzunehmen. Am Abend fuhren wir ins Schauspiel, welches um 7 Uhr anfängt u. um halb zehn aufhört. Hier ist keine Oper sondern nur Schauspiel u. Ballet, beides sehr gut. Außerdem ist hier noch ein andres Theater für den gemeinen Mann.

23. *Die Ermordung des hl. Wenzels. Ein Wandgemälde aus dem Jahre 1543 in der Kapelle des hl. Wenzels, Veitsdom.*

Diesen Nachmittag fuhren wir nach dem Ratzin, (sprich: Rathschin) ein hoher Berg mitten in der Stadt von dem man beinahe ganz Prag übersehen kann, u. eine schöne Aussicht auf die Moldau hat. Auf dem Ratzin steht die Schlosskirche, u. das königl. Schloss. Das Schloss ist ein ganz ungeheures Gebäude, von dem wir nur das Hauptsächlichste sehn konnten. Erstlich zeigt man uns einen dreyhundertjahr alten Saal, in dem der Erzherzog von Österreich zum König von Böhmen gekrönt wird. Dieser Saal ist ganz erschrecklich gross u. sehr antik. Dann zeigte man uns ein Zimmer worin die Portraits berühmter Männer hängen, unter denen sich besonders folgende auszeichneten: der faule Wenzel, König von Böhmen, seine so berüchtige Maitresse, Kaiser Leopold mit der dicken Lippe, Wallenstein, u. Maria Theresia: alle diese Gemählde sollen nach der Natur gemacht seyn. An diesem Zimmer stossen zwey Dachkammern, in denen der faule Wenzel Hausarrest hatte. Man zeigte uns noch verschiedne andre Zimmer, unterandern einen grossen Ballsaal, in dem, wenn der Kaiser da ist, nicht weniger als fünf u. dreissig Kronleuchter brennen. – Die Schlosskirche ist ein uraltes neunhundertjähriges Gebäude, in welchem die Särge der böhmischen Könige, u. sogar der böhmischen Herzöge stehn. In zwei silbernen Sargen, die von einer Menge massiver silberner Engel getragen werden, sollen in dem einen der Körper des St. Johannes, u. im andern der des St. Nepomuk liegen, den der faule Wenzel in die Moldau werfen liess. In einer besondern Abtheilung sieht man das Grab des St. Wenzeslaus, Königs von Böhmen, seinen Helm u. sein Panzerhemd. Auch einen Kasten, in dem die Zunge des St. Nepomuk liegt. *1800*

24. *Statue des hl. Wenzel von Peter Parler im Veitsdom.*

Karl August Varnhagen von Ense:
Prag 1810

Im düstern Schneewetter nahm sich die Stadt nicht erfreulich aus, aber nur um so großartiger; auf beiden Ufern der Moldau, Höhen und Tal überdeckend, ragten die Massen der Gebäude nur unbestimmt aus den stöbernden Wolken hervor und regten die Phantasie mächtig zur Ergänzung des Bildes an, und als dieses bald darauf, bei hell gewordenem Himmel, in aller Klarheit vorlag, mußte der Sinn über die kolossalen Umrisse staunen, die er nach allen Seiten zu verfolgen hatte. Die Eindrücke von Wien, von Dresden, jenes als Hauptstadt, dieses um seiner ähnlichen Flußlage willen sich hier zur Vergleichung drängend, mußten gegen die von Prag weit zurückstehen. Dem Anblick, der sich auf der Moldaubrücke darstellt, wüßt ich keinen anderen städtischen vorzuziehen; einerseits der Hradschin mit seinen Palästen, der Laurentiusberg mit seinen Klostergebäuden und Gärten, auf der andern Seite die aus der Niederung gedrängt emporsteigende Altstadt, in der Nähe das ungeheure Jesuitenkollegium, in der Ferne das Felsenschloß Wischehrad, gradaus der strömende Fluß mit seinen bepflanzten Inseln, dazu die Brückentürme, die großen Heiligenbilder auf dem Brückengeländer, alles vereinigt sich zu einem mächtigen Eindruck; die ganze Örtlichkeit, an welcher die größten Geschichtsereignisse haften, hat zugleich etwas Wundervolles, Zauberhaftes, das in die frühe Märchenwelt zurückführt und von dieser selbst den neusten Vorgängen einen Anhauch gibt.

Wenn ich solche Eigenheiten und Vorzüge des neuen Schauplatzes, auf dem mein nächstes Leben nun angewiesen war, lebhaft fühlte, so erhöhte dies doch fürerst nur den Gegensatz, welchen das Gefühl meiner selbst mir auf die traurigste Weise hier aufnötigte. Uns war Wohnung in einem gräflichen Palaste gegenüber dem Jesuitenkollegium angewiesen, schöne große Zimmer, die aber leer standen, wie das ganze Haus, in welchem nur ein

25. *Statuen auf der Karlsbrücke.*

alter Dienstmann waltete und weder Aushülfe noch Ansprache zu finden war; den Obersten überfiel gleich eine Masse der verdrießlichsten Geschäfte; Rechnungsführer, Auditeur und Adjutant belagerten ihn an einem kleinen Tische, der für die Papiere, die sich häuften, kaum Platz hatte; ich stand am Fenster und blickte in die schmutzige, menschenleere, von dem Riesenbau gegenüber beengte und verdüsterte Straße; das Denkmal früherer Macht und Größe, jetzt kleinen Zwecken anheimgefallen, konnte auch nur trübe Gedanken wecken. Ich kannte in der großen Stadt noch keinen Gang, keinen Menschen, die Offiziere ausgenommen, von denen diejenigen, welche ich zuerst zu sehen bekam, das Bild des Mißmuts und der Gedrücktheit waren! Doch sie alle hatten ihren erwählten Zweck vor Augen, den meisten war die Stadt oder wenigstens der Dienst Heimat, aus den augenblicklichen Nachteilen sahen sie mit Hoffnung in künftige Vorteile, jeder Tag half die ersehnte Förderung nähern, und irgendein mäßiges Vergnügen half über den Tag hinweg. Das alles war nicht für mich; meinem Sinn widersprach hier alles. Ich mußte nur immer die Betrachtung anstellen, was mit mir sei und was mit mir werden solle. Meine früheren Studien hatte ich aufgegeben, die neue Laufbahn war mit dem Frieden erloschen; für den Drang, gegen die Franzosen zu fechten, konnte ich nicht die Liebhaberei am österreichischen Wachtdienst eintauschen; ich trug andre Sehnsüchte, andre Wünsche im Herzen. Heimat war mir, wo ich mit Rahel frei und würdig leben konnte.

Egon Erwin Kisch:
Polizeiminister Fouché im Prager Exil

In Politik und Polizei, diesen Gewerben, in denen als Meister geehrt wird, wer am schnellsten seine Segel refft und am längsten mit allen Brisen treibt, kann niemand den von Joseph Fouché, Herzog von Otranto, aufgestellten Rekord brechen.

Er, der als Jakobiner das »Blutbad von Lyon« bereitet, er, der
dem König Ludwig XVI. das Schafott gezimmert hat, er, der Ro-
bespierres Haupt dem Henker überlieferte, er, der Napoleons
Politik innerhalb Frankreichs durchführte, er, der während der
Elbaer Zeit Ratgeber Ludwigs XVIII. war, er, der in den Hundert
Tagen von neuem das Amt des Polizeiministers übernahm, er, der
hernach bis zum Wiedereinzug des Bourbonen die Herrschaft
über Frankreich innehatte, um schließlich Minister des Aller-
christlichsten Königs zu werden – er ist von seiner Zeit als selbstverständlich hingenommen worden, und auch die Geschichte
sieht in ihm so etwas wie ein unentbehrlich-uninteressantes Mö-
bel, einen dauerhaften Funktionär jenes äußerst schicksals- und
wechselvollen Menschenalters. Aber Fouché war der wahre
Machthaber von Revolution, Konsulat, Empire und Restaura-
tion, er war ihr Polizist. [...]

Dreißig Jahre lang, unter sechs einander so widersprechenden
Staatsformen hält sich Joseph Fouché an der Macht! Am Gipfel
aber glaubt er zu sein, da er Fräulein Gabrielle-Ernestine de Ca-
stellane-Majestro heiratet. [...]

Gabrielle bringt kein großes Heiratsgut mit, aber sie ist bezau-
bernd schön, »ein Gegenstand der Anbetung für ihre Umge-
bung«, und der alte Herzog scheint für sie eine eifersüchtige
Zärtlichkeit zu empfinden. Die wird ihn bald zu Fall bringen. Ein
Rubrum »Eifersüchtige Zärtlichkeit« findet sich nicht in den
Polizeiakten.

Er glaubt am Gipfel der Macht zu stehen, aber er ist schon
einen Schritt darüber hinaus, schon auf dem abschüssigen Hang.
Die Kammer, in die er von drei Wahlbezirken gewählt worden
ist, [...] opfert ihn den Ultrarechten. Ludwigs XVI. Tochter,
kaum in die Tuilerien eingezogen, ist wieder sehr königlich und
sehr unerbittlich und erklärt, sie werde den »Königsmörder« –
dem ihr Haus die reibungslose Rückkehr nach Paris verdankt! –
keinesfalls empfangen, und wenn er zehnmal Minister wäre. Der
König verrät den Verräter, indem er ihn auf den Gesandtschafts-
posten nach Dresden abschiebt. [...]

Sein Exil wird Prag. Metternich, stolz auf seine Polizei, hat Österreich zu einem Lapidarium des Empire gemacht, den kaiserlichen Prinzen Louis und Jérôme, den Prinzessinnen Elisa und Caroline, dem zweiten Polizeiminister des Kaisers, Savary, Herzog von Rovigo, seinem Außenminister Maret, Herzog von Bassano, und vielen anderen Staatsmännern und Generälen Zuflucht geboten und lädt Fouché geradezu ein.

In Prag ist auch Thibaudeau, einst Kollege Fouchés im Convent und in Napoleons Gunst, dann kaiserlicher Präfekt der Gironde und schließlich Haupt der Verschwörung, die den Kaiser aus Elba zurückholte, der Verschwörung, an der Fouché teilgenommen und – Verrat geübt hat. Trotzdem schreibt Fouché an Thibaudeau, mitbestimmend für seine Wahl Prags zum Refugium sei die Tatsache, dort einen alten Freund zu besitzen; und der »alte Freund« wird beauftragt, die Hälfte des Hotels »Hessischer Hof« für Fouché zu mieten.

Am 4. Juli 1816 kommt der Herzog mit seiner jungen Frau und seinen aus erster Ehe stammenden Kindern nach Prag. Er beeilt sich, in einem Brief an Metternich sein Eintreffen zu melden und an die Unterredung zu erinnern, die er vor genau drei Jahren in ebendieser Stadt mit dem Kanzler geführt; damals hatte er die unhaltbare Situation Napoleons zugegeben, aber, genial, gerade dadurch Österreich auf Napoleons Seite zu ziehen versucht: es möge den gefährdeten Pariser Kaiserthron vor den Bourbonen und Republikanern dem Enkel des Kaisers Franz retten. [...]

Der Prager Oberstburggraf Graf Kolowrat, vom österreichischen Polizeiminster Sedlnitzky besonders beauftragt, bespitzelt zwar den Großmeister der Spitzelei, aber dazu bedarf es wohl keiner Denunziation aus Paris, zu diesem Behufe war ja die Einladung in den schwarzgelben Vormärz ergangen.

Die Überwachungen stören Fouché wenig. Er hofft. Er hofft auf die Wiedereinsetzung in die Macht. Ist offensiv. Von sechs Uhr morgens bis zehn Uhr abends schmiedet er Damoklesschwerter und spinnt Fäden, um sie anzubinden: Es sind die »Notizen über den Herzog von Otranto«, die er verfaßt, er publiziert seinen Briefwechesel mit dem Herzog von Wellington und schreibt eine Unzahl von Briefen nach Frankreich, in denen er die Herausgabe seiner Denkwürdigkeiten ankündigt.

Für die Prager Gesellschaft war das Erscheinen des berühmten Staatsmannes aus Paris einen Monat lang eine Sensation gewesen, der Oberstburggraf hatte ihn liebenswürdig aufgenommen und besucht, bald aber ist die Neugierde gesättigt, und der böhmische Adel lehnt den einstigen »Bundesgenossen des Pöbels« hochfahrend ab.

Mit den französischen Exulanten verkehrt er nicht viel, eigentlich verkehren sie nicht viel mit ihm, der unter die die siebenundfünfzig Hauptmitarbeiter Napoleons enthaltene Proskriptionsliste vom 24. Juli 1815 seinen Namen gesetzt hat, obwohl der an die Spitze der Aufgezählten gehört hätte.

Die Herzogin verdankt ihren Herzogstitel dem Emporkömmling Bonaparte, jedoch vor allem ist sie eine geborene de Castellane und will die Gespenster der †††-Revolution, »diese Brutusse«, nicht in ihrem Hause sehen. Wahrscheinlich kann sie auch Thibaudeau nicht leiden, der mit seiner Frau und seinem Sohn Adolf häufig zu Besuch kommt. Diese Abneigung teilt sie mit ihrem Mann. Zwar tun die beiden einstigen Vertrauten des Kaisers freundschaftlich und höflich miteinander, aus ihren Briefen an dritte Personen geht aber hervor, daß die »alten Freunde« einander hassen, wie eben Verräter und Verratener.

Die Broschüren und die Drohung bevorstehender Memoiren haben in Frankreich große Wirkung gehabt. Chateaubriand belastet in dem Buch »De la monarchie suivant la Charte« Fouché schwer, und dieser deckt nun Chateaubriands Intimität mit Napoleon und dessen Kardinal Fesch auf; den Redakteur des »Journal des Débats«, Mr. Saint-Victor, der in einer Glosse über die Wellington-Briefe den »Königsmörder« angegriffen, bezeichnet dieser als ein ehemals von der Polizei bestochenes Subjekt und bedroht ihn mit der Entschleierung seiner privaten Geheimnisse. Im »Pamphletaire« wird Fouchés Henkerstätigkeit unter Napoleon, im »Vrai Libéral« sein Verrat an der Revolution behandelt, und das Bezirksgericht, in dessen Sprengel sein Landgut Ferrieres gehört, spricht ihm, als einem im bürgerlichen Sinn toten Mann, das Recht ab, seine Kinder als Vormund zu vertreten.

Der Pensionär Fouché verzehnfacht sich, sein Sekretär Demarteau verfaßt und versendet Artikel, Fräulein Ribou, die Gouvernante der Kinder, nimmt Diktate auf und stellt Abschriften her, bis sie stirbt, anonym und pseudonym erscheinen in der französischen und österreichischen Presse strahlende Apologien, sogar ein dem Herzog günstiger Brief aus dem Nachlaß der Madame de Staël taucht auf (und entpuppt sich alsbald als Fälschung), ein klangvoller (aber nicht existenter) Chevalier de la Roche-Saint-André sendet »gegen den Willen des Herzogs« Reinwaschungszuschriften an die Presse. Die Fouchésche Wohnung auf der Prager Färberinsel (der späteren Sophieninsel) ist eine Propagandazentrale, die ganz Frankreich beliefert.

Carl Maria von Weber:
Das musikalische
Konservatorium zu Prag

Gegen das Ende des vorigen Jahrhunderts blühte wohl von allen dem heiligen römischen Reiche einverleibten Ländern in keinem die Tonkunst so schön und wurde so sorgsam gepflegt als in Böhmen. So war es damals – in hundert Klöstern fand man ebenso viele Pflanzschulen der Musik; alle Großen hielten Kapellen in ihren Palästen; das Ausland verschrieb seine ausübenden Musiker meistens aus Böhmen, Mozart schrieb am liebsten für das Prager Orchester und für das Prager Publikum, welches sich mit Recht rühmen kann, das erste gewesen zu sein, welches den Geist des unsterblichen Sängers zu fühlen und zu würdigen verstand. In Böhmen war Gluck geboren, Benda, Dussek, Wrantizky, Gyrowetz und so viele andere, denen im Pantheon der Tonkunst keine untergeordneten Plätze gebühren – das ganze Land schien musikalisch zu sein, und in jeder heitern Sommernacht verhallten in allen Straßen Serenaden und Notturnen. Diese schöne Zeit ging vorüber, die ausgezeichneten Künstler wurden seltner und die ausübenden Instrumentisten lauer; aber wenngleich Böhmen seinem Rufe nicht mehr entsprach, so war doch der Verfall unserer Kunst noch nicht so entschieden, daß uns nicht noch viele einzelne, ausgezeichnete Musiker geblieben wären, und es bedurfte nur einer Verbindung und Anregung, um eine neue Blütenzeit der Tonkunst in Böhmen herbeizuführen.

Der Gedanke, daß ein Volk, welches von der Natur mit Hang und Anlage für die Musik so reich ausgestattet ist, das so viele Helden der Tonkunst unter seinen Söhnen zählte, welches auch selbst noch in der Abnahme Musiker in seiner Mitte besaß, die in andern Verhältnissen Vieles leisten könnten – der Gedanke, daß dieses Volk diese Vorzüge mehr oder weniger verlieren sollte, schien einigen kunstliebenden Großen des Reichs so verletzend, daß sie einen Verein zu dem schönen Zwecke bildeten, die sinkende Kunst zu unterstützen. Dieser schöne Verein zur Beförderung der Tonkunst in Böhmen, der im März 1810 entstand, gründete noch in demselben Jahre das Konservatorium der Musik zu Prag. An der Spitze der Teilnehmer zu diesem schönen Zwecke steht der Gouverneur von Böhmen, Graf von Kollowrat, als Protektor, und mit patriotischem Vergnügen liest der Böhme die Namen der edelsten Stämme des Königreichs, des Fürst-Erzbischofs, der Fürsten von Auersperg, Clary, Colloredo-Mansfeld, Dietrichstein, Kinsky, Lobkowitz, Rohan, Schwarzenberg, Sinzendorf, Taxis, Thun, Trautmannsdorf und Windischgrätz; der Grafen von Althan, Bucquoi, Canal, Cavriani, Clam-Gallas und Clam-Martinitz, Colloredo, Czernin, Desfoues, Dohalsky, Firmian, Harrach, Hartig, Kinsky, Klebelsberg, Kolowrat, Lazansky, Ledebour, Millesimo, Nostitz, Pachta, Rey, Salm, Schlick, Schönborn, Stadion, Stampach, Sternberg, Swerts, Szapary, Thun, Waldstein, Windischgrätz, Wratislaw, Wrbna und Wrtby; der Herrn Äbte von Strahof und Ossegg und der Freiherrn von Hildprandt, Kotz und Zesner. Zu Vorstehern des Bundes sind erwählt: Graf Johann von Nostitz als Präsident und als Beisitzer die Grafen Clam-Gallas, Klebelsberg, Nostitz (Friedrich), Pachta, Schönborn und Wrtby.

Caroline de la Motte Fouqué:
In Prag

Hier möchte ich lieber malen als schreiben können! Es gibt einen Punkt auf dieser Höhe, von wo der Blick, wie berauscht, in die Fülle des allergrößten Reichtums versinkt. Unmittelbar unter dem Abhange die Moldau, darüber weg das königliche Prag! unbeschreiblich, vielleicht unvergleichlich durch Bauart, Pracht der Kirchen, Gediegenheit und Würde der Paläste! Wie ein großes Panorama öffnet es dem Beschauer seine Straßen und Plätze. Man unterscheidet die meisten ausgezeichneten Gebäude und ermißt den Umfang und innern Zusammenhang der Kleinseite, Alt- und Neustadt. Rechts erhebt sich zunächst der grüne Lorenzo Berg mit dem schönen Kloster. Der Schmelz und die Farbe des böhmischen Rasens, die außerordentliche Frische desselben, der scharfe Abschnitt der grünen Uferwand gegen die blauen Wellen des Stromes, die weichen Abhänge mit ihren Belaubungen bilden hier etwas so außerordentlich Frappantes, daß nur links die kaiserliche Burg mit der dahinterliegenden Dom- oder Veits-Kirche dem Eindruck das Gleichgewicht halten kann. Diese Kirche ist eine der merkwürdigsten in Prag. Der Turm, leider, nachdem er zur Hälfte abgetragen ward, in späterer Zeit wieder ergänzt, liefert selbst als Trümmer dennoch ein Meisterstück gotischer Baukunst. Man hat keinen Begriff, wie so etwas vollendet werden konnte! In Filigran gearbeitet, kann der Goldschmied kaum in Kleinem etwas Ähnliches hervorbringen. Welche Treue und Selbstverleugnung neben so großartigen, vielumfassendem Wollen. Und Deutschland, ja das westliche Europa, hat so viel dem Ähnliches aufzuweisen. Was wird wohl nach sechshundert Jah-

26. *St.-Veits-Dom. Blick in das Presbyterium.*

ren als Denkmal unsrer Zeit bestehen? Stiller Fleiß, innre Gesamtheit, kräftiges Wirken reichen über die Gegenwart hinaus und bauen in die Unendlichkeit fort.

Ehe wir aber zu der Kirche selbst kommen, muß ich noch des Wischerat und des Zischka-Berges erwähnen, die man von jenem angeführten Standpunkte, hinter Prag weg, sieht, so daß dieses gleichsam, von den vier Berggipfeln eingeschlossen und beschirmt wird; denn ob der Rhadschin gleich mit zur Stadt gehört und durch Fortbauen ganz in sie hineingezogen ist, so macht er doch nur die eine Seite derselben aus, welche die eigentliche Talstadt dominiert; ebenso verhält es sich mit den drei andern Hügeln. Die Vegetation innerhalb, durch die Strömungen des Flusses stets erfrischt, bildet die mannigfaltigste Abwechselung an Wiesen, Gärten und Hainen. Genug, das Auge wird nicht satt, sich hier zu verlieren! *1823*

Caroline Pichler:
Denkwürdigkeiten aus meinem Leben

Am dritten Tage, nachdem ich in Czaslau ziemlich gut übernachtet hatte, näherte ich mich dem Ziele meiner Reise, und bald, nachdem ich die letzte Post Biechowitz hinter mir hatte, erschienen mir von weitem die Zinnen von Prag. Diese Stadt nimmt sich wirklich, von dieser Seite erblickt, sehr vorteilhaft aus; ich möchte sie eine gekrönte Stadt nennen, denn über dem Berg, der sich aus der Häusermasse der Alt- und Neustadt sowie der Kleinseite erhebt, steigen noch die Paläste der Hradschin empor und über diesen die St. Veitskirche. Das Ganze bildet einen imposanten Anblick, man erkennt, daß man sich einer Hauptstadt, einer Königstadt nähert, und selbst das altertümliche Aussehen so vieler Gebäude vermehrt noch das Erhebende des Eindrucks. Wunderbar ragt in Prag die alte Zeit noch überall in die neue hinein. So manches wohlerhaltene Gebäude aus den vori-

27. Der Alte jüdische Friedhof mit seinen 12 000 Grabsteinen.

gen Jahrhunderten, der Pulverturm, die beiden Brückentürme, die Teinkirche, das Altstädter Rathaus usw. erregen die Erwartung in uns, irgeneinen gewappneten Ritter oder einen ehrsamen Bürger mit gefaltetem Kragen und Barett daraus hervortreten zu sehen, und so manches Haus, manches Denkmal erzählt uns eine Episode oder Geschichte Böhmens, so daß eine geistreiche Frau, die Gräfin von Engl, Prag eine versteinerte Geschichte genannt hat. [...]

Sehr merkwürdig ist noch in Prag der alte Judenkirchhof nebst der alten – der ältesten – Synagoge. Ich besuchte ihn in Gesellschaft der Gräfin von Buquoy, welche, wie das oft geschieht, erst durch die Fremde auf diese Merkwürdigkeit ihres Wohnortes aufmerksam gemacht, sich an uns und den Abbé Dobrowsky anschloß, dessen historische Gelehrsamkeit uns bei diesem Besuch sehr zustatten kam, der aber mit dem Rabbiner, der uns gleichfalls begleitete, in einen sehr heftigen und uns übrigen fast komischen Streit geriet, indem Dobrowsky dem Rabbi mehrere seinsollende geschichtliche Nachweisungen, z. B. das Grabmal einer alten Königin, nicht gelten lassen wollte, und dies alles für Fabeln oder höchstens Sagen erklärte.

Auch das Prager Theater bot mir eine sehr angenehme Zerstreuung. Unter der Leitung eines gewissen Herrn Stiepanek (wenn ich diesen Namen aus dem Gedächtnisse recht schreibe) gewährte es mit Mitgliedern wie den Herren Bayer, Polawsky, Ernst, Feistmantel, Frau van der Klogen, Fräulein Pistor und ihrem Vater viele vorzügliche Darstellungen, die meine Kinder und ich, so oft, als es die Umstände erlaubten, besuchten. Das Theater selbst, der Saal, ist groß und geräumig, trug aber (wenigstens damals) den allgemeinen Charakter der Stadt Prag samt ihren Bewohnern, eine Art von Düsterheit, wozu wohl der Anblick so mancher verfallender Paläste und Kirchen, welche melancholisch auf eine glänzendere Vergangenheit hinweisen, und die Einsamkeit so mancher Straßen und Plätze besonders für jemand, der aus dem lebensfrohen Wien kommt, viel beiträgt. Hier war es einst prächtig und belebt – wir waren eine selbständige Nation, jetzt ist es anders – das scheinen uns die altertümlichen und nun häufig verlassenen und verfallenden Gebäude, das scheint uns der ernste Volkscharakter zu sagen, der sich nie in Musik oder fröhlichem Genuß auf öffentlicher Straße oder an Spazierorten äußert wie in Wien, wo im Sommer die Leute, im Freien sitzend, essen und trinken, fröhlich sind und Musik fast überall erschallt.

1822

Franz Grillparzer:
Die erste Reise nach Prag

[Tgb. 1489, Mittwoch]

23ten. Ich kam mit einer Art Vorurteil gegen Prag hier an. Das wahrhaft läppische Mißverstehen meines Ottokar, die lächerliche Wut, in welche der beschränkte Nationalsinn der hiesigen Einwohnerschaft über dieses unschuldig gemeinte Stück geriet, hatte mich höchst ungünstig vorbereitet. Demungeachtet aber konnte ich mich des grandiosen Eindruckes nicht erwehren, den diese Stadt auf jeden Beschauenden machen muß. Die Lage im Kessel von schön bepflanzten Bergen überall vorteilhafte Linien bildend, der breite Fluß mitten durch die Stadt, das Häusergewühl durch sonderbare Türme und hervorragende Gebäude aller Art wohltuend unterbrochen und in Partien gesondert, der Hradschin das Ganze krönend, alles trägt dazu bei, diese Stadt recht gemäldehaft zu einer der schönsten für den Beschauer zu machen. Es ist hier etwas, das an Venedig erinnert: das Fortlebende nämlich, das Altertümliche zwischen und neben dem Neuen Rathaus und die Türme an der Brücke rufen Florenz zurück, und im Ganzen macht mir Prag wirklich einen ähnlichen Eindruck mit letztgenannter Stadt.

Der schönste Überblick ist vom sogenannten Lorenzberg: Ich war mit Pußwald gegen Abend in dem dort oben gelegenen Gasthause, die Hasenburg genannt, und ich muß gestehen, daß ich mir etwas Reizenderes kaum denken kann als Prag von diesem

28. *Türme und Gebäude beim Novotný-Steg.*

Standpunkte. Die Bauwerke aus früherer Zeit haben hier durchaus etwas Phantastisches, das in einem sonderbaren Einklange mit dem Geiste der ältesten Geschichte Böhmens, der romanhaftesten die ich kenne, steht. Diese vielen Türme mit vielfachen Spitzen, jeder anders und nur in der Seltsamkeit übereinstimmend; diese Kirchen, kaum eine schön, aber alle auffallend, mitunter wunderlich. Z. B. die Domkirche mit ihren Schnörkeln und Säulchen, mit ihren Strebepfeilern, die nichts tragen, und ihren Bogen, die nichts stützen, ein treffendes Bild der Willkürlichkeit, jedes Glied gleichsam ohne Zweck, wie nur um seiner selbst willen hingestellt, und doch im Gesamteindruck so wunderbar. Kurz, diese Stadt trägt nicht das Gepräge des befriedigten Bedürfnisses, sondern der freien schaffenden Geisteskraft, sie besteht nicht aus Wohnungen, sondern aus Gebäuden. Wenn dieses letztere freilich nur von den Überbleibseln der ältern Zeit gilt, so reihen sich die neuern Häuser ihnen doch so an, daß sie den würdigen Eindruck durchaus nicht stören, und man kann Prag wirklich eine schöne Stadt nennen.

Die Brücke etwas derb, aber schön, die angebrachten Bildsäulen, sonst überall plump, stimmen zum Ganzen. Dieser ärmliche Fluß dehnt sich hier zum breiten Strome aus, freilich ebenso seicht als er breit ist. Verhüte Gott, daß er je ein Symbol der Nationalbildung sei!

24ten Auf dem Hradschin gewesen. Das königliche Schloß sehr unter meiner Erwartung. Ich ziehe die Wiener Burg vor. Dort sieht man doch die Generationen, die daran gebaut haben, und freut sich, daß so unumschränkte Herrn sich behelfen und begnügen; hier sind Summen verschwendet und doch nichts erreicht. Das Ganze weitläuftig und doch nicht groß; kasernenartig, ohne architektonische Bedeutenheit. Überhaupt ist der Hradschin der Ort nicht, von dem aus Prag sich im Glanze zeigt, der Aussicht vom Hradschin fehlt das Beste, der Hradschin selbst nämlich, der den Anblick von Prag erst zu dem macht, was er von jedem andern Standtpunkte aus ist. Von der Ferne stellt sich auch das Schloß herrlich dar, in der Nähe, wie gesagt, gefällt es mir nicht.

29. *Spanischer Saal in der Burg, unter Rudolf II. erbaut.*

Die Domkirche besehen. So viel Merkwürdiges, daß man kaum weiß, wo man hinsehen solle. Ottokars Grabmal. Die Figur verstümmelt, die Nase fort, kaum eine Physiognomie erkennbar. Der Körper tüchtig, nicht allzu groß. Ich habe den Mann aufrichtig um Verzeihung gebeten, wenn ich ihm irgend worin Unrecht getan haben sollte. Übrigens zeichnet sein Grab nichts aus, und er liegt ununterschieden unter den Spitigneven und anderen Tröpfen, vor denen er so ausgezeichnet war. Die Preußen haben einen Teil der Kirche zusammengeschossen, gegenwärtig nimmt sie sich von dieser Kehrseite, und im Innern (als Ganzes) nicht zum besten aus.

Diese Stadt bringt mir, außer einem wirklich ausgeführten (Ottokar) auch noch 2 entworfene Trauerspiele ins Gedächtnis. Drahomira und Rudolf II. Von ersterem, besonders dem H. Wenzel ist namentlich die Domkirche übervoll. Gemälde, seine Lebensgeschichte darstellend, sein Helm und Panzerhemde, der Ring, an den sich haltend, er getötet wurde (wenn man anders damals in Böhmen Messing schon kannte) alles erinnert an ihn und seinen Bruder Boleslav. Hingegen kaum eine Spur von Rudolf II. zu finden, und doch muß er für Prag so viel getan haben! Das königliche Schloß trägt seines Bruders Mathias Namen an der Stirne. Hat es denn nicht schon Rudolf bewohnt? Der stille Kaiser Rudolf!

In der Judenstadt gewesen. Schmutz, Schmutz, Schmutz. Man begreift warum dies Volk keine Schweine ißt, es wäre eine eigentliche Hypophagie (Anthropophagie). Und doch sah ich 3 der schönsten Mädchen, die ich je gesehen, in dieser Judenstadt, und alle 3 offenbar Jüdinnen. Die eine beinahe griechisch und ideal, die anderen menschlich, leiblich, fleischlich, was man will, aber äußerst hübsch.

Diese Stadt hat mich einigermaßen mit der böhmischen Nation ausgesöhnt, die ich nie habe leiden mögen. Eigentlich sollte man über kein Volk aburteilen, bevor man es in seiner Heimat gesehen. *1826*

Richard Wagner:
Zweiter Besuch in Prag

Im folgenden Frühjahr 1827 wiederholte ich von Dresden aus einen Besuch in Prag, diesmal aber zu Fuß und in Begleitung meines Genossen Rudolf *Böhme*. Die Reise war voller Abenteuer; noch eine Stunde Weges vor Teplitz, bis wohin wir am ersten Abend gelangten, mußten wir andern Tages, da wir uns die Füße wund gegangen hatten, auf einem Fuhrwerk uns weiter befördern lassen, jedoch nur bis Lobositz, weil von nun an das Geld uns vollständig ausging. In glühender Sonnenhitze, halb verschmachtend und mit hungerndem Magen wandernd, durchstreiften wir auf Seitenwegen das wildfremde Land. [...]

Unbeschreiblich war meine Freude bei dem endlichen Anblick Prags von einer Anhöhe in einer Stunde Entfernung. Als wir uns den Vorstädten näherten, begegnete uns wiederum eine glänzende Equipage: aus ihr riefen mir die beiden schönen Freundinnen meiner Schwester Ottilie überrascht entgegen; sie hatte mich trotz der fürchterlichsten Entstellung durch den Sonnenbrand und die blaue Leinwandbluse mit hochroter Kattunmütze sofort erkannt. Voll Scham und mit hochklopfendem Herzen vermochte ich wenig Auskunft zu geben und zog schnell weiter, um, in der mütterlichen Wohnung angelangt, vor allen Dingen für die Wiederherstellung meiner verbrannten Gesichtsfarbe zu sorgen. Hierzu opferte ich zwei volle Tage, während welcher ich mein Gesicht in Umschläge von Petersilie hüllte. Nun erst gab ich mich dem Genusse der Welt wieder hin. Als ich bei der Rückreise von der gleichen Anhöhe wieder auf Prag zurückblickte, zerfloß ich in Tränen, warf mich zur Erde und war von meinem staunenden Freunde lange nicht zum Weiterwandern zu bewegen.

François-René de Chateaubriand:
Prag, 24. Mai 1833

Um sieben Uhr abends in Prag angekommen, stieg ich in der Altstadt auf dem linken Ufer der Moldau im Badhotel ab. Ich schrieb ein paar Zeilen an Blacas, um ihm meine Ankunft mitzuteilen. Ich erhielt folgende Antwort: »Wenn Sie nicht zu ermüdet sind, Monsieur le Vicomte, würde der König sich freuen, Sie heute abend Viertel vor zehn zu sehen; aber wenn Sie sich ausruhen möchten, würde Seine Majestät Sie mit großem Vergnügen morgen früh um halb zwölf empfangen.« Ich glaubte, mir diese Wahl, die man mir ließ, nicht zunutze machen zu dürfen. Um halb zehn Uhr machte ich mich auf den Weg. Ein Mann aus dem Gasthaus, der einige Worte Französisch konnte, begleitete mich. Ich kletterte schweigende, laternenlose düstere Straßen hinauf bis zum Fuße des Hügels, den das riesige Schloß der Könige von Böhmen krönt. Das Gebäude zeichnete seine schwarze Masse gegen den Himmel ab. Kein Licht drang aus seinen Fenstern, es glich in der Einsamkeit, in der Lage und im Umfang dem Vatikan oder dem Tempel von Jerusalem. Man hörte nur den Widerhall meiner Schritte und der meines Begleiters; ich war genötigt, ab und zu auf den Absätzen der gepflasterten Stiegen stehenzubleiben, so steil ging es bergauf.

Je höher ich emporstieg, desto sichtbarer wurde die Stadt unter mir. Die Verknüpfung der Geschichte, das Los der Menschen, die Zerstörung der Reiche, die Absichten der göttlichen Vorsehung kamen mir ins Gedächtnis und wurden eins mit den Erinnerungen meines eigenen Geschickes: nachdem ich die toten Ruinen erforscht hatte, wurde ich zur Besichtigung lebender Ruinen berufen.

Auf der Höhe angelangt, auf der der Hradschin erbaut ist, passierten wir einen Infanterieposten, dessen Wachstube an das äußere Tor angrenzte. Wir gelangten durch dieses Tor in einen viereckigen, von einförmigen und verlassenen Gebäuden umgebenen Hof. Wir schlängelten uns zur Rechten in das Erdgeschoß ein, gingen über einen langen Flur, der wie in einer Kaserne oder in einem Kloster in weiten Abständen von an der Wand hängenden Glaslaternen erleuchtet wurde. Am Ende dieses Korridors öffnete sich eine Treppe, an deren Fuß Schildwachen auf und ab gingen. Als ich in den zweiten Stock hinaufstieg, begegnete ich Blacas, der herunterkam. Ich betrat mit ihm die Gemächer Karls X.; dort standen wieder zwei Grenadiere. Diese fremde Wache, die weißen Uniformen an der Tür des Königs von Frankreich, berührten mich peinlich. Sie vermittelten eher die Vorstellung eines Gefängnisses als die eines Palastes. – Wir gingen durch drei stockdunkle und fast unmöblierte Säle; ich glaubte, noch einmal durch das schreckliche Kloster des Escorial zu irren. Blacas ließ mich in dem dritten Saal, um mich mit derselben Etikette wie in den Tuilerien dem König zu melden. Er holte mich, führte mich in das Kabinett Seiner Majestät und zog sich zurück.

Karl X. kam auf mich zu, steckte mir voller Herzlichkeit die Hand entgegen und sagte: »Guten Tag, guten Tag Monsieur de Chateaubriand, ich bin sehr erfreut, Sie zu sehen. Ich erwartete Sie. Sie hätten aber nicht heute abend zu kommen brauchen, denn Sie müssen sehr müde sein. Bleiben Sie nicht stehen, setzen wir uns. Wie geht es Ihrer Frau?«

Alle Kühnheiten, die ich mir zu sagen vorgenommen hatte, die ganze eitle und unbarmherzige Philosophie, mir der ich meine Rede zu schmücken gedachte, fehlte mir plötzlich. Ich sollte zum Lehrmeister des Unglücks werden! Ich sollte es wagen, meinen König auszuzanken, meinen König mit den weißen Haaren, meinen geächteten und verbannten König, der im Begriff stand, seine sterblichen Überreste in fremde Erde zu betten! Mein alter Fürst ergriff, als er die Verwirrung dieses *unbarmherzigen Feindes*, dieses harten Gegners der Juliordonnanzen sah, abermals meine Hand. Aber seine Augen waren feucht; er bat, mich neben ihn an einen kleinen Holztisch zu setzen, auf dem zwei Kerzenleuchter standen.

Es war mir unmöglich, die Sprache wiederzufinden, als ich in

30. *Der dritte Hof der Prager Burg 1791. Ein Kupferstich von Filip und František Heger.*

dem Schloß der österreichischen Kaiser den achtundsechzigsten König von Frankreich, gebeugt unter der Last dieser Regierungszeiten und seiner sechsundziebzig Jahre, erblickte. Um das Schweigen zu brechen, richtete Karl X. einige Fragen an mich. Nun erklärte ich kurz den Grund meiner Reise. Ich sagte, daß ich der Überbringer eines von der Duchesse de Berry an die Dauphine geschriebenen Briefes sei, in dem die Gefangene von Blaye der Gefangenen des *Temple* die Sorge für die Kinder anvertraute. Ich fügte hinzu, daß ich auch einen Brief an die Kinder hätte. Der König erwiderte: »Geben Sie ihnen den nicht; sie wissen nur zum Teil, was ihrer Mutter widerfahren ist. Geben Sie diesen Brief mir. Überdies werden wir morgen um zwei Uhr von all dem sprechen. Legen Sie sich schlafen.«

Der König erhob sich und wünschte mir eine gute Nacht und zog sich zurück.

Hans Christian Andersen:
Prag

Hoch am Berge, mit einer Aussicht auf Stadt, Fluß und bewaldete Inseln, liegt der alte *Hradschin*, dessen Kirche in einem prächtigen, silbernen Sarge den Körper des heiligen *Nepomuk* verwahrt. Welche Pracht drinnen, welche Naturpracht draußen! Und doch ist es nicht der Ort in *Prag*, den der Däne zuerst besucht. Unten am Markte liegt eine kleine, ärmliche Kirche; ein Bogengang und ein enger Hofraum führen da hinein. Der Priester liest die Messe vor dem Altare; die Gemeinde murmelt kniend ein: »Bitte für uns!« Es klingt wie ein hohler, hinsterbender Seufzer vom Abgrunde, es wälzt sich hervor wie eine Welle des Schmerzes, ein Schrei des Jammers. Der Däne durchwandert den Gang rechts; ein großer, rotbrauner Stein, in welchem ein Ritter in voller Rüstung gehauen, ist in die Säule hineingemauert. Wessen Gebeine vermodern drinnen? Die Gebeine eines Lands-

31. *Altstadt: Teynkirche. Grabplatte Tycho de Brahe.*

manns, eines Dänen, eines Großen im Reiche des Geistes, dessen Namen Glanz über *Dänemark* wirft, über das Land, das ihn verjagte. In der Heimat ist seine Burg vorlängst in Schutt gesunken; das Pflugeisen geht über den Fleck hin, wo er, im traulichen Stübchen, in Schriften vertieft war und Besuche von Königen empfing; Möwen fliegen durch die Luft da, wo er vom Turme in den Sternen las. Die Insel seines Lebens und seiner Glückseligkeit ist in fremden Händen; *Dänemark* besitzt sie nicht, *Dänemark* besitzt nicht seinen Staub; aber das jetzige Geschlecht nennt seinen Namen in ihrer bösen Zeit, als gehe ein Bannstrahl aus ihm heraus; »es sind *Tycho Brahe's* Tage« sagt man*. [...]

Bald kommt der Herbst; dann reisen die Zugvögel nach dem Süden. Ich fliege vorwärts; der Dampf ist mein sausender Flügel. Auf Dampfschiffen und Dampfwagen geht es von der Königsstadt Böhmens der Heimat zu. Bunte, wohlbekannte Bilder gleiten an mir vorüber, eine sommerschöne Natur, freundliche Gesichter! Töne erklingen, Stunden schwinden, und, ehe ich es selbst weiß, bin ich im Norden.

Doch sehe ich noch den *Hradschin* im Sonnenglanze strahlen, hoch über blühenden Feldern und herrlichen Baumgruppen erhaben. Du schöner Morgen! Verwische die Erinnerung an den gestrigen Abend, an die Wanderung im *Baumgarten*, dem Belustigungsorte der Prager. Er kam mir wie ein Kirchhof vor, wo die Leute froh sein wollten, es aber nicht konnten. Ehrliche, aber langweilige Bürgerfamilien saßen, Bier trinkend, unter den Bäumen, in welchen kein Vögelchen zwitscherte; häßliche Bajaderen mit gesteiften Röcken wanderten auf und ab; sogar das Marionettentheater war übler Laune, niemand sprach für die Puppen; sie fochten nur mit den Armen, und ein Sarg spielte die Hauptrolle.

Warum haftet das Unschöne an dem Gedanken so fest? *Prag* hat ja doch so viel Schönes und Eigentümliches. Du frischer, duftender Morgen! verwische alle grauen und unschönen Erinnerungen.   1834

---

* Der berühmte Astronom hatte gewisse Tage als unglückliche bezeichnet; daher die im Dänischen noch gebräuchliche Redensart: »ein Tycho Brahe's-Tag«.

Friedrich Karl von Strombeck:
Darstellung aus einer Reise

Prag ist unstreitig von allen Städten Deutschlands – denn wir dürfen doch Böhmen wenigstens in staatsrechtlichem Sinne zu dem gemeinsamen deutschen Vaterlande rechnen – diejenige, welche sowohl durch ihre Lage als ihre eigentümliche Gestaltung den großartigsten Anblick gewährt. – Mag die Umgebung von Innsbruck und Salzburg erhabener sein, mag Wien durch seine Paläste und Größe, Berlin durch seine regelmäßige Schönheit Eindruck machen, keine dieser Städte kann sich mit Prag vergleichen, wenn von wahrhaft malerischer Wirkung der Stadt selbst die Rede ist; und dieser prachtvolle Anblick entzückt das Auge, man mag von der majestätischen Brücke zum Hradschin hinauf oder von dem Schloßberge auf den Strom, seine Inseln und die mit unzähligen Türmen geschmückte Stadt, ihre Paläste und altertümlichen Gebäude hinunterschauen. Jede dieser Ansichten ist in ihrer Art einzig. – Böhmen kann wahrhaft auf eine Hauptstadt dieser Art stolz sein. Hier sieht man sofort, daß man sich in der Kapitale eines Königreichs befindet, welche, wie dieses seine Geschichte, also auch die ihrige hat. – Kaiser Alexander von Rußland soll einst, als er vom Hradschin auf die Stadt niederschaute, ausgerufen haben: »Hier sehe ich Moskau!«

Prag hat über vier Stunden im Umfange, und es gibt Wege in der Stadt, welche man in einer Stunde nicht zurücklegen kann. Es liegt auf fünf Bergen, dem Schloß-, Lorenz-, Strahöfer-, Wissehrater- und Windberg, und dann in einer von diesen fast eingeschlossenen Ebene an den Ufern der sie durchströmenden Moldau, von einfachen, vernachlässigten Basteien umgeben. Der im Süden liegende Wissehrad gehört zwar nicht zur Stadt, sondern bildet ein besonderes Städtchen des Kaurzimer Kreises, liegt aber innerhalb der Ringmauern Prags und könnte als dessen Zitadelle betrachtet werden, wenn seine Festungswerke nicht sehr mangelhaft und vernachlässigt wären. Prag selbst bestand ehemals aus

32. *Salvatorkirche, Klementinum und Türme der Altstadt.*

vier besonderen Städten, wovon jede ihren eigenen Magistrat
hatte. Jetzt sind sie unter einem einzigen vereint, bilden aber
noch stets die sogenannten Hauptviertel, von denen die Altstadt
und die Neustadt auf der rechten, die Kleinseite und der Hradschin aber auf der linken Seite der Moldau liegen. Die Judenstadt
gehört zur Altstadt. — Prag hat jetzt, mit der 12000 Mann betra-
genden Besatzung, eine Bevölkerung von 118000 Menschen.
Nach seiner Größe könnte es 300000 fassen. Seine Straßen sind,
bis auf einige regelmäßige der Neustadt, krumm, und seine Plätze, unter denen es jedoch ein paar recht ausgedehnte gibt, unre-
gelmäßig; aber eben diese Unregelmäßigkeit gibt dem Ganzen
seinen eigentümlichen und malerischen Charakter. Noch unter
Joseph II. hatte Prag über neunzig Kirchen (von welchen jetzt nur
ungefähr die Hälfte im Gebrauche ist), deren noch bestehende
Gebäude das ernste Ansehn des Ganzen vermehren, und die Paläste seiner Großen wetteifern an Pracht mit den Palästen zu
Wien, ja übertreffen diese. In den Hauptstraßen, welche gut ge-
pflastert sind, ist es in Prag fast ebenso lebhaft als in Wien; auch
hier reiht sich ein prächtiges Kaufgewölbe an das andere; aber
diese Lebhaftigkeit erstreckt sich nicht durch die ganze Stadt; an
seinen Extremitäten ist Prag wie abgestorben, und so erinnern
denn der Wissehrad im Süden und die nordwestlichen Gegenden
der Kleinseite an die öden Stadtteile Roms. Das Ganze, den Wissehrad hinzugerechnet, liegt innerhalb der Festungslinien; aber,
wie gesagt, nur die Mitte desselben hat Leben. Ein großer Mangel Prags ist, daß die herrlichen Ufer der die Stadt durchströmenden Moldau nicht, wie die Ufer des Arno zu Florenz oder der
Seine zu Paris, mit prächtigen Kai-Straßen versehen sind. Könnte
man hierhin Prags in der Stadt, meistens in zu engen Straßen
versteckte Paläste versetzen, es gäbe keine prächtigere Stadt der
Welt. Doch die oft furchtbaren Überschwemmungen der Moldau mögen die Großen wohl abgehalten haben, sich in einer so
gefährlichen Gegend anzubauen, und so sind die Moldau-Ufer
öde geblieben.   *1838*

Ignaz Franz Castelli:
Die Judenstadt in Prag

Wer kennt Prag nicht? Die Stadt, welche ich von allen die imposanteste nenne, die Stadt, die mehr Paläste aufzuweisen hat als alle übrigen österreichischen Städte zusammen; daher von allen ihren Schönheiten nichts und nur von einer ihrer Eigentümlichkeiten will ich sprechen, und zwar von der Judenstadt.

Eine der größten Merkwürdigkeiten Prags ist die Judenstadt. Als ich in diesen engen, winkeligen, abgesonderten Stadtteil kam, der mit Buden aller Art besetzt ist, glaubte ich mich wirklich in einen anderen Weltteil versetzt. In engen Gassen stehen äußerst hohe, aber schmutzige, mitunter sogar unterstützte Häuser, und in diesen Gassen wogt es und tummelt sich herum und schachert und schmust mit und ohne Bart, daß den Durchgehenden die Ohren gellen. Man wird angehalten, an Armen und Kleider gezogen und gefragt, ob man eppes zu schachern habe. Ein unangenehmer Geruch dringt einem überall in die Nase, und auf den meisten Tafeln über den Buden liest man Namen, welche mit eles endigen.

Wenn man bedenkt, daß diese Stadt in der Stadt 279 Häusernummern zählt, wovon jedes Haus mehrere Besitzer hat, und oft in einer Stube ein paar Familien wohnen, so kann man sich einen Begriff von der Lebendigkeit dieses Ghettos machen. Es befinden sich auch neun Synagogen und ein Kirchhof darin. Der letzte ist sehr alt, von sehr großem Umfange und enthält über 10000 Grabsteine, deren ältester sich vom Jahre 777 datiert und eines Juden, namens Schölleles, Grabstätte bezeichnet. Dreimal in meinem Leben hat sich meine Brust durch einen tiefen Atemzug Luft gemacht nach einer mich drückenden und beängstigenden Lokalität. Das erste Mal, als ich aus den Katakomben in Paris wieder zum Tageslichte emporstieg; das zweite Mal, als ich aus Venedig kam und in Mestre ans Land stieg, und zum dritten Male, als ich die Judenstadt verlassen hatte.   *1839*

J. G. Kohl:
Einer von hundert Tagen

Überall grünt und blüht es noch in Prag von Ruinen und Monumenten alter und ältester Jahrhunderte. An seinen Straßen, in seinen Kirchen, auf seinen Friedhöfen predigen hundert Dinge von der Geschichte des Landes und Volkes. Seine Paläste, seine unzähligen Türme ragen wetteifernd einer über den anderen hinweg, aus früher und früherer Vorzeit hervor. Sogar von den Wänden der Wirtshäuser liest das Volk die Namen der ersten böhmischen Herzöge ab und erzählt sich dabei ihre Geschichte. An einem großen Wirtshause, das in der Nähe des Wissehrad auf dem Platze steht, wo ehemals die alten Herzöge begraben wurden, sieht man in grotesken Wandgemälden die Portraits der sechs ersten unter ihnen und dabei ihre Namen geschrieben: Przemislus, – Nezamislus, – Mnata, – Wogen, – Wratislav, – Wenzislaus. – Und zwar sind die Züge dieser längst vermoderten Herren noch neuerdings wieder aufgefrischt worden. Wo wäre der Ort, möchte man hierbei fragen, in Deutschland, wo es so von deutscher Geschichte lebte und webte wie hier von tschechischer und wo die Deutschen das für ihre großen Kaiser vollbrachten, was hier die Böhmen für ihre kleinen Herzöge taten und tun?

Böhmen ist ein wundervoll von der Natur in sich abgeschlossenes Landganzes. Der Zauberkreis, der es umgibt und der aus uralten, mächtigen, von den Titanen selber aufgestellten Hieroglyphen besteht, sind die Gebirge, die es in einem herrlich abgezirkelten Kranze umziehen. Und die Strahlen, die von diesem Zauberkreise wachsend und wachsend ausgehen und sich in der Mitte zu einem mächtigen Knoten verschlingen, sind die aus Süden, Osten und Westen heranfließenden Ströme, an denen das Leben zum Zentrum hinab und von ihm zu den Grenzlinien hinaufpulsierte. In der Mitte des Kreises und in der Nähe des Einigungspunktes der angedeuteten Kreisradien erheben sich die Hügel und Berge von Prag, an denen sich von jeher alle geschichtlichen Bewegungen, die sich innerhalb des Kreises kundgaben, verewigten, entweder in neuen Gebäuden und Monumenten, wenn sie fruchtbringender Natur waren, oder in Schutt und Ruinen, wenn sie Verderben atmeten. Als unausweichlicher Mittelpunkt eines von der Natur scharf gezeichneten und streng von anderen gesonderten Länderkreises, innerhalb dessen sich immer wieder von neuem ein eigentümliches politisches Leben gestaltete, ist Prag voll geworden mit Ruinen und Palästen, und als solchem auch kann man der Stadt eine noch fernere Bedeutsamkeit für lange, kommende Jahrhunderte prophezeien; und wenn ihre Hügel von den Sagen der Vorzeit Liebliches singen, so sind sie zugleich von prophetischen Stimmen der Zukunft geheimnisvoll umflüstert.   *1842*

Hector Berlioz:
Prag. Aus dem 6. Brief an Humbert Ferrand

Ich habe in Prag sechs Konzerte gegeben, teils im Theater, teils im Sophiensaal. Ich entsinne mich, im letzten die Freude gehabt zu haben, meine Sinfonie »Romeo und Julie« zum ersten Male Liszt zu Gehör zu bringen. Man kannte in Prag schon mehrere Bruchstücke aus diesem Werke, das zu heftigen Polemiken keinerlei Veranlassung gab, vielleicht weil es deren in Wien sehr heftige hervorgerufen hatte; denn die Tatsache der Rivalität dieser beiden Städte in bezug auf den musikalischen Geschmack ist unbestreitbar. Die Ausführung des vokalen Teiles war hervorragend und großartig; ein einziger Zwischenfall entstellte sie. Die junge Person, welche mit dem Alt-Solo betraut war, hatte noch niemals öffentlich gesungen. Trotz ihrer hochgradigen Schüchternheit ging alles gut, solange sie sich durch einige andere Stimmen oder Instrumente gestützt fühlte; aber bei der Stelle des Prologs:

Der junge Romeo, beklagend sein Geschick,
einem wirklichen Solo ohne irgendwelche Begleitung, begann ihre Stimme zu zittern und dergestalt zu sinken, daß sie, am Schluß der Periode, wo die Harfe mit dem E-Dur-Dreiklang wieder eintritt, in einer unbekannten, ein und einen Viertelton tiefer als E stehenden Tonart angekommen war. Fräulein Claudius, die neben meinem Pult saß, wagte die Saiten ihrer Harfe nicht zu berühren. Endlich, nach einem Augenblick des Zögerns, fragte sie mich mit leiser Stimme:

— »Soll ich den E-Dur-Akkord anschlagen?«

— »Nur zu; wir müssen notwendig fertig werden.« Und der unerbittliche Akkord spritze auf, sprühend und zischend, wie ein Löffel geschmolzenes Blei, den man in kaltes Wasser gießt. Der armen kleinen Sängerin wäre fast schlecht geworden, als sie sich so kurzerhand auf den Weg des Guten zurückgewiesen sah, und da sie kein Französisch verstand, konnte ich, sie zu ermutigen, meine Beredsamkeit nicht zu Hilfe nehmen. Glücklicherweise gelang es ihr, vor dem Strophenlied »Erstes Entzücken«, das sie mit viel Seele und tadellos rein sang, ihren Gleichmut wiederzugewinnen. Strakaty gab die Rolle des Pater Laurentius unübertrefflich; im Finale verlieh er ihr Salbung und wirkliche Begeisterung. Nachdem an diesem Tage das Publikum mehrere Sätze hatte zweimal spielen lassen, erbat es sich einen anderen, den die Musiker mich beschworen nicht zu wiederholen. Aber als das Geschrei fortdauerte, zog Herr Mildner seine Uhr und hielt sie ostentativ in die Höhe. So verstand man denn, daß die vorgeschrittene Zeit dem Orchester nicht gestattete, bis zum Schluß des Konzertes zu bleiben, wenn der von neuem verlangte Satz noch einmal gespielt würde; um sieben Uhr abends war Oper. Diese weise erdachte Pantomime rettete uns. Als ich am Schluß des Konzerts Liszt bat, mein Dolmetsch zu sein, um den ausgezeichneten Sängern zu danken, die sich drei Wochen lang einem so peinlich genauen Studium meiner Chöre gewidmet und sie so tapfer gesungen hatten, wurde er von mehreren angeredet, die, im Namen ihrer Kameraden, ihm den umgekehrten Vorschlag zu machen kamen. Und nach einigen auf deutsch gewechselten Worten, wandte sich Liszt zu mir und sagte:

— »Mein Auftrag ist nicht mehr derselbe; die Herren bitten mich ihrerseits, dir für das Vergnügen zu danken, das du ihnen durch die Übertragung der Aufführung deines Werkes gemacht, und dir ihre Freude über deine Zufriedenheit auszudrücken.«

Das war in der Tat ein Ehrentag für mich, wie ich ihrer wenige in meinen Erinnerungen zähle.

Nach dem Beispiel des Banketts, bei dem mir die Künstler und Kunstfreunde Wiens den schon erwähnten Taktstock aus vergoldetem Silber überreicht hatten, gab es hernach ein Souper, wo die von Prag mir einen silbernen Pokal freundlichst zum Geschenk machten. Die meisten Virtuosen, Kritiker und Kunstfreunde der Stadt befanden sich dort; ich hatte sogar das Vergnügen, unter den letztgenannten einen Landsmann, den geistreichen, wohlwollenden Fürsten de Rohan zu sehen. Liszt wurde einstimmig gewählt, an Stelle des Präsidenten, der mit der französischen Sprache nicht hinlänglich vertraut war, das Wort zu führen. Beim ersten Toast hielt er, im Namen der Versammlung, wenigstens eine Viertelstunde lang eine Ansprache an mich, von einer Herzenswärme, einem Gedankenreichtum und einer Gewähltheit des Ausdrucks, um die ihn viele Redner beneidet hätten und die mich lebhaft ergriff. Leider trank er ebensogut, als er sprach. Das Widmungsgeschenk der Festgenossen, der perfide Pokal, wälzte solche Wogen von Champagner, daß Liszts ganze Beredsamkeit darin Schiffbruch litt. Belloni* und ich waren in den Straßen Prags noch um zwei Uhr morgens beschäftigt, ihn zur Erwartung des Tageslichts zu überreden, ehe er sich (was er durchaus wollte) auf zwei Schritt Distanz mit einem Böhmen schösse, der es ihm im Trinken zuvor getan. Als der Tag gekommen, waren wir nicht ohne Unruhe wegen Liszt, dessen Konzert mittags stattfinden sollte. Um halb zwölf schlief er noch; endlich weckte man ihn, er steigt in den Wagen, kommt im Konzertsaal

* Liszts Impresario.

an, wird von einer dreifachen Beifallssalve empfangen und spielt, wie er, glaub’ ich, in seinem Leben noch nicht gespielt hatte.

Es gibt einen Gott der … Pianisten.

Adieu, mein lieber Ferrand, Sie werden sich, füchte ich, nicht über den Lakonismus meiner Briefe beklagen. Gleichwohl habe ich noch nicht ausgesprochen, was ich alles an zärtlicher Sehnsucht nach Prag und seinen Einwohnern empfinde; aber ich habe eine ernste Leidenschaft für die Musik, das wissen Sie und können demnach beurteilen, ob ich die Böhmen liebe. O *Praga! quando te aspiciam!*   *1845*

Alfred Meißner:
Aus meinem Studentenleben

Neulich, als ich spät abends die enge Hintertreppe des Prager Carolinums herabtappte, das ich seit langer Zeit nicht mehr betreten hatte, ward ich, seltsam genug, in alte Zeiten zurückversetzt.

Ich hatte durch die vom Mondlicht beleuchteten Fenster den anatomischen Hörsaal mit seinen amphitheatralisch emporsteigenden Bänken, den Seziersaal und das anatomische Kabinett gesehen. Zwanzig Jahre! Welch’ lange Zeit — — und doch auch wieder nicht lange für das wunderliche Ding, den Geist, für welchen manches nicht mehr vorhanden, was gestern, und anderes lebendig, was vor einem halben Menschenalter da war. Ich sah mich wieder als Student; es war im Winter, es schneite draußen, die Lichter brannten, auf jeder kupfernen Tischplatte lag eine Leiche oder irgend ein Leichenteil; der Mitteltisch aber war von einer Gruppe junger Leute umstanden. Der Prosektor demonstrierte.

Ich sehe noch immer sein blasses Gesicht mit den hellblauen Augen, die so stier hervorlugten hinter einer großen, schweren, in schwarzes Horn gefaßten Brille, die immer wieder von seiner Nase herabrutschte und die er immer zurückschob und zwar mit

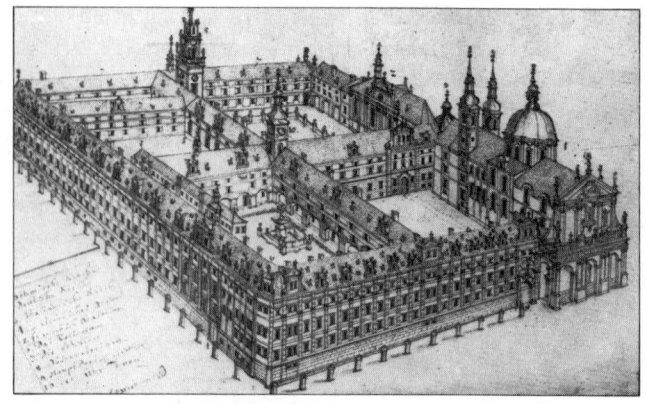

33. *Klementinum, nach der Prager Burg das größte Gebäude in Prag.*

dem Handrücken, damit er die Gläser mit seinen blutigen Fingern nicht beschmutze. Seine Erscheinung hatte etwas Unheimliches, Gespenstiges, Grabentstiegenes. Seine Stimme, von öfterem Husten unterbrochen, klang so hohl: es hieß, daß seine ungesunde Tätigkeit ihn zugrunde richte. Und dessenungeachtet Arbeit Tag und Nacht! Welcher Eifer im selbständigen Forschen! Welche Plage mit den jungen Leuten, und wie er sich Mühe gab, uns alle zu tüchtigen Scholaren heranzubilden! Ich glaube, nur der ärztliche Stand bildet solche edle enthusiastisch aufopferungsvolle Ausnahmsnaturen.

Und dennoch gab es nur einzelne unter den Zuhöhrern, die ihm mit aufrichtiger Aufmerksamkeit folgten. Für viele war der Seziersaal eine Art Casino, da sie kein Geld hatten, in ein Café zu gehen, im Winter eine Wärmstube. Unberührt vom furchtbaren Ernst der Umgebung, war die Beschäftigung mit den Toten für viele wirklich eine tote Beschäftigung. Wie oberflächlich sind doch die Menschen! Von allen Gedanken, die Hamlet durch den Kopf gehen, wenn er den Schädel des armen Yorick in die Hand nimmt, Gedanken über die Vergänglichkeit und die Misere des Lebens, kam ihnen kein einziger in den Sinn!

Auch ich lasse heut alle Metaphysik beiseite und will nur schildern. – Alles hier, bis auf die dienenden Persönlichkeiten, hatte seine eigentümliche Physiognomie, die zur Umgebung paßte. Da war der »Leichendiener« Andres, ein starker, breitschultriger Mann, immer polternd, immer mürrisch und nur durch Geldstücke zähmbar. Er war sehr geschickt im Skelettieren und trieb einen Knochenhandel, der, wie es hieß, ihm viel Geld einbrachte. Die Leichen dazu bezog er aus dem Strafhause, und dieser Umstand gab einem von uns, der schon damals ein eifriger böhmischer Patriot war, häufig Anlaß zu bitteren Klagen. »Seht nur«, pflegte er zu sagen, »was dieser Andres uns armen Tschechen für Unheil schafft! Kein Deutscher könnte mörderischer an uns handeln! Die Köpfe, die er präpariert, gehen in der Mehrzahl nach England, Schottland und Nord-Amerika, wo die Phrenologie, dem Himmel sei's geklagt, so im Schwunge ist, und werden in öffentlichen und Privatsammlungen aufgestellt. Die Leute dort berücksichtigen nicht, daß der Andres die Leichen aus dem Zuchthause hat, sie betasten die Schädel, die ihnen als *types of the czech race* gelten, und finden allerlei abscheuliche Buckel, Organe des Diebssinnes, der Mordlust. Die Folge ist, daß sie denken, wir haben alle solche Beulen. Oh, welches Verhängnis liegt auf uns armen Slaven! Ein Kerl, selbst ein Tscheche, der nur gebrochen deutsch spricht, bringt uns in Mißkredit, schlägt uns die ärgsten Wunden! Und soll einmal einer versuchen, ihn von diesem verderblichen Handel abzubringen! Er lacht einen aus!«

Ferdinand von Saar:
Innocens

Am südlichen Ende Prags, auf einem gegen die Moldau felsig abstürzenden Hügel, erhebt sich ernst und düster die Wyschehrader Zitadelle. Es läßt sich im Umkreise einer großen, volkreichen Stadt nichts einsam Abgeschiedeneres denken als dieses alte, ziemlich ausgedehnte Fort. Denn die Besatzung beschränkt sich in Friedenszeiten auf eine Offizierswache von geringer Stärke, die nur den allernötigsten Sicherheitsdienst an den Toren und auf den Wällen versieht. Die Kasematten und Blockhäuser im Innern stehen leer und verödet, und die spärlich gefüllten Pulvermagazine scheinen wie die Belagerungsgeschütze nur dazusein, um einem invaliden Unteroffizier der Artillerie zur Sinekure eines Zeugwartes zu verhelfen. Auch die Poststraße, welche durch die Zitadelle über den Rücken des Hügels nach Budweis führt, wird nur wenig benützt. Harmlose Spaziergänger nach dem nahen anmutigen Dorfe Podol, Landleute aus der Umgegend, welche Lebensmittel zum Prager Markt bringen, und hin und wieder ein bestäubter Wanderbursche sind fast die einzigen Passanten der Festungstore. So herrscht innerhalb der Wälle gewöhnlich die tiefste Stille, die nur selten durch das Rollen eines Wagens, regelmäßig aber am frühen Morgen, mittags und abends durch den Wachetambour mit rasselnden Trommelsignalen unterbrochen wird.

Zumal im Winter ist es hier oben traurig und ausgestorben. Kalt und schneidend saust der Wind um die verlassene Höhe, und mißmutig, dicht in ihre Mäntel gehüllt, gehen die Schildwachen auf den eingeschneiten, von krächzenden Dohlen beflogenen Wällen auf und nieder. Aber wenn der Schnee ins Schmelzen kommt und die Moldau unten wieder blau und schimmernd vorüberwallt, da entfaltet sich in dieser Abgeschiedenheit ein wunderbarer Lenz. Dichter, glänzender Graswuchs überkleidet alle Gräben und Böschungen, und um die eingesunkenen Kanonenlafetten sprießen Veilchen und Primeln. Immer bunter schmückt sich der Rasen, und manche Schießscharte wird durch einen wilden, in voller Blüte stehenden Rosenbusch verdeckt, den ein langjähriger Friede hart am Gemäuer wachsen ließ. Selbst aus den Kugelpyramiden, die der Zeugwart so zierlich zu errichten versteht, sprießt und blüht es: denn der Wind hat Erdreich und Samen in den Fugen abgelagert, und nun duften und schwanken über den furchtbaren Geschossen die blaßgelbe Reseda, der dun-

Philippus Vanden Bossche Sac. Cæ.
Mai. phrÿgiarius designe.

. 1618.

34. *Burg Wyschehrad 1606. Ein Stich des Ägidius Sadeler.*

kelblaue Rittersporn und die rötliche, langgestielte Steinnelke. Bienen und gepanzerte Käfer summen und schwirren durch die heiße, zitternde Luft; zutraulich zwitschernd lassen sich Hänfling und Rotkehlchen auf die wuchtigen Feuerrohre nieder, und an den Mauerabhängen der Wälle klettert und sonnt sich die goldgrüne, funkelnde Eidechse. –

In solcher Zeit war es, als ich einst in der Zitadelle die Wache bezog. Erst vor kurzem mit meinem Regimente in Prag eingerückt und mit der Örtlichkeit nicht vertraut, betrat ich, neugierig und befangen zugleich, an der Spitze meiner Abteilung die weite schattige Torhalle, wo die Mannschaft der alten Wache bereits unter Gewehr stand. Ihr Kommandant, ein mir unbekannter Offizier von junkerhaftem Aussehen, kam, als die Förmlichkeiten der dienstlichen Begrüßung abgetan waren, nachlässig auf mich zugeschritten. »Oberleutnant Baron Hohenblum«, sagte er, den Schirm seines Tschakos flüchtig berührend. Er schien meinen Namen, den ich nun auch nannte, zu überhören und fuhr mit leichtem Gähnen fort: »Die vierundzwanzig Stunden werden einem rein zur Ewigkeit in dieser alten, unnützen Kanonenbewahranstalt. Es kann keine langweiligere Wache mehr geben.«

Ich warf hin, daß man eben auf keiner besondere Unterhaltung fände.

»Je nun, nach Umständen«, erwiderte er, indem er den feinen blonden Schnurrbart emporstrich. »Zum Beispiel die Hauptwache am Ring ist ganz amüsant. Man setzt sich mit seiner Zigarre vor die Tür und mustert die Vorübergehenden. Es gibt ganz nette Gesichter unter den hiesigen Mädchen. Auch fehlt es nicht an Besuch von Kameraden, und nach der Retraite wird gewöhnlich ein kleines Spiel arrangiert. Hier oben aber ist man von aller Welt abgeschnitten, wie auf einer wüsten Insel. – Du hast es übrigens«, setzte er nach kurzem Besinnen hinzu, »doch etwas besser getroffen als ich. Denn morgen ist Sonntag, und da kommen wenigstens Leute in die Messe herauf.«

»In die Messe? Ist denn hier eine Kirche?« fragte ich überrascht.

»Allerdings. Etwa tausend Schritte von hier, gegen die Moldau zu«, sagte er, während ich unwillkürlich nach dem Innern des Forts blickte. Aber die Aussicht war durch eine nahe, ziemlich hohe Schanze genommen, hinter welcher nur die Wetterstangen und spitzen Bedachungen der Pulvermagazine hervorragten. »Um sie zu sehen«, fuhr der Baron fort, »müßtest du dort auf die Schanze hinauf. Dazu hast du später Muße genug. Ein kleiner Friedhof ist auch dabei, wo ich mich gleich würde begraben lassen, wenn ich beständig hier oben leben sollte, wie der Pfaff', der ganz allein in einer Art Kloster neben der Kirche wohnt. Ein seltsamer Kauz! Man muß lachen, wenn man ihn mit seinen langen Beinen und der schlenkernden Kutte, beständig ein Buch unter dem Arm, einhersteigen sieht. Dabei schaut er immer ins Blaue und tut, als bemerke er einen gar nicht, wenn man an ihm vorüberkommt.«

»Ein so abgeschiedenes, stilles Leben mag auch seinen eigenen Reiz haben«, sagte ich nachdenklich, während wir in das düstere Offizierswachtzimmer traten, wo mich mein Vorgänger mit den üblichen Dienstvorschriften bekannt machte. Dann zog er sich den etwas zerknitterten Uniformrock an den Hüften glatt, schnallte die Feldbinde fester und reichte mir mit kühler Freundlichkeit die Hand zum Abschied. Ich verließ mit ihm das Zimmer und trat, während er flüchtig seine Leute musterte und unter lustigem Trommelschall abmarschierte, in die sonnige Stille hinaus, die über dem Fort lagerte. Als ich die Schanze erstiegen hatte, tat sich hinter den Pulvermagazinen ein freier Wiesengrund meinen Blicken auf. Dort erhob sich, ziemlich zurückgezogen, die Kirche, das blinkende Messingkreuz auf dem Giebel von weißen Tauben umflattert. Den Friedhof konnte ich nicht gewahr werden; er mußte durch das angrenzende Priesterhaus verdeckt sein, das ziemlich düster aus einer schattigen Lindenumpflanzung hervorsah. In einiger Entfernung schräg gegenüber stand ein niederes Häuschen. Die gelb angestrichenen Türen und Fensterrahmen kennzeichneten es als militärisches Gebäude; im übrigen sah es ganz wie eine kleine Bauernwirtschaft aus. Schiebkarren, Hauen und Schaufeln lehnten in der Nähe einer Zisterne an der Mauer, und rückwärts war, kunstlos umzäunt, ein Gärtchen angelegt, in welchem rot und weiß die Apfelblüten schimmerten. Zwischen diesem Häuschen und der Kirche schlängelte sich ein breiter Fußpfad hin. Er schien zu den äußersten Werken des Forts zu führen, über welchen, verhüllend, tiefgelber Sonnenduft lag.

Friedrich Hebbel:
In Prag

d. 8ten August.

Heute morgen um 6 Uhr kamen wir in Prag an, und ich hätte Zeit genug gehabt, dies Tagebuch mit einem Nachtrag über die Reise zu versehen, denn fast den ganzen Tag goß es in Strömen vom Himmel. Kaum war ich im Wirtshaus, noch war mir nicht mein Zimmer angewiesen, sondern ich kampierte noch im Salon, so wurde mir schon ein Polizei-Meldungs-Zettel zur Ausfüllung vorgelegt. Eben hatte ich das Zimmer betreten, aber noch war mir kein Wasser gebracht und kein Bett überzogen, so klopfte es an meine Tür, und ein Geistlicher trat mit seiner Almosen-Büchse herein. Dann legten wir uns auf ein paar Stunden nieder, weniger um zu schlafen, als um die zerschüttelten Glieder wieder einzurenken, denn ein alter Postwagen kann jede orthopädische Anstalt vertreten, doch blieb auch der Schlaf nicht aus, nur zeigte er sich nicht erquicklich und nahm mir das Kopfweh, das ich mitbrachte, nicht ab. Nachher folgte, gleich einer Kette von Ameisen, wie man sie zuweilen über den Weg laufen sieht, eine Ärgerlichkeit auf die andere, zu unbedeutend im einzelnen, aber im ganzen doch empfindlich genug. Die Hauptsache war freilich der Regen, denn in eine fremde Stadt kommen und nicht gleich nach Lust darin herumstreifen dürfen, ist für mich soviel, als mit verbundenen Augen vor einen Guckkasten gestellt zu werden.

35. *Diamantenbesetzte Monstranz aus dem Schatz der Loretto-Kirche.*

Ein schöner Tag, der mit Besichtigung der Merkwürdigkeiten
hingebracht wurde. Ich muß freilich gestehen, daß ich wenig
Sinn fürs Detail habe, bevor ich mit der Totalität fertig bin, ich
muß mich auf den Gassen und den Plätzen müde getummelt haben, ehe ich mich in die Ecken und Winkel verkriechen und mich
an den dort aufgespeicherten Schätzen erfreuen kann. Dennoch
fand ich mich hier leichter und schneller in ein Interesse hinein,
wie sonst. In Straho[w], dem Kloster aufm Hradschin, der sonderbare alte Geistliche, der sich mit einem schweren Fuß schleppte und von Zeit zu Zeit Töne von sich gab wie ein Idiot, der aber,
wie sein mitunter scharf aufblitzendes Auge hinreichend bewies,
sicher keiner war, sondern sich die langweilige Existenz durch
eine Art von Humor zu würzen schien; Ziskas Bild mit dem Mor-
genstern auf der Schulter und Tycho de Brahes Handschrift, die
Buchstaben so lang und breit, als ob er statt eines Blattes Papier
das Paniglobium vor sich gehabt hätte. In der Schatzkammer des
Loretto-Häuschens die Monstranz, aus zahllosen Brillanten in
Strahlenform zusammengesetzt, und zwar aus dem Braut-
schmuck einer Gräfin Kolowrat, deren Porträt über der Tür
hängt; ein sehr schöner Gedanke. Im Dom die Gräber der alten
böhmischen Herzöge und Könige, namentlich Ottokars und das
versilberte Martyrium des heiligen Johann von Nepomuk, der
übrigens erst vor hundert Jahren kanonisiert wurde; er ist nicht
ausgebaut und das Modell, das in einer Kapelle aufbewahrt
wird, mahnt an einen Embryo, der es nicht zum Manne brachte
und in Spiritus gesetzt ist. Die Ratsstube mit den alten, wurmzer-
fressenen Tischen und Bänken und der wunderbaren Aussicht;
Martiniz und Slavatas Bilder, die charakteristisch genug dem
Mist ihre Rettung dankten. In Waldsteins Palais sein groteskes
Badezimmer, die daranstoßende phantastisch prächtige Garten-
halle, die kolossale Gartenmauer, das Spielzimmer mit dem aus-
gestopften Pferde, das ihn in der Schlacht bei Lützen trug, und
die altertümliche Kapelle mit den verblichenen Teppichen und
den Betstühlen.

Heute den Judenkirchhof und die alte Synagoge gesehen, beide allerdings einzig in ihrer Art! Merkwürdig war mir der Unterschied zwischen den beiden Führern, die uns begleiteten. Der Bursch, der uns auf dem Kirchhof herumjagte, denn er hatte Eile und trieb von Grabstein zu Grabstein fort, war eine ganz gemeine Schacher-Seele, die einem Drechsler allenfalls auch ein paar alte Schädel zu Kunst-Zwecken verhandelt haben würde. Der Greis, der uns in die Mysterien der Synagoge blicken ließ und mit welken Lippen und lahmer Zunge ihre Geschichte erzählte, schien mit seinem Gewissen in Zwiespalt zu leben und hätte ohne Zweifel lieber alte Hosen an uns verkauft, als uns die goldenen Kronen der heiligen Schrift und die Thora vorgezeigt. Er murmelte immer allerlei in den Bart, sah uns zuweilen fremd und seltsam an und wollte namentlich von einem Zugang zu dem Golem, nach dem ich fragte, nicht das geringste wissen. *1854*

Karl August Varnhagen von Ense:
Prag, Prag!

Um halb 8 Uhr Ankunft in Prag. Der Bahnhof belebter und gefüllter, als ich noch jemals einen gesehen. Man sieht und fühlt unmittelbar die große, mächtige Stadt. Wir fanden gute Zimmer im Schwarzen Roß, auf der Kolowratstraße, früher der Graben genannt. Abendessen in einer offenen Halle am Ende des Hausgartens, ein angenehmes, festliches Ansehn, die Gäste an verschiednen Tischen. –

Es war etwas kühl geworden, und wir machten noch einen Abendgang durch die Stadt, bis auf die alte Brücke. Sehr viele Leute auf den Straßen, Geschäftige und Spaziergänger, Wohlhabenheit, Munterkeit. Die Stadt hatte ehemals 84 000 Einwohner, jetzt hat sie 130 000; auch das Äußere hat sich sehr verschönert;

36. *Die Slawenmesse auf dem Wenzelsplatz 1848.*
Ein Stich von M. Koutník.

die Kettenbrücke nach der Schützeninsel, den Kai längs der Moldau, das Denkmal des Kaisers Franz, das des Kaisers Karls des Vierten, sah ich zum erstenmal. Nichts aber vergleicht sich dem Eindruck der alten mächtigen Brücke, des Hradschins, des Laurenziberges; ich war ganz hingerissen von dem Anblick und von den Erinnerungen, die sich mit ihm verknüpfen. Welch ein reiches Leben hab ich hier einst gesehen, mitgenossen, welche Menschen der verschiedensten Art gekannt! Und alles dies ist nun seit langer Zeit spurlos verschwunden, niemand weiß mehr davon, alle Zeugen sind tot oder zerstreut, sofern noch einige leben! Bentheim, Nostitz, Liebich, Bayer, Auguste Brede, Julie Löwe, Meinert, Clemens Brentano, Beethoven, Ferdinand Kinsky, Clam-Gallas und Clam-Martinitz, Gräfin Schlick, Knorr, Reuß-Köstritz, Meyern, Weißenwolf, Murray, Trogoff, Windischgrätz, Rohan, – ich kann sie nicht aufzählen, wen alles ich hier gekannt habe! Auch Metternich, Gruner, Friedrike Bethmann, Gräfin Pachta, Dobrowsky, die Grafen Sternberg – und alle sind fort! Mit unendlicher Wehmut gedacht' ich Rahels, die gegen die Kriegsstürme hier Schutz fand im Jahr 1813. Prag, Prag! rief ich mir im Innern wiederholt zu, und eine ganze Welt von Erinnerungen und Beziehungen drängte sich mir in dem einen Laut zusammen! –

Franz Liszt:
An seine Freundin

Pest, am 13. VIII. 1856

... In der Musikgeschichte nimmt Prag eine einzigartige Stellung ein. Nach den Enttäuschungen, die Mozart in Wien mit seiner »Hochzeit des Figaro« bereitet wurden, der die Wiener, ich weiß nicht welches, vollkommen vergessene Werk, vorzogen, erlebte er in Prag einen stürmischen Erfolg und starken Beifall. »Für Prag hab ich meinen Don Juan geschrieben!« sagte er. Hier war es auch, daß er zur Kaiserkrönung zum ersten Mal seine »Clemenza di Tito« zur Aufführung brachte. Dazu möchte ich eine Anekdote erzählen, die ich bei keinem Biographen fand, deren Wahrheit man mir aber garantiert hatte. Nach dem ersten Akt von »Clemenza di Tito« verläßt der Kaiser das Theater: der Direktor kommt ganz fassungslos, um Mozart dieses neue Unheil zu berichten, der ihm in genialem Selbstbewußtsein ins Gesicht sagt: »Um so besser, da haben wir einen Esel weniger im Theater!« Ich bin weit entfernt, derartiges zu billigen, aber manchmal erinnere ich mich daran, wenn ich nicht-gekrönte Esel über Dinge urteilen höre, von denen sie nicht die geringste Ahnung haben.

Während seiner Reise durch Deutschland in den Vierzigerjahren geschah es auch, daß Berlioz in Prag die größte Begeisterung entgegengebracht wurde, und daß auch jetzt hier ein beachtlicher Teil der Öffentlichkeit einen so guten Geschmack besitzt, um Lohengrin dem Tannhäuser vorzuziehen. Dies aus der Nähe zu beobachten, ist für jemand wie mich doch ein ziemlich merkwürdiges Phänomen.

Fritz Mauthner:
Prager Jugendjahre

Wie dem auch sein mag: in Prag bereiteten die liberalen Prinzipien das Ende des Deutschtums vor. Auf das Majoritätsprinzip gestützt, konnten die Tschechen ihre alten Forderungen immer stürmischer vorbringen; auf das neue Staatsrecht gestützt, konnten sie gleich den Magyaren eine autonome Stellung des Königreichs Böhmen verlangen. Die liberale deutsche Regierung in Wien vernichtete in ahnungslosem Idealismus die deutsche Macht in Böhmen oder beschleunigte wenigstens die Entwicklung. Es wurde in Prag nicht mehr still; jeder Tag brachte Demonstrationen, Aufzüge in theatralischen Kostümen und Massenmeetings unter freiem Himmel; wilder aber als das alles war der Wahlspektakel; die Tschechen verglichen ihre Lage mit der der Iren, drohten mit Gewalt und Revolution und hatten keine englische Regierung über sich. Punkt für Punkt setzten die Tschechen ihr nationales Programm durch.

Zu diesem Programme gehörte auch als kleines Schmuckstück die Errichtung eines eigenen tschechischen Theaters. Bis zu dieser Zeit gab es in Prag außer einer deutschen Sommerarena nur ein Schauspielhaus: das altberühmte ständische Landestheater. Diese Bühne, einst von den böhmischen Landständen erbaut und dann vom Lande durch den Landesausschuß verwaltet und unterstützt, war eine deutsche Bühne. Sie hatte eine stolze Vergangenheit. Hier war Mozart gefeiert worden wie nirgends sonst; von hier aus war sein Don Juan in die Welt hinausgegangen, für das Prager Deutsche Theater hatte er den Don Juan geschrieben. Nicht nur Legenden knüpften sich an Mozarts Aufenthalt in Prag; es gab auch eine Tradition, die in Prag den deutschen Text etwas änderte, die in Prag bei jeder Aufführung bestimmte Stellen zur Wiederholung verlangte. Die Musiker waren Tschechen, aber das Theater Mozarts war deutsch.

Und sollte deutsch bleiben. In meiner Jugend konnten sich die Deutschen in Prag die Sache gar nicht anders vorstellen, als daß eine Bildungsanstalt deutsch sein müßte. Man war sehr ungerecht. Aber auch die tschechischen Bürgerkreise, die das Theater liebten, besuchten ganz unbefangen das einzige Theater der Stadt, das deutsche.

Doch die Bewegung nahm ihren Fortgang, und die deutschen Führer begingen den Fehler, sich zu widersetzen. Es war doch klar, daß die Tschechen, welche damals etwa drei Viertel der Bevölkerung ausmachten, mehr Rücksicht verlangen durften von einer Anstalt, die aus Landesmitteln bezahlt wurde. Man gab aber damals für die große Mehrheit der Bevölkerung nur ein einziges Mal in der Woche eine Vorstellung, am Sonntagnachmittag. Trotzig verlangten die tschechischen Führer ein eigenes tschechisches Theater; sie kümmerten sich vorläufig nicht um die Schwierigkeiten: wo ein eigenes Repertoire hernehmen und

37. *Das Nationaltheater.*

wie das Haus täglich füllen. Die Sonntagnachmittagsvorstellungen brachten fast nur Übersetzungen, von Shakespeare, Schiller und den Franzosen. Das Nationaltheater hätte nationale Opern und nationale Dramen spielen müssen. Nun besaßen die Tschechen allerdings an ihrem Smetana einen bedeutenden Musiker, der ja auch – spät genug – seinen Weg auf die deutsche Opernbühne gefunden hat. [...] Smetana hatte willig deutsche Bildung – natürlich nicht nur die musikalische – aufgenommen und redete ein tadelloses weiches Deutsch. Er hatte, als ich ihn kennenlernte, die schöne und reizvolle Oper »Die verkaufte Braut« schon geschrieben; er war 50 Jahre alt und teilte mit Beethoven das tragische Musikerschicksal: Taubheit!

Wurde nun das künftige Repertoire des tschechischen Nationaltheaters von den deutschen Journalisten lieblos kritisiert, so wurden gar über das künftige Publikum unanständige und gemeine Witze gerissen. Für die tschechische »Hautevolée« wäre allwöchentlich eine Sonntagnachmittagsvorstellung gerade genug; auch das Nationaltheater würde immer nur am Sonntagnachmittag besucht werden. Ich erinnere mich noch genau eines frech herausfordernden Gedichts, welches den pöbelhaften Trumpf enthielt: »Schuster, Schneider, Handwerksleut haben nur am Sonntag Zeit.«

Der Aufruf zu dem tschechischen Nationaltheater fragte nicht nach dem Publikum und dem Repertoire der Zukunft; er wandte sich an die nationale Leidenschaft, und diese war gerade im Kampfe um das Theater heftig aufgeflackert; man darf wohl sagen, daß die gesellschaftliche Trennung zwischen Deutschen und Tschechen durch den Theaterstreit festgelegt worden ist und daß bei diesem Streite die Deutschen im Unrecht waren. Dieses Unrecht schürte die Begeisterung, und der Aufruf hatte einen gewaltigen Erfolg. Eine Kreuzersammlung schaffte die nötigen Millionen. Das Nationaltheater (damals handelte es sich wohl erst um den vorläufigen, den Interimsbau) steht schon lange da, und ich kann unbefangen zugestehen, daß es ein schöner Bau geworden ist. Ich saß aber noch in der Septima (Unterprima), als der

Grundstein gelegt werden sollte. Eines Tages suchte uns eine Abordnung aus der Oktava (Oberprima) in einer Schulpause auf, um uns zur gemeinsamen Abwehr einer unerhörten Freveltat anzufeuern. Der Direktor unseres Kleinseitner Gymnasiums hatte den tschechischen Schülern der deutschen Anstalt die Erlaubnis gegeben, das deutsche Gymnasium bei dem Feste der Grundsteinlegung »korporativ« zu vertreten. Wir nahmen die kleine Sache sehr feierlich und ließen uns zu einem künstlichen Berserkerzorn aufstacheln. Wir Helden aus den beiden obersten Klassen stürzten zu dem feurigen Mathematiklehrer, dessen Wesensart ich schon geschildert habe. Dieser hielt uns eine Wahlrede über den Hochmut der Tschechen und gab uns schließlich den recht unvernünftigen Rat, zum Direktor zu gehen und dort gegen die gegebene Erlaubnis zu protestieren. Das gefiel uns sehr gut. Wir zogen mit großen Schritten zum Direktor und protestierten; wir waren die Längsten der beiden Klassen, zwei Septimaner und zwei Oktavaner. Unser Führer und Sprecher war der begabte, leider früh und schrecklich dem Tode verfallene Eduard Popper. Ich kann nicht sagen, welchen Ausgang die dumme Geschichte an einem preußischen Gymnasium genommen hätte. Wir aber trugen den Sieg davon. Der Direktor war erst verblüfft, dann grob, aber am selbigen Tage noch nahm er seine Erlaubnis zurück; das heißt: die tschechischen Schüler des deutschen Gymnasiums durften bei der Grundsteinlegung dabei sein, als eine besondere Gruppe, als die tschechischen Schüler des deutschen Gymnasiums, aber beileibe nicht »korporativ«.

38. *Bedřich Smetana.*

Bedřich Smetana:
Sehnsucht nach Prag

An die Eltern

Göteborg, 23. Dezember 1856

... Sicher wissen Sie schon, daß ich zur Zeit im Schwedenland in der Stadt Göteborg weile, und vielleicht auch, daß ich daran gehe, hier meinen weiteren Wohnsitz einzurichten. Warum ich dies tue und warum ich diese Reise unternahm, ist Ihnen sicher auch schon bekannt. Prag wollte mich nicht anerkennen und so ging ich denn. Es ist ein altbekanntes Lied, daß das Vaterland seine Kinder nicht anerkennen will, und daß ein Künstler gezwungen ist, sich im Ausland einen Namen zu machen und sein Brot zu verdienen. Auch mich hat dieses Los getroffen.

Ich sehne mich nach meiner Heimat und am meisten nach meiner Frau und meinen Kindern. Aber zunächst läßt sich nichts machen. Über den Winter muß ich hier allein bleiben, im Sommer wird sich vielleicht die Gelegenheit ergeben, zurückzukehren...

An seine Frau Bettina

Leipzig, 31. Oktober 1861

... Könnte ich nur immer in Böhmen und bei Dir, meine Einzige, bleiben. Dieses Ausland, ob nun Deutschland oder Schweden oder Holland etc., ist mir sehr zuwider, ohne es beleidigen zu wollen; aber bei uns ist nun einmal bei uns und für meine Person am besten. Wenn ich in Prag eine mir geeignete Stelle hätte – nur nicht Klavierunterricht –, ich bliebe daheim und ließe alle Hofstellen der übrigen Welt gerade sein, ohne mich darum zu kümmern...

Januar 1862

... Es war sonntags, daß mein Konzert vom Stapel lief, in den großen Räumen des Sofieninselsaals. Hu! wie war es so leer und so kalt. Draußen fiel der Schnee in reicher Menge und verwischte bald die Spur der wenigen Leutchen, die, weil sie Freikarten bekamen, dennoch mein Konzert besuchten, so daß kaum nach Beginn desselben kein Mensch ihre Fußstapfen im Schnee aufgefunden hätte. Ja, ja, zu Hause ist man kein Prophet. Ich habe doch gedacht, daß man wenigstens aus Neugierde wird den Landsmann hören wollen, der nach 6 Jahren wieder einmal seine Vaterstadt besucht! Nichts von alledem!

Otokar Šourek:
Dvořák und die Oper

Nun aber waren seit den Anfängen der tschechischen Wiedergeburt zu Beginn des 19. Jahrhunderts Bühne und Theater einer der unmittelbarsten Brennpunkte des nationalen Kulturlebens – zuerst das Schauspiel, dann auch die Oper. Und gerade auf dem Gebiete des Opernschaffens ging zu Dvořáks Zeit in Böhmen vieles vor, was ihn anregen konnte und mußte und was für eine wahrhaft schöpferische Musikerpersönlichkeit nicht ohne Folgen bleiben konnte.

Dies gilt gleich von den sechziger Jahren des 19. Jahrhunderts, von dem Zeitabschnitt, in welchen Dvořáks künstlerische Anfänge fallen. Das freudige Sprießen im tschechischen Nationalleben hatte seinen gewaltigen Widerhall auch im Kunstleben des Zeitalters und fand seinen weitesten und fruchtbarsten Nährboden in den Bereichen von Bühne und Theater, in der zauberkräftigen Atmosphäre der dramatischen Kunst. Die tschechische Oper, tschechisch nicht nur dem Worte, sondern auch dem Geist und Ausdruck nach, wurde damals geboren und hatte die ersten Stadien ihres Werdens und vielverheißenden Aufblühens.

Unter diesen Männern war auch Bedřich *Smetana*, der gleich mit seinen in rascher Aufeinanderfolge (1866–1868) auf der Bühne des Tschechischen Theaters in Prag zum Leben erwachenden ersten Opern »Die Brandenburger in Böhmen« (Braniboři v Čechách), »Die Verkaufte Braut« (Prodaná nevěsta) und »Dalibor« das Niveau des heimatlichen Opernschaffens auf eine außerordentliche Höhe brachte und mit diesen Opernschöpfungen alle Herzen und Gemüter im Lande zu beglückter Begeisterung hinriß. Und schon gingen Gerüchte über weitere Schöpfungen von seiner Hand und auch der Hand anderer tschechischer Komponisten um. – Dieses erste taufrische Aufblühen der tschechischen Oper lebte Dvořák Schritt für Schritt als Augen- und Ohrenzeuge mit –, um so mehr, als er ja den beträchtlichen Zeitraum von zehn Jahren hindurch als Bratschist des tschechischen Theaterorchesters unmittelbar mitwirkend an all dem teilnahm. Wie hätte er bei seiner Veranlagung und bei der Stärke seiner innigen Vaterlandsliebe gleichgültig bleiben können für die nationale Bedeutung der tschechischen Oper, wie hätte er als ein Künstler, dessen Seele von einer so weißglühenden Sehnsucht nach Taten erfüllt war, sich dem Zauberbann dieser Kunstgattung entziehen können!

Außerdem aber: auf der Bühne des deutschen Ständetheaters in Prag tauchten damals schon ziemlich häufig Richard Wagners Opern auf; auch sie nahmen, wie sich von selbst versteht, das brennende Interesse der Prager Musiköffentlichkeit in Anspruch, erregten die Gemüter, riefen Bewunderung und Widerspruch und dann wieder leidenschaftliche Auseinandersetzungen und Kämpfe hervor. Wie wir bereits erwähnt haben, verfolgte Dvořák mit einem ungemein lebhaften Interesse auch die Aufführungen von Bühnenwerken des großen deutschen Meisters der neuzeitlichen dramatischen Musik, war von ihrer neuen, kühnen Erscheinung begeistert und befruchtete und schürte auch mit ihnen seine Schöpfersehnsucht, die sich, angestaut, endlich in einem Opernwerk entladen mußte.

Kaum aber war der Anfang getan, war Dvořák schon ein für allemal im Banne dieser Kunstgattung und kam von ihr nicht mehr los. Nicht etwa in dem Sinne, daß er sich fortan lediglich dem Opernschaffen gewidmet hätte; wohl aber kehrte er zu dieser Kunstgattung mit bewunderungswürdiger Ausdauer sein ganzes Leben lang immer wieder zurück. Er tat dies in Zeitabständen, die im ganzen regelmäßig und von ziemlich kurzer Dauer waren, immer wieder verlockt vom Phänomen und Problem der Oper, immer wieder mit leidenschaftlicher Tatkraft sich mit ihm auseinandersetzend, mochte es auch manchmal den Anschein haben, als sei sein Bemühen zum Scheitern verurteilt, und mochte er dicht neben glanzvollen Erfolgen auf dem Konzertpodium auch herbe Mißerfolge auf dem Theater ernten.

Ein solches heißes Bemühen war übrigens nicht im geringsten verwunderlich. Die erste Begeisterung, mit der die Morgenröte des tschechischen Theaters und der tschechischen Oper aufgenommen worden war, wurde bald von der freudig erregten Erwartung abgelöst, mit der das gesamte tschechische Volk der nahenden Fertigstellung und Eröffnung seines großen Nationaltheaters entgegenharrte. Was für eine wieder ganz neue, schöne und ehrenvolle Aufgabe für die tschechischen Künstler, wenn sie mit dem Bewußtsein schaffen konnten, daß ihre Werke in den Räumen dieser neuen, der nationalen Kunst geweihten Kunstanstalt zur Aufführung gelangen würden, mit einem erweiterten Gesangs- und Orchesterensemble und in vollkommenerer, reicherer Ausstattung als bisher, und wenn sie ihren schöpferischen Träumen auch eine größere und kühnere Spannweite geben konnten! Diese fiebernde Erregung trieb sie schon geraume Zeit vor Eröffnung des Nationaltheaters an – man denke an Smetanas Festoper, das repräsentative nationale Weihefestspiel »Libussa« (Libuše) von 1871–1872! –, und dieser Zustand einer hochgemuten Erregung hielt auch dann an, als das neue Gebäude bereits seine Pforten geöffnet hatte (1883).

Unter den schaffenden Tonkünstlern konnte auch Dvořák nicht fehlen, der sich zuvor bereits mehrere Male auf dem Gebie-

39. *Antonín Dvořák.*

te der Oper versucht hatte und inzwischen in die ersten Reihen der tschechischen Musikschöpfer aufgerückt war.

Jan Neruda:
Der Turmwächter von St. Veit

Er war ein Deutscher, nur Deutsche kriegten damals die höheren Posten – und zu uns, seinen jugendlichen Verehrern, war er auch nicht gerade sehr freundlich; aber wir kannten ihn von allen Turmwächtern am besten. Wir wußten, wann er alle Tage Holz und Wasser am Seil hochzog, wann er selbst mit dem Korb überm Arm in die Stadt ging, um Lebensmittel einzuholen, wann er gegen Abend in der »Vikárka« zwei Maß trank und dann noch drei Seidel in der Flasche für sich und seine Frau mit nach Hause nahm. Und wir kannten auch seine ganze Wohnung gut. Der St.-Veits-Turm war der einzige der Türme, der dem Prager Publikum zugänglich war, und namentlich ich nutzte dieses Recht manchmal bis zum Überfluß aus – war mir dort oben doch so wohl, so frei.

Im Winter war die Turmtreppe allerdings gesperrt, und wir durften bloß bis zur Mitte des Turms, in den Glockenstuhl, aber im Sommer, an sommerlichen Sonn- und Feiertagen, stand uns auch die obere Stiege offen. Kaum war also der sonntägliche Schulgottesdienst zu Ende, flog ich schon zum Turm. Auf der steilen Wendeltreppe war es düster wie in einem Sack; nur hier und dort ein kleines Fensterchen, das etwas Licht hereinließ – manchmal blieben wir dann stehen, wenn wir jemand von oben kommen hörten, um ihm den Weg freizugeben.

In einigen Minuten war ich im Glockenturm; nur eine kurze Rast, nur genug, um den »Siegmund« ein bißchen zu streicheln, den Riesen, und den »Josef«, seinen Nachbarn, ein wenig am Seil zu zupfen, und dann wieder im Sturm weiter und höher. Die Knie zitterten schon, das Herz in der Brust schlug fast bis zum Hals, aber je höher, desto flugser stieg ich, bis plötzlich das Licht zunahm und ich durch die offene Tür so hastig auf die Galerie hinaustrat, daß der Turmwächter darob erschrak und fluchte. Den obligaten Kreuzer hielt ich aber schon von unten an zwischen den Fingern und gab ihn nun schnell dem Turmwächter, damit er still sein möge! Ich zitterte am ganzen Körper, die Wangen glühten, der Atem drohte mir auszugehen, aber nun – welch eine Pracht!

Ach, Prag – die herrliche Stadt, die ich ihrer Schönheit wegen liebte, wenn ich mir auch der Ursache des Gefühls noch nicht recht bewußt war – dies Prag hier zu meinen Füßen.

Sonnenglanz auf allem, daneben bläuliche Schatten. Die Moldau glitzerte wie Silber; Wald und Heide glichen Smaragden und Saphiren – ich betrachtete die Teile dieses Bilds nicht einmal richtig, suchte keine Einzelheiten darin zu entdecken, gern hätte ich alles, alles auf einmal durch einen einzigen langen Blick in mich eingesogen!

Und wenn ich mich vom ersten Eindruck erholt hatte, umkreiste ich die Galerie und nahm die nähere Umgebung in Augenschein. Ich sah durch das eingelassene Fernrohr, das auf den Vyšehrad eingestellt war. Guckte durchs Fenster, wie die Frau Turmwächter, eine schöne Frau, gerade das Mittagessen kochte, stand vor der dunkelroten, schmutzigen Fahne in der Ecke, mit der der Turmwächter die Richtung der Brände anzuzeigen pflegte. Und eine Viertelstunde nach der anderen verrann, bis nun doch der Augenblick gekommen war, da es galt, Abschied zu nehmen. Manchmal hatte ich wenig, manchmal mehr Zeit, aber soviel erlaubte ich mir doch immer, daß ich hier wenigstens einmal das Schlagen der Uhr hörte. Plötzlich erbebte der Turm. Und nach einer Weile wieder. Und dann dröhnte der Hammer, fiel ehern auf den Klöppel. Ein Schlag ließ den Turm erzittern – ein zweiter und dritter, der Turm erbebte bis zu den Grundfesten – und mir blubberte das Herz im Leibe; vor Behagen und Glück!

Der St.-Veits-Turm war für mich die größte Sehenswürdigkeit Prags. Ich hielt jeden dazu an, ihn zu lieben, führte in seine Krone, wer immer sich führen ließ.   *um 1885*

40. *Der große Turm mit der St.-Georg-Statue.*

Wilhelm Raabe:
Die Stadt der Märtyrer, der Musikanten und der schönen Mädchen

O Prag, du tolle, du feierliche Stadt, du Stadt der Märtyrer, der Musikanten und der schönen Mädchen, o Prag, welch ein Stück meiner freien Seele hast du mir genommen!

Sie sagen, wenn die tschechische Mutter ihr Kind geboren habe, so lege sie es auf das Dach: halte es sich fest, so werde es ein Dieb, rolle es herunter, so werde es ein Musikant. Wäre dieses Wort einem deutschen Kopfe entsprungen, so würde es viel böhmisches Gebrumm darum geben, da es aber ein panslavistisches Diktum ist, so muß man es nehmen, wie es sich gibt. Und nun gab es in der alten wundervollen Stadt Prag, als ich dort die Medizin studierte, solch ein Kind – es war freilich von einer böhmisch-jüdischen Mutter geboren –, welches nicht von dem Dache gerollt war, sondern sich recht fest gehalten hatte, welches also von Rechts wegen stehlen durfte und mußte. Mein Herz nahm es mir, und doch liebte ich es nicht, und eine traurige Geschiche ward daraus.

Damals war es fast noch schwerer als heute, den berühmten Kirchhof der Juden zu finden, wenn man fremd in der Stadt war.

Man tat und tut am besten, nach dem Wege zu fragen und sich führen zu lassen, und so fragte auch ich am Tage nach meiner Ankunft, nachdem ich, vom großen Ring kommend, aus der Geiststraße mich in das namenlose Gewirr von Gassen und Gäßlein verloren hatte, welches um den »guten Ort« liegt.

Da es mein Grundsatz ist, mich bei Verlegenheiten in fremder Umgebung an das angenehmste Gesicht zu wenden, so sah ich mich auch jetzt nach demselben um, geriet aber aus einer Verlegenheit in die andere: das Volk, welches mir begegnete, war durchgängig häßlich wie die Nacht. Hätte ich mich an die abschreckendste Physiognomie wenden wollen, so würde ich eher zu einem Resultat gelangt sein. Endlich erblickte ich aber, was ich suchte.

Es hing ein alter Frauenanzug vor einer dunklen Haustür, und an dem Türpfosten lehnte träge, doch nicht unzierlich, ein fünfzehnjähriges Mädchen. Sie hielt die Arme und Hände auf dem Rücken verborgen und sah mich an. Ich sah sie wieder an und beschloß, meine Frage vorzubringen. Ein Gesicht aus den vornehmen Ständen hatte ich freilich nicht vor mir, und ehe mir Antwort ward, kam eine kleine braune Hand hinter dem Rücken des Kindes hervor, fuhr mir geöffnet mit unverkennbarem Verlangen entgegen, und ich konnte nicht umhin – sechs Kreuzer hineinzulegen.

»Nach unserm alten Kirchhof? Nun, ich will hinbringen den Herrn.«

Herab von den drei schmutzigen Stufen sprang die schmächtige Gestalt, glitt mir voran, ohne sich umzusehen, und führte mich kreuz und quer durch die abscheulichsten Winkel, Gassen und Durchgänge, wo mir von allen Seiten mehr oder weniger vorteilhafte Handelsanträge in betreff meines schwarzen altdeutschen Sammetrockes gemacht wurden. Ich hielt mich nicht damit auf, diese Anerbietungen abzulehnen, sondern achtete nur auf das zierliche Irrlicht, welches mich durch diese seltsamen Regionen leitete und endlich neckisch schadenfroh mich verleitete.

Wir kamen in eine enge Sackgasse, dann rechts ab zwischen zwei hohen Steinmauern, an deren Ende eine unheimliche Rundbogentür in einen unheimlichen dunkeln Gang führte. An dieser Pforte stand meine leichtfüßige Führerin still, wies in die Finsternis hinein und sagte unübertrefflich treuherzig:

»Klopfen Sie dort an.«

Obgleich ich eigentlich durchaus nicht wußte, wo ich anklopfen sollte, so tappte ich doch auf gut Glück den Gang entlang, bis ich gegen eine andere schwarze, feuchte Tür stolperte. Ich klopfte und vernahm drinnen ein Ächzen, Stöhnen und dann ein Schlürfen. Dann öffnete sich die Pforte, und ich stand entsetzt vor einer unappetitlichen alten Hexe, welche mich auf tschechisch ankreischte. Drei andere ähnliche Zauberschwestern krochen an Krücken langsam herzu und schnarrten mir ebenfalls Unverständliches entgegen. Höchst verblüfft sah ich mich in dem halbdunkeln, weiten, niedern Raume um. Sechs Betten standen darin, und aus zwei derselben richteten sich zwei entsetzliche Gespenster auf und starrten mich an wie die unglückseligen Geschöpfe, welchen Gulliver auf seinen Reisen begegnete, diese Wesen, welche mit einem schwarzen Fleck vor der Stirn geboren werden und nicht sterben können. Ich hatte die Frechheit, meine Frage nach dem Judenkirchhof zu wiederholen, obgleich mir eine Ahnung sagte, daß ich an der Nase geführt und daß diese Frage an diesem Orte sehr unstatthaft sei. Und richtig – im nächsten Augenblicke befand ich mich wieder in dem vorhin geschilderten dunkeln Gange, froh, mit gesunden, unausgekratzten Augen davongekommen zu sein. Drinnen erschallte ein höllisches Gezeter: der Schalk, mein Irrlicht, mein allerliebstes Judenkind hatte mich für meine sechs Kreuzer in ein Spital für sechs christliche alte Weiber geführt, statt zu dem ehrwürdigen Israeliten, welcher den Schlüssel zu dem Beth-Chaim in Verwahrsam hat.

Ein helles Gelächter erweckte mich aus meiner ärgerlichen Erstarrung; draußen in der Winkelgasse schien die Sonne, und im Sonnenschein am Ende des dunkeln Ganges tanzte auch eine Hexe; aber diese Hexe war jung und reizend und

»'s isch ke liebliger G'schöpf aß so ne Hexli, wo jung isch.«

In dem Sonnenschein tanzte sie und drehte mir eine lange Nase, und ich drohte ihr mit der Faust: »Wart, Hexe, Verführerin, kleine Prager Teufelin!«

Sie aber deutete mit dem Finger auf den Mund und rief mir spöttisch zu:

»Strč prst skrz krk!«

welche melodischen, durch Vokalreichtum sich auszeichnenden Worte im rauhen Deutsch ungefähr bedeuten: »Stecke den Finger durch den Hals.« Dann verschwand der Kobold, und ich mochte nach Belieben über den tiefen Sinn dieser Worte nachsinnen, tat es aber nicht und fragte nach solcher üblen Erfahrung niemand mehr um den Weg nach dem Judenkirchhof, sondern fing an, ihn mit germanischer Ausdauer selbst zu suchen. Meinen eigenen Sternen vertraute ich, und sie ließen mich auch nicht im Stich und führten mich endlich durch das schmutzigste Labyrinth, welches die menschliche Phantasie sich vorstellen kann, zu der Pforte, welche in das schauerliche, oft beschriebene Reich des tausendjährigen Staubes führt.

Ich sah die unzähligen aneinandergeschichteten Steintafeln und die uralten Holunder, welche ihre knorrigen Äste drumschlingen und drüberbreiten. Ich wandelte in den engen Gängen und sah die Krüge von Levi, die Hände Aarons und die Trauben Israels. Zum Zeichen meiner Achtung legte ich, wie die andern, ein Steinchen auf das Grab des Hohen Rabbi Jehuda Löw bar Bezalel. Dann saß ich nieder auf einem schwarzen Steine aus dem vierzehnten Jahrhundert, und der Schauer des Ortes kam in vollstem Maße über mich.

Seit tausend Jahren hatten sie hier die Toten des Volkes Gottes zusammengedrängt, wie sie die Lebenden eingeschlossen hatten in die engen Mauern des Ghetto. Die Sonne schien wohl, und es war Frühling, und von Zeit zu Zeit bewegte ein frischer Windhauch die Holunderzweige und -blüten, daß sie leise über den Gräbern rauschten und die Luft mit süßem Duft füllten; aber das Atmen wurde mir doch immer schwerer, und sie nennen diesen Ort Beth-Chaim, das *Haus des Lebens?!*

Aus dem schwarzen, feuchten, modrigen Boden, der so viele arggeplagte, mißhandelte, verachtete, angstgeschlagene Generationen lebendiger Wesen verschlungen hatte, in welchem Leben auf Leben versunken war wie in einem grundlosen, gefräßigen Sumpf –, aus diesem Boden stieg ein Hauch der Verwesung auf, erstickender als von einer unbeerdigten Walstatt, gespenstisch genug, um allen Sonnenglanz und allen Frühlingshauch und allen Blütenduft zunichte zu machen. *1894*

41. *Stiegen in die Nerudagasse.*

Rainer Maria Rilke:
Im Dome

Wie von Steinen rings, von Erzen
weit der Wände Wölbung funkelt,
eine Heilge, braungedunkelt,
dämmert hinter trüben Kerzen.

Von der Decke, rundgemauert,
schwebt ob eines Engels Kopfe
hell ein weißer Silbertropfe,
drin ein ewig Lichtlein kauert.

Und im Eck, wo Goldgeglaste
niederhangt in staubgen Klumpen
steht in Schmutz gehüllt und Lumpen
still ein Kind der Bettlerkaste.

Von dem ganzen Glanze floß ihm
in die Brust kein Fünkchen Segen ...
Zitternd, matt, streckts mir entgegen
seine Hand mit leisem: »Prosim!«

Detlev von Liliencron:
Praha, na zdar!

In Prag bin ich entschieden mal geboren,
Vielleicht vor tausend Jahren, wer kann's wissen,
So ist mein Herz der alten Stadt verschworen;
Dort möcht ich immer meine Fahnen hissen.
Palerm und Ripen gehn mir nicht verloren,
Die waren auch von je mir Leckerbissen.

In Prag aß ich auch mal im Blauen Stern
Mit Oskar Wiener, einem Dichterherrn.

Du mußt es sehn, wenn sich der volle Mond
In seinen Gassen, Gäßchen eingefangen,
Wenn im Barock er auf den Kirchen thront,
Wenn seine Lichter den Hradschin umprangen,
Den silbernen Sarg Sankts Nepomuks umfangen,
Wenn er in Waldsteins großer Halle wohnt.
Viel hundert Sagen singen und Geschichten,
Ganz Praha ist ein Goldnetz von Gedichten.

Vorm Rathaus fand ich einen See von Blut:
Dreihunderteinundfünfzig Edelleute
Mit jedem ersten Sohn von ihrer Brut
Verstummten hier, dem Rachebeil zur Beute.
Versickert längst, versunken ist die Flut,
Doch sah mein geistig Auge sie noch heute.
Der Winterkönig floh, futsch, futsch, futsch, floh,
Bis er im Haag beim Brettspiel saß heilfroh.

Ich sah ein Kirchlein auch: »Marie im Schnee«
(Die Heilige Jungfrau, nordisch, tiefverschneit):
In einen Prozessionszug fällt, o weh,
Ein Stein. Tumult. Ade Besonnenheit.
Bautz: Martinez und Slavata. Herrje!
Der dreißigjährige Krieg steht schlachtbereit.
Ein Steinwurf nur, ein einziger Steinwurf nur.
Praha, na zdar! Dir gilt mein Liebesschwur.

20. JAHRHUNDERT

Hugo Salus:
Altstädter Ring

Es gibt wenige Plätze auf Erden, die sich an Schönheit mit dem Altstädter Ring in Prag messen können, herrliche Paläste umrahmen ihn, seltsame Häuser, denen man die Freude der Erbauer an ihrer Phantasie anmerkt, schauen auf sein Pflaster nieder, das alte Rathaus beherrscht eine Seite mit seiner ernst-heiteren Loggia und dem zierlichen Türmchen, das die wunderbare astronomische Uhr beherbergt, und die grandiose Teinkirche mit ihren beiden ragenden Türmen, die ernst gen Himmel weisen, schaut über die giebeligen, mit Laubengängen versehenen Häuser der anderen Seite stolz auf den Platz herab, auf dem sich viel große und inhaltreiche Historia abgespielt und dessen Boden edles und unedles Menschenblut getrunken hat. Sie schaut gleichmütig auf den Ring hernieder und wundert sich über die winzigen Menschlein, die über den Platz wimmeln, sie kann immer noch ihre Hast und irdische Geschäftigkeit nicht begreifen und streckt wie zwei warnende Finger ihre Türme bedeutungsvoll gegen den Himmel.

Aber die Menschen achten der Türme kaum; denn da sie immer gleichmäßig in steinerner Ruhe in ihrer Stellung verharren, machen sie längst keinen Eindruck mehr auf der Menschen Gemüt, da diesen nur das wunderbar erscheint, was von der Gleichmäßigkeit abweicht, was anders ist, als ihre trägen Vorstellungen.

Guillaume Apollinaire:
Der Wanderer von Prag

Im März 1902 war ich in Prag. Ich kam aus Dresden. Von Bodenbach, der österreichischen Zollgrenze an, zeigte mir das Benehmen der Bahnbeamten, daß die deutsche Schroffheit im Reich der Habsburger nicht existiert.

Als ich mich am Bahnhof nach der Aufbewahrung erkundigte, um meinen Koffer zu deponieren, nahm ihn mir der Beamte ab; dann zog er aus der Tasche einen schon oft benützten schmierigen Schein, zerriß ihn in zwei Teile und gab mir eine Hälfte mit der Bemerkung, sie gut aufzubewahren. Er versicherte mir, es ebenso zu machen, und daß beide Teile des Scheins mich als Eigentümer des Gepäcks ausweisen würden, sobald ich wieder in seinen Besitz gelangen wollte. Er grüßte mich, indem er sein nicht gerade reizvolles österreichisches Käppi abnahm.

Nachdem ich am Ausgang des Franz-Josef-Bahnhofs die Herumlungerer verscheucht hatte, die sich mit italienischer Unterwürfigkeit und unverständlichem Deutsch angeboten hatten, wandte ich mich den alten Straßen zu, um ein Logis zu finden, das der Börse eines wenig bemittelten Reisenden entspricht. Einer etwas unpassenden, aber sehr bequemen Gewohnheit folgend, wenn man eine Stadt nicht kennt, wandte ich mich an einige Passanten um Auskunft.

Zu meinem Erstaunen verstanden die ersten fünf kein Wort Deutsch, sondern nur Tschechisch. Der sechste, an den ich mich wandte, hörte mich an, lächelte und antwortete französisch: »Sprechen Sie französisch, Monsieur, wir verabscheuen die Deutschen mehr als es die Franzosen tun. Wir hassen sie, diese Menschen, die uns ihre Sprache aufzwingen wollen, die unsere Industrie und unsere Bodenschätze ausbeuten wollen, deren Ergiebigkeit alles hervorbringt, Wein, Kohle, Edelsteine und Metalle, alles außer Salz. In Prag spricht man nur Tschechisch. Aber wenn Sie Französisch sprechen, werden diejenigen, die Ihnen antworten können, das mit Freude tun.« Er nannte mir ein Hotel in einer Straße, deren Namen man der Orthographie nach Porjitz ausspricht, und verabschiedete sich, mich seiner Sympathie für Frankreich versichernd.

Wenige Tage zuvor hatte Paris den hundertsten Geburtstag Victor Hugos gefeiert. Ich konnte annehmen, daß die böhmischen Sympathien, die sich bei dieser Gelegenheit kundtaten, keineswegs leere waren. Auf den Mauern kündigten schöne Plakate die Übersetzungen der Romane Victor Hugos ins Tschechische an. Die Schaufenster der Buchhandlungen schienen wahre bibliographische Museen des Dichters. An die Scheiben waren Ausschnitte Pariser Zeitungen geklebt, die von dem Besuch des Bürgermeisters von Prag und der Sokoln berichteten. Ich fragte mich noch, welche Rolle die Gymnastik bei dieser Geschichte spielte.

Im Erdgeschoß des Hotels, das man mir genannt hatte, war ein Café – chantant. Im ersten Stock fand ich eine Alte, die mich, nachdem ich den Preis ausgehandelt hatte, in ein enges Zimmer mit zwei Betten führte. Ich erklärte, daß ich allein zu wohnen beabsichtigte. Die Frau lachte und sagte mir, ich solle das machen, was ich für richtig hielte, und daß ich auf jeden Fall unten im Kaffeehaus leicht eine Begleitung finden würde.

Ich hatte die Absicht, solange es noch hell war, spazierenzugehen und anschließend in einem böhmischen Gasthaus zu essen. Meiner Gewohnheit nach fragte ich einen Passanten. Es ergab sich, daß dieser meinen Akzent erkannte und mir französisch entgegnete: »Ich bin zwar wie Sie, fremd, kenne aber Prag und seine Schönheiten so gut, daß ich Sie einlade, mich durch die Stadt zu begleiten.«

Ich betrachtete diesen Menschen. Er schien mir um die Sechzig zu sein, aber noch rüstig. Seine Kleidung, soweit zu sehen war, bestand aus einem langen kastanienfarbenen Mantel mit Otterkragen und einer schwarzen Stoffhose, die so eng anlag, daß sich die sehr muskulösen Waden abzeichneten. Er trug einen breiten schwarzen Filzhut, wie ihn oft die deutschen Professoren haben. Über seine Stirn lief ein schwarzes Seidenband. [...]

Wir schwiegen, besichtigten die Kirche und gingen dann, um die Glocke vom Uhrturm des Rathauses schlagen zu hören. Der Tod, am Strang ziehend, läutete mit wackelndem Kopf. Andere Figuren bewegten sich, während der Hahn mit den Flügeln schlug und, an einem offenen Fenster einen gleichgültigen Blick auf die Straße werfend, die zwölf Apostel vorbeizogen. Nachdem wir das trostlose Gefängnis, Schbinska genannt, besichtigt hatten, gingen wir durch das Judenviertel mit den Auslagen voll getragener Kleider, Alteisen und anderer undefinierbarer Dinge. Schlächter zerteilten Kalbfleisch. Gestiefelte Frauen hasteten umher. Juden in Trauer gingen vorüber, an ihren zerrissenen Kleidern erkennbar. Die Kinder drückten sich tschechisch oder im hebräischen Jargon aus. Mit bedecktem Haupt besichtigten wir die alte Synagoge, die Frauen während des Gottesdienstes nie betreten dürfen; durch eine Luke aber können sie zusehen. Diese Synagoge hat das Aussehen eines Grabmales, in dem die alte Pergamentrolle versteckt ruht, eine bewunderswerte Thora. Dann las Laquedem an der Uhr des jüdischen Rathauses ab, daß es drei Uhr war. Diese Uhr trägt hebräische Ziffern, und die Zeiger laufen rückwärts. Auf der Karlsbrücke, die Brücke des heiligen Johann Nepomuk, eines Märtyrers, den man in den Fluß geworfen hat, überschritten wir die Moldau. Von dieser, mit den Statuen Heiliger geschmückten Brücke aus, hat man einen grandiosen Blick auf die Moldau und die ganze Stadt Prag mit ihren Kirchen und Klöstern. Uns gegenüber erhob sich der Hügel des Hradschin. Während wir zwischen den Palästen hinanstiegen, unterhielten wir uns.

Bruno Walter:
Immer mit Prag verbunden

Es rührte mich, in dem berühmtem Prager Theater am Obstmarkt zu dirigieren, wo Mozart selbst 1787 die Uraufführung seines »Don Giovanni« geleitet hatte. Ich pilgerte zur »Bertramka«, dem reizenden Häuschen der Josepha Duschek, wo das unsterbliche Werk entstanden war. Und im Wandern durch die interessanten alten Straßen, vorbei an den Barockfassaden, durch den Pulverturm, hinauf auf den Hradschin, über die Moldaubrücken, begann ich eine innige Zuneigung zu der seltsam großartigen, romantisch-düsteren, charaktervollen Stadt zu fühlen, eine Zuneigung, die sich an meine zahlreichen Besuchen Prags,

42. *Haus der Künstler – Rudolfinum.*

meinen häufigen Konzerten dort immer gesteigert und bis heut erhalten hat. Und immer wird es mich mit Prag verbinden, daß dort Mozart seine größten Erfolge beschieden waren, und daß ihm die Begeisterung des Prager Publikums sein trauriges Leben verschönte.

Nicht lange nach jener Maskenballaufführung wurden Rosé und ich zu einem Sonatenabend in Prag eingeladen, und wir spielten noch in dem schönen Saal des Rudolphinums, der bald statt der Musik den Sitzungen des böhmischen Landtages dienen sollte. Leider besitzt seither die Musikstadt Prag keinen Saal mehr, der ihrer Musikalität, der Bedeutung der Tonkunst für ihr öffentliches Leben entspricht, und doch denke ich mit Dankbarkeit an herrliche Abende mit der tschechischen Philharmonie in der Luzerna und dem Smetanasaal zurück, die im Lauf der Jahre eine dauernde Beziehung zwischen dem musikalischen Prag und mir geknüpft haben. *1902*

Jaroslav Hašek:
Der Amtseifer des Mauteinnehmers
Štepán Brych

Sicherlich ist sich jeder, der schon einmal über eine der Prager Brücken gegangen ist, beim Betreten der Brücke der Bedeutung dieses Augenblickes bewußt gewesen. Die strengen Amtsmienen der uniformierten Männer im Mauthaus und davor, die ernste, würdevolle Gestalt des Polizeiwachtmeisters auf der Fahrbahn und die Tafel, die nüchtern die für Mensch und Tier geltenden Brückengebühren aufzählt – all das hinterläßt den Eindruck eines wichtigen Ereignisses.

Betrachtet man jene Gestalten vor dem Mauthaus, die sich sogar vom verführerischen Lächeln einer Frau nicht beeinflussen lassen, möchte man am liebsten die Hand küssen, die sich einem entgegenstreckt, um den fälligen Kreuzer zu kassieren. Man empfindet Liebe zum Magistrat, schätzt den Amtseifer und die Unbestechlichkeit der Mauteinheber, und wenn man sich vor Augen hält, daß diese Männer mit den Deckelmützen durch alle jene Paragraphen geschützt sind, die sich auf Feststellung und Bestrafung jeder Form von Beamtenbeleidigung beziehen, zieht man ehrerbietig den Hut und legt pflichtschuldigst seinen Kreuzer in die Hand jener unerbittlichen Brutusse der Stadt Prag.

Unter diesen Männern ragte durch besonderen Amtseifer Štěpán Brych hervor, Mauteinheber auf der Kaiser-Franz-Josef-Brücke.

Wie ein Habicht blickte er auf jene Zivilisten, die die Brücke überschreiten wollten.

Er verstand keinen Spaß, und er liebte keine langen Erklärungen.

Befand sich einer von den Zivilisten (die Offiziere brauchtes nämlich keine Brückenmaut zu zahlen), einer von den dämlichen Zivilisten, auch nur um Nasenlänge hinter der ausgestreckten Hand des Štěpán Brych, gab es keinen Pardon, galten keine Ausreden. Entweder bezahlte er seinen Kreuzer, oder er war verloren.

Štěpán Brych brauchte nur zu winken, und der Polizeiwachtmeister vor der Brücke wußte Bescheid. Die Hand auf der Pistolentasche, kam er gemessenen Schrittes herbei, Štěpán Brych zeigte auf die Person, die nicht bereit war, die Brückenmaut zu entrichten, und sagte nur ein Wort: »Mitnehmen!«

Dann faßte der Wachtmeister den Betreffenden am Arm und fragte, ebenfalls kurz angebunden: »Kommen Sie gutwillig mit oder muß ich Gewalt anwenden?«

Gewöhnlich wählte jeder die erste Art, auf die Polizeidirektion zu gelangen.

Dort mußte er sich ausziehen, man durchsuchte ihn, maß ihn ab, fotografierte ihn, dann unterzog man ihn einem Verhör, schließlich führte man ihn in Einzelarrest und stellte einen Tag oder höchstens eine Woche später Ermittlungen an, ob der Festgenommene wirklich dort wohnte, wo er angegeben hatte. Dann wurde er entweder entlassen, oder man brachte ihn, wenn er sich in der Zwischenzeit mit allen diesen gesetzlichen Maßnahmen nicht einverstanden gezeigt hatte, ins Landes-Strafgericht auf dem Karlsplatz, von wo er nach verbüßter Haft per Schub in seine Heimatgemeinde gebracht wurde – was alles eine verhältnismäßig geringe Strafe war in Anbetracht des Verbrechens, das sich der Betreffende gegen die Finanzen der Bauabteilung des Prager Magistrats zu verüben erfrecht hatte.

Das alles ließ den Marat der Prager Brücke, den Mauteinheber Štěpán Brych, völlig kalt.

Eines Tages kam der Herr Rat Pojsl von der Bauabteilung des Magistrats zum Mauthause und sagte zu Herrn Štěpán Brych: »Mein Lieber, lassen Sie mich heute einmal umsonst über die Brücke? Ich muß schnell nach Smíchov und habe mein Geld zu Hause vergessen.«

Wie hätte Štěpán Brych seinen Vorgesetzten nicht kennen sollen? Er hatte ihn sehr gern und schätzte ihn hoch, und diese Liebe

43. *Franz-Josef-Brücke. Rechts das Mauteinnehmerhaus.*

zu seinem Vorgesetzten führte nun in seiner Brust einen erbitterten Kampf mit dem amtlichen Pflichtgefühl.

Der Magistratsrat überschritt die Grenze, die durch die vorgeschobene Hand gekennzeichnet war, und Štěpán Brych zog Herrn Pojsl am Rock. Das Pflichtgefühl hatte gesiegt.

»Kehren Sie sofort um, oder bezahlen Sie einen Kreuzer!« sagte er in trockenem Amtston.

»Fällt mir gar nicht ein!«

Štěpán Brych gab dem Wachtmeister, der wie eine Spinne auf Opfer lauerte, einen Wink und sprach sein gewohntes Wort: »Mitnehmen!«

Als der Wachtmeister nach seiner üblichen Beschwörungsformel: »Kommen Sie gutwillig mit, oder muß ich Gewalt anwenden?« den Herrn Magistratsrat abführte, schimmerte im Auge des Brutus von der Prager Brücke eine Träne, und Štěpán Brych weinte zum ersten Male in seinem Leben.

Vierzehn Tage darauf fand in der Bauabteilung eine kleine, aber ergreifende Feier statt: Der Magistrat verlieh dem Mauteinheber Štěpán Brych die Bronze-Medaille für treue Dienste. Den Antrag hatte der Magistratsrat Pojsl persönlich gestellt, der nach seiner Affäre nicht per Schub ins Büro befördert worden war.

Seit dieser Auszeichnung waltete Štěpán Brych noch strenger seines Amtes.

Es war in der Nacht vom 2. zum 3. Mai des gleichen Jahres. Štěpán Brych stand am Mauthaus gegenüber dem Nationaltheater, als plötzlich ein Mann eilends über die Brücke lief. Der Polizeiwachtmeister war gerade nicht da, denn er brachte eben einen, der nicht zahlen wollte, zur Wache. So lief Štěpán Brych dem Mann selbst nach und rief in einem fort: »Halt, Sie müssen einen Kreuzer zahlen!«

Der Unbekannte tat, als höre er nicht, und rannte weiter. Štěpán Brych ihm nach. Dabei rief er in die Dunkelheit: »Patrouille, haltet ihn fest, er muß einen Kreuzer bezahlen!«

Schon befanden sie sich auf der Kleinseite, flogen förmlich

über den Újezd und den Radetzkyplatz, durcheilten die Waldsteingasse, und so ging es weiter und weiter, am Chotek-Park vorbei, vorneweg der Unbekannte, hinter ihm wutschnaubend Herr Štěpán Brych, der immer wieder schrie: »Mensch, geben Sie endlich den Kreuzer, oder ich erschieße Sie!«

Und weiter ging es: hinauf zum Dejwitzer Tor, auf der Straße nach Podbaba, und als der Mond hinter einer Wolke hervorkam und der Fliehende sich nach seinem Verfolger umblickte, bemerkte er, daß der Mann mit der Dienstmütze Schaum vor dem Munde hatte und schrecklich die Augen verdrehte.

In Todesangst lief der Mann zum Fluß und sprang in die Strömung, um sein Leben zu retten.

Ein zweiter Sprung ins Wasser – Štěpán Brych schwamm dem Ausreißer nach.

In der Mitte des Flusses holte er ihn ein, rief laut: »Bezahlen Sie endlich den Kreuzer!« und umklammerte ihn mit beiden Armen.

Eine Welle riß beide in den Strudel ...

Drei Tage später fischte man bei Klecany zwei Ertrunkene, die einander krampfhaft festhielten, aus der Moldau.

In der Faust des einen Ertrunkenen fand man einen Kreuzer. Es war die Leiche Štěpán Brychs, dem es noch im Todeskampf gelungen war, aus der Tasche des Verfolgten einen Kreuzer herauszuholen.

Seit dieser Zeit spukt es um Mitternacht an der Moldau zwischen Podbaba und Podhoří: Aus der Mitte des Stromes ruft eine Stimme: »Bezahlen Sie den Kreuzer!«

Das ist der Geist Štěpán Brychs, des gewissenhaften Mauteinhebers von der Prager Brücke.

Johannes Urzidil:
Relief der Stadt

Hoch über Prag, im gotischen Dom zu St. Veit, schwebt zwischen den Pfeilern des Presbyteriums ein großes Holzrelief, das die Flucht des Winterkönigs darstellt. Mit Mann und Roß und Wagen hetzt er über die dazumal schon uralte Karlsbrücke davon, den winterlichen Thron und die fragwürdige Krone schnöde dem kaiserlichen Sieger überlassend. Schon als Kind wandte ich dieser Schnitzerei immer meine begierige Aufmerksamkeit zu, nicht etwa wegen des historischen Ereignisses, das da theatralisch gezeigt war, als vielmehr wegen des bewegten Bildes von Burghügel, Häuserwerk, Strom und Brücke, von Dächern, Giebeln, Kuppeln und Türmen. Die weite Stadt, durch deren barocke Gassenvielfalt zwischen den Palästen der großen böhmischen Herren und den mit bunten Hauszeichen gezierten Bürgerhäusern der Knabe emporgeklommen war bis zu Burgplatz und Dom, drängte sich da in maserigem, vom Alter durchbräunten Holz auf schmaler Fläche zusammen. Ich konnte sie als Einheit, gleichsam als wäre sie eine Person, erleben – ganz abgesehen von den dramatischen Fluchtvorgängen auf der Brücke –, ich konnte auch das dazuträumen, was das Relief nicht zeigte. Knabenträume sind schöpferisch. Sie bauten mir die Stadt aus und bauten sie kunstgerecht.

Aufregende Ereignisse wie jene Königsflucht waren in der Geschichte der Stadt nichts Ungewöhnliches. Die Stadt überlebte sie nicht nur, sondern es war, als bedürfe sie ihrer geradezu zum Leben. Die Kaiserstadt Wien galt als gemütlich, aber die Königsund Kaiserstadt Prag war dies gewiß nicht, weder äußerlich noch innerlich, sondern sie war zackig, schroff, kämpferisch und unheimlich. Es mochte wunderbar spannend und wundersam sein, dort zu leben, aber gemütlich war es nicht. Seit die mythische Herzogin Libussa vom Hügel des Wyschehrad über die Moldau hinweg die künftige Glorie Prags geweissagt hatte, war dort Kampf und Streit heimisch gewesen, klotzige Zwietracht zwischen den granitenen Bojaren der tschechischen Frühzeit, wie sie Stifter im »Witiko« gewaltig und homerisch vorführt, hämischer Hader zwischen Tschechen und Deutschen schon seit den Przemyslidenherrschern, pressender Druck gegen die Judengemeinde, die seit dem zehnten Jahrhundert in Prag ihre Heiligtümer betreute, heftiger und blutiger Glaubenszwist zwischen Hussiten und Papisten, Religionswirren und Feudalkriege zwischen den böhmischen Standesherren, Folter und Verfolgung der frommen Böhmischen Brüder sogar durch einen König ihres eigenen Volkes, und ohne Unterlaß, solange das Gedächtnis der einzelnen und der Nationen reichte, Kampf mit dem Kaiser, Kampf mit dem deutschen Landsmann und Nachbarn, wechselseitiges Unrecht, kein Zweifel, und unentwirrbar.

Der Knabe lauschte in die Geschichtsbücher hinein und machte sich seine Gedanken. »Die protestantischen böhmischen Rebellen stürzten die beiden katholischen kaiserlichen Statthalter Grafen Martinitz und Slawata nebst dem Geheimschreiber Fabritius aus dem Schloßfenster in den Burggraben.« So stand es im Lehrbuch der Geschichte. Und ob das »nebst« sich auf den Geheimschreiber bezog oder auf die Grafen, war nicht völlig deutlich. Aber es wollte doch scheinen, daß eher der Geheimschreiber als Nebenerscheinung aufzufassen war. Gleichviel, mit jenem Ereignis begann der Dreißigjährige Krieg oder jedenfalls sein Vorspiel, das unmittelbar zur Katastrophe und kläglichen Flucht jenes kurzfristigen Winterkönigs geführt hatte.

Doch jenes »nebst« beschäftigte den Knaben immer wieder. Es schien zu den unentbehrlichen Hilfswörtern einer bestimmten Art von Geschichts- und Lebensauffassung zu gehören, ebenso wie das Wort »lediglich«. »Bei dem am frühen Morgen erfolgten Einsturz der Karlsbrücke wurde niemand verletzt. Lediglich ein Bäckerjunge, der Semmeln austrug, fiel in den Fluß und ertrank.« So lautete der Zeitungsbericht. Geheimschreiber und Bäckerjungen existierten »nebst«, waren »niemand« und starben »lediglich«. Aber auch abseits der sozialen Syntax hatten seit dem Dreißigjährigen Krieg Haß und Zwietracht weiterhin ihre

44. *Die Flucht des Winterkönigs Friedrich von der Pfalz aus Prag
nach der Schlacht am Weißen Berg im Jahre 1620. Detail des Reliefs
von Kaspar Bechteller aus dem Jahre 1631.*

giftige Nahrung in Land und Hauptstadt gefunden, Tschechen und Deutsche hatten einander gegenseitig malträtiert, beide malträtierten die Juden, und der kaiserliche Adel hielt von allen zusammen nicht sehr viel und wurde andrerseits von den Tschechen auch nicht für sehr viel gehalten und bei aller Unterwürfigkeit – oder eben um dieser willen – reichlich gehaßt. Ausnahmen gab es freilich immer, aber wer sich zu sehr auf sie einläßt, verschiebt die echten Akzente.

Wie also hätte diese Stadt bei so viel Widerstreit nicht auch in ihrer Bauart und ihrem Antlitz zackig, schroff und unheimlich wirken sollen? Allzu verschiedene Temperamente tobten sich da aus. Und wie sehr es auch in allen Gassen nach gutem schweren Bier und Geselchtem roch, überall nebelte doch das Gewölk der Mythen, der Golem hetzte nächtlich um die Altneu-Synagoge, mitten auf dem alten Judenfriedhof hielt der Hohe Rabbi Löw Hof im Kreise seiner dreiunddreißig rund um ihn begrabenen Lieblingsschüler, Tycho Brahes goldene Nase lugte aus der Gruft in der Teynkirche, in der Zaubergasse hinter der Burg munkelten die gespenstischen Alchimistenhäuschen, darinnen die Fauste der rudolfinischen Renaissance Gold und Geister beschworen – auch Kafka beschwor dort seine Geister und Kübelreiter –, Dalibor spielte Geige im Hungerturm oder er spielte mit selbstverfertigten Karten – noch wies der Kastellan ein mit dem Blute des Opernhelden gemaltes Eichelas vor –, der seligen Elektra unversehrter Leib hielt sich gut im Glaskasten der Barfüßerinnen, desgleichen die unversehrte Zunge des Heiligen Nepomuk im Dom, der Heiligen Kümmernis staunenswerter, die Jungfräulichkeit salvierender Vollbart droben im Loretto-Kloster, und drunten, in den Katakomben der Karmeliterinnen, der kaiserliche General des Dreißigjährigen Krieges Don Maradas, von Schiller her bekannt und ausgedörrt wie ein Stockfisch entsprechend dem Grundsatz: »Alte Soldaten sterben nicht, sie verwandeln sich nur in Stockfische.« Mythos, Geschichte und Gegenwart wogten geschäftig durcheinander in dieser Stadt, man konnte sie nie völlig auseinanderhalten, man wußte nie genau, womit man es gerade zu tun hatte, und in der gereizten Atmosphäre konnten sich in jedem Augenblick die gleichgültigsten Gegenstände, Angelegenheiten, ja bloße Wörter in heiligste Güter verwandeln, um derentwillen Tschechen und Deutsche einander die Köpfe einschlugen oder irgendeinem unseligen Juden übel mitgespielt wurde.

Rainer Maria Rilke:
König Bohusch

An den Abenden des frühen Frühlings ist die Luft von feuchter Kühle, die sich leise über alle Farben legt und sie lichter und einander ähnlicher macht. Die hellen Häuser am Quai haben fast alle den blassen Ton des Himmels angenommen, und nur ihre Fenster zucken dann und wann in heißem Leuchten und verlöschen versöhnt in dem Dämmer, sobald erst die Sonne sie nicht mehr aufstört. Dann steht nur noch der Turm von St. Veit in seinem ewigen greisen Grau aufrecht da. »Er ist wirklich ein Wahrzeichen«, sagte Bohusch zu dem schweigsamen Studenten. »Er überdauert jedes Dämmern und ist immer ganz gleich. Ich meine in der Farbe. Nicht?«

Rezek hatte nichts gehört. Er sah hinüber nach dem Kleinseitner Brückenturm, wo man eben die Lichter anzündete.

Bohusch fuhr fort: »Ich kenne mein Mütterchen Prag bis ins Herz – bis ins Herz«, wiederholte er, als wenn jemand seine Behauptung bezweifelt hätte, »denn das ist doch wohl sein Herz, die Kleinseite mit dem Hradschin. Im Herzen ist immer das Heimlichste, und, sehen Sie, es ist soviel Heimliches in diesen alten Häusern. Ich muß es Ihnen sagen, Rezek, denn Sie sind vom Lande und wissen es vielleicht noch nicht. Aber es gibt da alte Kapellen, Jesus, und was da für seltsame Dinge sind. Bilder und Ampeln, und ganze Kästen, Rezek, ich lüg nicht, ganze Kästen voller Gold. Und aus diesen alten Kapellen führen Gänge weit, weit unter der ganzen Stadt durch, vielleicht bis nach Wien.«

Rezek sah den Verwachsenen von der Seite an.

»Bei meiner Seele«, beschwor der und legte die Hand auf die schiefe, gedrungene Brust. »Ich hätts ja auch nicht geglaubt. Nie, mein Leben nicht. Aber ich habs einmal gesehen, nicht in einer Kapelle, aber –«

»Wo?« forschte der Student plötzlich mit so entschiedenem Interesse, daß der Kleine zusammenschrak.

»Sehen Sie«, sagte er, »Sie möchtens nicht glauben. Aber in unserem Keller da ist ganz am Ende eine Vertiefung, so etwa zwei Stufen abwärts, und dann ein Loch in der Mauer, gerade so groß, daß einer durchkrauchen kann – so – natürlich auf allen vieren.« Bohusch lachte sein zerbrochenes Lachen.

»Na und –« drängte Rezek, fügte aber ruhiger hinzu, während er zwischen seinen lebendigen Fingern eine Zigarette formte, »was dann?«

»Ich wäre niemals hineingekrochen. Bewahre. Aber mir fiel mal die Kerze, mit der ich hinuntergestiegen war, brennend zwischen alte Holzscheite. Mein Schrecken! Na, Sie können sich vorstellen, Rezek, eine brennende Kerze in altem, trockenem Holz. Ich finde sie endlich wieder; sie war verlöscht natürlich, aber in lauter Angst grabe ich weiter. Es hätte doch ein Funke irgendwo darunter sein können. Da gleite ich auf einmal mit dem Holz tiefer und sitze vor dem Loch. Schau hinein. Nicht möglich. Noch ein Keller, denke ich. Ich leuchte. Aber es ist nur ein Gang, und der führt weiß Gott wie weit, weiß Gott.« Sie schritten jetzt ganz langsam den Quai abwärts, der steinernen Brücke zu. Rezek tat einen langen Zug aus seiner kleinen, ganz durchfeuchteten Zigarette und sagte, ohne zu Bohusch herabzusehen: »Das ist selbstverständlich längst vermauert, das Loch?«

»Vermauert?« kicherte Bohusch, »vermauert«, und konnte sich kaum fassen vor Heiterkeit. »Wer so was vermauern soll?«

»Nun, Sie habens doch jedenfalls angezeigt?« Der Student sah ärgerlich aus. Seine dunklen Augen lauerten in dem blassen Gesicht, als wollten sie sich auf die Antwort des Kleinen stürzen. Der war eben erst wieder vernünftig: »Sie wissen ja, meine

Mutter —, der hab ichs erzählt. Und sie hat gesagt: ›Ein Loch? Was geht uns das an, Bohusch. Leg das Holz wieder davor, wie es war.‹ Und da hab ich also das Holz davor gelegt, so wie es war. Sie hat ja recht, was geht uns das Loch an.« Der Student nickte zerstreut und sagte dann rasch: »Es ist doch noch kalt im April.« Er schob die eckigen Schultern höher und nahm den schäbigen gelben Sommerüberzieher, den er den ganzen Winter getragen hatte, vorn fest zusammen; »wollen wir da hinüber ins Café? Ein Tschaj wird uns wohltun. Kommen Sie.« Er schob seine Hand unter den Arm des Buckligen und wollte ihn mitziehen. Bohusch sträubte sich: »Aber, was glauben Sie, Rezek; wir waren lange genug im Café.« »Ja so, mit *denen*.« Der Student legte den Ton der Verachtung auf das letzte Wort. »Ich will mit *Ihnen* plaudern, Bohusch; nicht mit diesen großen Herren, mit diesen Künstlern.« »Was reden Sie denn«, staunte Bohusch, »das Volk muß stolz sein auf sie.« Rezek blieb stehen und war ganz blaß: »Wenn diese Menschen lieber stolz sein wollten auf das Volk. Aber glauben Sie mir, sie wissen nichts von einander – das Volk nicht von ihnen und sie nicht vom Volk. Ich bitte Sie, was sind sie denn, sind das Tschechen, ja? Schauen Sie nur irgend einen an. Der Karás schreibt in deutsche Zeitungen über unsere Kunst. Und unsere Kunst, was ist das? Lieder vielleicht, wie sie das ganz junge, gesunde, kaum erwachte Volk singen könnte? Erzählungen von seiner Kraft und von seinem Mut und von seiner Freiheit? Bilder von seiner Heimat? Ja? Keine Spur. Davon wissen ja diese Herren gar nichts. Sie sind ja nicht von heute, wie das Volk, das noch ganz kindisch ist, voller Wünsche und ohne eine einzige Erfüllung. Sie sind ja über Nacht fertig geworden. Überreif. Das ist ja soviel bequemer, als der lange, eigene Weg durch Bedrückung hindurch, wie das Volk ihn gehen muß, das arme! Fast mühelos ist das. Man importiert alles aus Paris: die Kleider und die Gesinnung, die Gedanken und die Inspiration. Man war gestern Kind und ist heute ein junger Greis, ein Übersättigter. Man weiß auf einmal alles. Und man macht danach seine Kunst. Man malt Greuelszenen und Orgien. Man sucht im Weib die Dirne und verherrlicht sie in Romanen; dann verurteilt man in frivolen Liedern diese Dirne und feiert die Mannesliebe in schweren Strophen, und endlich ist man am Ziel: man verherrlicht nicht mehr und verurteilt auch nicht mehr. Man ist dessen müde. Man ist ja so über alles hinaus. Man ist Mystiker. Man ist überhaupt gar nicht mehr hier, in Böhmen, zu Haus; i wo, man hat seine Heimat irgendwo – was weiß ich – an dem Urquell des Lebens. Das ist doch lustig. Nicht? Während das Volk sich rührt und zum erstenmal fühlt, wie jung und gesund es ist und die neue zage Kraft des Anfangs in seinen Adern quillt, schänden die Künstler seine Sprache dadurch, daß sie ihren Frühling für die kranke Kunst eines Endes mißbrauchen.« Der Student hatte sich heiß und heiser gesprochen. Sie standen immer noch an derselben Stelle. Vorübergehende begannen aufmerksam zu werden, und auch ein Schutzmann sandte von Zeit zu Zeit einen mißtrauischen Blick herüber. Bohusch schaute schweigend zu dem Studenten auf, und er schien ihm jetzt ebenso hoch und stolz in die Nacht zu ragen, wie drüben der alte Turm des Doms. – [...]

Und Bohusch wollte gerade beginnen, als der Student neben ihm stehenblieb und über die Moldau hinwies, auf deren hohen dunklen Wogen verlorene Lichter trieben: »Schauen Sie dort den Vyschehrad, die alte Stammburg der Libuscha, und da den Hradschin, und hinter uns die Teynkirche, lauter Heiligtümer. Wenn die Herren zur Vergangenheit flüchten, wie sie immer wieder behaupten, warum nicht zu *dieser* Vergangenheit. Warum erzählen sie uns vom Orient und von den Kreuzzügen und vom schwarzen Mittelalter? Das ist eine künstlerische Frage, sagen sie. Nein, sage ich: Das ist eine Herzensfrage. Das ist nicht Zufall, daß ihnen jene entfernten Dinge ›liegen‹ und das Nahe, Vertraute ihnen nichts zu sagen hat. Sie sind einfach Fremde. Und das Volk pflegt ängstlich seine alte, unbeholfene Tradition, die trotz aller Sorgfalt blasser und blasser wird von Enkel zu Enkel, so daß es kaum mehr weiß von den lebendigen Reichtümern seiner Heimat! Freilich! Es wäre doch auch erniedrigend für diese großen Herren, das Volk vor seine heiligen Erbstücke zu begleiten und ihm in neuen, klaren Worten zu sagen von ihrem alten Wert und ihrer geweihten Würde.«

Bohusch sah starren Auges die Steine des Gangsteiges an und sagte, wie sich zwingend, leise, immer wieder von Hüsteln unterbrochen: »Sie haben recht, Rezek, Sie haben ganz gewiß recht. Ich kann das alles ja nicht so gut verstehen; denn es ist gewiß nicht so ganz einfach, was Sie da sagen. Aber recht haben Sie. Ich hab mir das ja manchmal gedacht. Warum malt man das und nicht das. Warum schreibt man so und nicht so … aber doch, wenn Sie mir gestatten wollen zu bemerken, daß die Dichter nichts vom Hradschin und vom Teyn erzählen, das macht nichts, das macht nichts. Ich meine –, sehen Sie, ich kenne mein Mütterchen Prag bis ins Herz, ja, und mir hat nie ein Dichter davon was gesagt. Man muß nur groß werden mitten unter diesen Kirchen und Palästen. Die brauchen, weiß Gott, keinen, der für sie spricht, die sprechen selbst, mein' ich. Wenn man nur hören mag. Oh, was die für Geschichten wissen. Lieber, ich will Ihnen einmal einige erzählen, ja? Oder noch besser: Sie sollen meine Mutter davon reden hören.«

Franz Kafka:
Im Nationaltheater

Beispiele für die Kräftigung, die ich diesem im ganzen doch geringfügigen Schreiben verdanke:

Montag, den 16., war ich mit Löwy *im Nationaltheater* bei »Dubrovnická trilogie«. Stück und Aufführung waren trostlos. Im Gedächtnis bleibt mir aus dem ersten Akt der schöne Klang einer Kaminuhr; das Singen der Marseillaise einziehender Franzosen vor dem Fenster, immer wieder wird das verhallende Lied von den neu Herankommenden aufgenommen und steigt an; ein schwarzgekleidetes Mädchen zieht ihren Schatten durch den Lichtstreifen, den die untergehende Sonne auf das Parkett legt.

Aus dem zweiten Akt bleibt nur der zarte Hals eines Mädchens, der aus rotbraungekleideten Schultern zwischen Puffärmeln zum kleinen Kopf sich dehnt und spannt. Aus dem dritten Akt der zerdrückte Kaiserrock, die dunkle Phantasieweste mit goldener quergezogener Uhrkette eines alten gebückten Nachkommens der früheren Gospodaren. Viel ist das also nicht. Die Sitze waren teuer, ich hatte als schlechter Wohltäter hier Geld hinausgeworfen, während er in Not war; endlich langweilte er sich noch etwas mehr als ich. Kurz, ich hatte wieder das Unglück bewiesen, das alle Unternehmungen haben, die ich allein anfange. Während ich aber sonst mich mit diesem Unglück untrennbar vereinige, alle früheren Unglücksfälle zu mir herauf-, alle spätern zu mir herunterziehe, war ich jedesmal fast vollständig unabhängig, ertrug alles als etwas Einmaliges ganz leicht und fühlte sogar zum erstenmal im Theater meinen Kopf als einen Zuschauerkopf aus dem gesammelten Dunkel des Fauteuils und Körpers in ein besonderes Licht hochgehoben, unabhängig von der schlechten Veranlassung dieses Stückes und dieser Aufführung.

Ein zweites Beispiel: Gestern abend reichte ich meinen beiden Schwägerinnen in der Mariengasse gleichzeitig beide Hände mit einer Geschicklichkeit, wie wenn es zwei rechte Hände wären und ich eine Doppelperson.

Franz Kafka:
In Alt-Neu-Synagoge

1. Oktober

Alt-Neu-Synagoge gestern. Kol Nidre. Gedämpftes Börsengemurmel. Im Vorraum Büchse mit der Aufschrift: »Milde Gaben im stillen besänftigen den Unwillen.« Kirchenmäßiges Innere. Drei fromme, offenbar östliche Juden. In Socken. Über das Gebetbuch gebeugt, den Gebetmantel über den Kopf gezogen, möglichst klein geworden. Zwei weinen, nur vom Feiertag gerührt? Einer hat vielleicht nur wehe Augen, an die er das noch gefaltete

45. *Altneusynagoge.*

Sacktuch flüchtig legt, um das Gesicht gleich wieder nahe an den Text zu halten. Nicht eigentlich oder hauptsächlich wird das Wort gesungen, aber hinter dem Wort her werden Arabesken gezogen aus dem haardünn weitergesponnenen Wort. Der kleine Junge, der ohne die geringste Vorstellung des Ganzen und ohne Orientierungsmöglichkeit, den Lärm in den Ohren, sich zwischen den gedrängten Leuten hinschiebt und geschoben wird. Der scheinbare Kommis, der sich beim Beten rasch schüttelt, was nur als Versuch einer möglichst starken, wenn auch vielleicht unverständlichen Betonung jedes Wortes zu verstehen ist, wobei die Stimme geschont wird, die überdies in dem Lärm eine klare große Betonung nicht zustande brächte. Die Familie des Bordellbesitzers. In der Pinkassynagoge war ich unvergleichlich stärker vom Judentum hergenommen.   *1911*

Egon Erwin Kisch:
Deutsche und Tschechen

Wer keinen Titel hatte und nicht reich war, gehörte nicht dazu. Das deutsche Prag! Das waren fast ausschließlich Großbürger, Besitzer der Braunkohlengruben, Verwaltungsräte der Montan-Unternehmungen und der Skodaschen Waffenfabrik, Hopfenhändler, die zwischen Saaz und Nordamerika hin- und herfuhren, Zucker-, Textil- und Papierfabriken sowie Bankdirektoren; in ihrem Kreis verkehrten Professoren, höhere Offiziere und Staatsbeamte.

Ein deutsches Proletariat gab es nicht. Die 25 000 Deutschen, nur fünf Prozent der Bewohnerschaft Prags, besaßen zwei prunkvolle Theater, ein riesiges Konzertgebäude, zwei Hochschulen, fünf Gymnasien und vier Oberrealschulen, zwei Tageszeitungen, die morgens und abends erschienen, große Vereinsgebäude und ein reges Gesellschaftsleben.

Mit der halben Million Tschechen der Stadt pflog der Deutsche keinen außergeschäftlichen Verkehr. Niemals zündete er sich mit einem Streichholz des Tschechischen Schulengründungs-Vereins eine Zigarre an, ebensowenig ein Tscheche die seinige mit einem Streichholz aus einem Schächtelchen des Deutschen Schulvereins. Kein Deutscher erschien jemals im tschechischen Bürgerklub, kein Tscheche im Deutschen Casino. Selbst die Instrumentalkonzerte waren einsprachig, einsprachig die Schwimmanstalten, die Parks, die Spielplätze, die meisten Restaurants, Kaffeehäuser und Geschäfte. Korso der Tschechen war die Ferdinandstraße, Korso der Deutschen »der Graben«.

In der Hussitenzeit hatten die Kirchen Prags den Utraquismus durchgesetzt, indem sie das Abendmahl in beiderlei Gestalt verabreichten. Jetzt waren sie nicht einmal in sprachlicher Beziehung utraquistisch, die Deutschen hatten ihre Stammkirchen, die Tschechen die ihren.

Die deutsche und die tschechische Universität, die tschechische und die deutsche Technische Hochschule waren einander so fern, als wäre die eine am Nordpol, die andere am Südpol. Jeder von den hundert Lehrstühlen hatte sein Pendant auf der anderssprachigen Seite, aber es gab kein gemeinsames Gebäude, keine gemeinsame Klinik, kein gemeinsames Laboratorium, keine gemeinsame Sternwarte (die eine hatte die astronomischen Instrumente Tycho de Brahes, die andere die des Johannes Kepler geerbt), keine gemeinsame Fachbibliothek und keine gemeinsame Leichenkammer. Für den Botanischen Garten der einen Universität wurde vom Südsee-Archipel eine Pflanze bestellt, die man im Botanischen Garten der anderen Universität hätte blühen sehen können, wenn dies nicht eine Mauer verhindert hätte.

Was jedem Prager selbstverständlich war und jedem Nichtprager als unglaublich erscheinen muß, um so mehr, wenn man die damalige Rolle des Theaterlebens in Betracht zieht, war dieses: kein tschechischer Bürger besuchte jemals das deutsche Theater und vice versa. Gastierte im tschechischen Nationaltheater die Comédie Française oder das Moskauer Künstlertheater oder ein berühmter Sänger, so nahm die deutsche Presse nicht die gering-

46. *Der Graben, die Hauptstraße Prags. Aufnahme um 1890.*

ste Notiz davon, und die Kritiker, die tagtäglich die Namen Co-
quelin, Stanislawski oder Schaljapin jonglierten, verfielen gar
nicht auf die Idee, einer solchen Vorstellung beizuwohnen. Ande-
rerseits vollzogen sich Gastspiele im deutschen Theater, ob es
nun solche des Wiener Burgtheater-Ensembles, von Adolf von
Sonnenthal oder Enrico Caruso waren, ohne Kenntnisnahme
durch die tschechische Öffentlichkeit.

Max Brod:
Prager Cafés

Helbrecht kannte das alte Prag wie kein zweiter, er spiegelte die
Zeit wieder, in der Werfel, von seinen Freunden gedrängt, im
»Café Arco« plötzlich seine göttlichen Verse deklamierte hatte,
zuerst leise, rücksichtsvoll, dann die Melodie seiner Orgel unbe-
wußt verstärkend, in Schwung kommend, zur Freude der Tafel-
runde, doch zu Empörung und Entsetzen der ahnungslosen Mitbürger an den Nebentischen, die in Ruhe ihre Zeitungen lesen
wollten. »Noch tanzet Bronislawa« brach Werfel los. Und das
andere Gedicht:

>»Träne, klarer Planet! Hier leben wir,
>Leben in Gnade, sind nichts als Lied.«

Werfel, der Student mit dem breiten Schubertkopf, mit der nicht
großen, aber mächtigen untersetzten Gestalt, mit dem zarten
blauen knabenhaften Blick und dem frei hervorbrechenden Lachen –, Werfel wußte alle seine Gedichte auswendig, viele unter
ihnen, die nie gedruckt wurden. Er sprach sie mit drohender
Stimme, die dicken weißen Fäuste geballt, aus schrägem Antlitz,
den Blick in eine ferne Ecke des Raumes sendend, mit einem Male fuhr die dunkle Stimme eine Oktave hinan, noch höher, ein
italienischer Tenor trompete süßes Entzücken in die Welt. Und
die Gäste beschwerten sich beim Oberkellner, der, selber ein stil-

47. *Eingang zum Café »Montmartre«, das 1911 eröffnet wurde.*

ler Verehrer des jungen, noch kaum bekannten Dichters, aber immerhin eines Stammgastes, in einige Verlegenheit geriet.

Helbrecht war mit Werfel auch oft bei »Gogo« gewesen, in dem später als »Trauerhaus« besungenen Freudenhaus, mit dem großen Salon, den schmalen hohen Spiegeln in halbschwärzlichen Goldrahmen zwischen den immer sorgfältig mit Jalousien und roten Samtportieren abgedichteten Fenstern. In den Séparées des Etablissements knallten Champagner-Fontänen. Doch diese Prunkräume, die in Werfels Lyrik als »parfümierte Vestibüle« fortlebten, waren außerhalb studentischer Reichweite, die sich mit dem allgemeinen Salon, seinem Klaviergeplärr und den tanzenden Damen zu begnügen hatte. Hier debattierte man bei Lagen schwarzen Kaffees und bei Melniker Wein über Kierkegaard, Augustinus und die letzte Theaterpremiere, die halbnackten Mädchen bildeten bunte Reihe mit den knabenhaften Philosophen, stellten gelegentlich praktischere Fragen, zum Beispiel über den jüngsten Ballklatsch in der »ersten Gesellschaft«, über den sie erstaunlich gut unterrichtet waren, und es gehörte zum guten Ton, nicht zu bemerken, wenn eines der Paare für eine halbe Stunde verschwand, »aufs Zimmer ging«, all das zusammen eigentlich eine Art Höllenunterhaltung, ein teuflisches Gebräu, dessen ich erst dann entwöhnt wurde, als Edith in mein Leben eintrat.

Noch einige Jahre vorher hatte Helbrecht den journalistischen Anfänger Egon Erwin Kisch in die verrufenen Gäßchen der Prager Altstadt und im Morgengrauen ins »Café Montmartre« begleitet, wo der blasse Kellner, der nur um seiner Blässe willen Hamlet hieß, an eine Säule gelehnt den Betrieb geschäftskundig überwachte –, dort gab es billigere Mädchen als im Etablissement Gogo, die aber immerhin frei, nicht kaserniert, und dementsprechend intelligenter waren. Ins »Montmartre« kamen sie mit ihren »Hirten«, den Zuhältern, öfters steigerte sich die Unterhaltung zu Messerstechereien. Hier regierte die »Galgentoni«, im Original Tonka Šibenice genannt, von der es hieß, daß sie einmal ins Kriminalgefängnis geholt worden war, als einer in der Nacht, ehe er gehängt wurde, den letzten Wunsch äußerte, der ihm freigegeben war: trinken, fressen und ein Mädel. Alle hatten sich angstvoll geweigert, nur sie war gegangen. Kisch hat dieses gutherzige Geschöpf später durch eine seiner Meistererzählungen und einen vielgespielten Einakter berühmt gemacht. Damals war sie vorerst noch aus eigenen Kräften populär und der blutjunge Adept sonnte sich in ihrem zweideutigen Ruhm, er tanzte mir ihr den Schlapak, den Prager Apachentanz, und dessen Abart, den Wrschowak. Dabei schnitt er eine faltenreiche Grimasse, behielt die Zigarette im Mundwinkel und den Hut schief auf dem Kopf, das Mädchen sah ihn starr an, wie hypnotisiert, krallte sich an seinen Frackaufschlägen fest (denn oft kam man von einem der hochnoblen Bürgerbälle und beendete die Nacht im »Montmartre«) –, aus Übermut hob Kisch die Beine wie beim Cancan hoch, was aber nicht zur Tanzfigur gehört und von der sachverständigen Umgebung gebührend mißbilligt wurde. Dann tanzte er richtig, die Miene ernst und verderbt, mit der Partnerin Wange an Wange, das Gesäß nach auswärts vorgestoßen –, von Zeit zu Zeit Wechselschritte einschiebend, bei denen das Paar sich löste und chassierte, bis es sich in rascher Wendung wieder zusammenfand.

Ein Teufelskerl, dieser Kisch! – Ich hätte selber von ihm erzäh-

48. *Tanzszene im »Montmartre«.*

len können, denn »Egonek« war mein Mitschüler gewesen. Mit Werfel allerdings war ich nie zusammengetroffen. Auch mit Kafka und Max Brod nicht, die, wie es hieß, nur ganz selten einmal im »Café Arco« auftauchten –, nur wenn man sie sehr darum bat, ließen sie sich ausnahmsweise dazu überreden und erschienen dann fast immer gemeinsam. – Aber ich hatte noch den alten Rilke gesehen, nicht den Dichter, sondern seinen Vater, den eleganten Schwerenöter mit dem weißen, nach zwei Seiten auseinandergebürsteten Vollbart. Wenn am Sonntagvormittag in jenen alten Zeiten die Bürgerschaft sich spazierenderweise auf dem »Graben« erging – man nannte das den Grabenbummel –, nahm der Alte, der wie ein strammer Kavallerieoffizier in Zivil aussah, auf sein Stöckchen gestützt, an der Wende des Korsos Posto, beim »Brückel« oder beim Pulverturm, und sah den wohlbehüteten hübschen Mädchen mit tiefen Blicken ins Gesicht, vor denen sie erröteten. Er war nur ein simpler Beamter der österreichischen Nordbahn, aber jeder hätte ihn für einen französischen Haudegen, einen im Feld ergrauten Marquis und Armeekommandanten des großen Ludwig gehalten. Er fehlte nie bei dieser Parade der jungen städtischen Schönheiten. »Der alte Rilke ist da, der Bummel ist eröffnet«, hieß es an jedem Sonntagvormittag, wenn nur der Himmel ein halbwegs brauchbares Wetter beistellte.

Damals war ich auch mit Kisch im »Montmartre« gewesen, in dem sich die tschechische Boheme mit der deutschen traf, in dem die Malschüler nie fehlten, in dem wir uns gemeinsam gegen Morgen an der scharfgewürzten »Drschtkova«, der Kuttelflecksuppe, erlabten. Auch dort wurde philosophiert, wie bei Gogo. Es gehörte zum Eigensten jener Zeit, daß Geist und Körper gleichzeitig freigegeben wurden. Ich erinnerte mich an ein Gespräch, in dem einige Atheisten ihre Argumente prasseln ließen und namentlich Kisch den lieben Gott wiederholt zur Strecke brachte, bis eines der Mädchen in Tränen ausbrach. Man fragte sie, was ihr fehle. »Ich verstehe nicht«, klagte sie, »warum sie den armen alten Mann nicht leben lassen wollen.«

Dieses Wort ist mir dann noch lange im Kopf herumgegangen.

Franz Werfel:
Das Trauerhaus

Es gehörte im Gegensatz zu einem vulgären Etablissement wie
Napoleon zu den guten Gepflogenheiten des Hauses, daß die
Liebesverabredungen nicht schamlos vor allen Augen erfolgten.
Die Herren empfahlen sich zum Schein von ihrer Gesellschaft,
gaben unbemerkterweise Edith die Dame ihrer Wahl kund, und
die Wirtschafterin vermittelte unauffällig die Schäferstunde,
nicht ohne vorher bei zweifelhaften oder unbekannten Gästen
die übliche Geldsumme einverlangt zu haben. Doch muß sogleich gesagt werden, daß letzteres nur höchst selten vorkam,
denn hier verkehrte ja ausschließlich erste Gesellschaft. Fremde
tauchten fast niemals auf, und vor allem war Fräulein Edith
Menschenkennerin, die sich auf ihren sicheren Blick verlassen
konnte. Ebenso selten – auch diese Tatsache steht im lebhaften
Gegensatz zur niedrigeren Klasse ›Napoleon‹ –, ebenso selten
gab es Skandal. Natürlich herrschte unter den Pensionärinnen
Parteiung, Zwistigkeit, Haß, aber ein ungeschriebenes Gesetz
forderte, daß zumindest während der nächtlichen Amtsstunden
Freundschaft und Frieden gehalten werden müsse.

Um so unerhörter war's, was sich jetzt ereignete. Vor der offenen Tür des Großen Salons erhob sich mit einem Mal ein wider-
wärtiger Lärm. Die hohle Bierstimme des schwerfälligen Klein-
städters dröhnte, und immer ungemäßer, immer lauter wurde sie
für das alte und schon gebrechliche Haus. Zuerst blieb ihr aufbe-
gehrender Schall allein; aber die guten Manieren der Mädchen
durften nicht endlos ermüdet werden, denn schon nach kurzer
Weile peitschten kreischende Weiberstimmen in den schimpfen-
den Baß hinein.

Wer den sensationslüsternen Auflauf gesehen hat, der sich auf
der Straße zusammenrottet, wenn ein altes, todmüdes Pferd nie-
derstürzt, wird ermessen, mit welch süchtiger Neugier hier, an
solchem Ort, zu solcher Stunde, alles zusammenlief, um einen

schamlosen Krach zu genießen. Selbst die Insassen des Blauen Salons steckten schadenfroh erregte Grimassen durch die Portiere.

Die Sache war die: Der alte Agrarier mit der Riesenuhrkette hatte nach Brauch und Fug Ludmilla bei Fräulein Edith zum Dienst bestellt. Vergebens gebrauchte Edith die besten Ausreden, machte die schönsten Gründe geltend, ihre junge Freundin vor der unerwünschten, ja verhaßten Episode zu bewahren. Im stillen verwünschte die Wirtschafterin Oskars Untreue. Unglückliche Liebe allein brachte die Damen auf Abwege, war der Anlaß aller Disziplinlosigkeit und Pflichtversäumnis. All ihr Scharfsinn aber half nichts. Der Baalboth war nicht nur gerieben, sondern höchst verstockt und boshaft. Trotz des Beleidigten regierte ihn. Edith sah keinen Ausweg mehr und mußte Ludmilla stellig machen. Die aber sagte dem Baalboth mit ihrer kältesten Gleichgültigkeit rundheraus ins Gesicht, daß es ihr nicht einfallen werde, seinen Wünschen Folge zu leisten. Damit war der Skandal ausgebrochen.

Der wütende Kleinstädter hatte sich bis zum Treppenabsatz zurückgezogen und hielt sich mit der rechten Hand an der goldbronzierten Venus fest, die als Wahrzeichen des Hauses dort postiert war. (Eine halbe Treppe tiefer stand, nicht minder vergoldet, der Trompeter von Säckingen, hatte aber nicht als Wahrzeichen zu gelten.) Die Mädchen keiften durcheinander, die Gäste lachten und die Stimme des Erniedrigten rief unausgesetzt, durch keine Vorhaltung Ediths zu beschwichtigen, nach dem Besitzer.

Endlich schleppte sich, von Nejedli gefolgt, Herr Maxl herbei; und es muß gesagt werden, daß er trotz Totenblässe, Körperschwäche und Zungenschlags sich nicht allein geistesgegenwärtig, sondern als ein ritterlicher Vorstand seiner Damen benahm.

Der Baalboth schrie ihm entgegen:

»Herr Besitzer! In was für einem Haus bin ich hier?«

Maxl lallte:

»Edith, geh hinunter und bring die Hausnummer mit!«

Damit ließ der Wütende sich nicht irre machen:

»Wenn ich in einen Bäckerladen gehe und eine Semmel kaufen will...«

Maxls mattes Quäken unterbrach ihn:

»Gehen Sie in einen Bäckerladen und kaufen Sie eine Semmel!«

»Wie meinen Sie?«

»Wie soll ich meinen?«

Der Baalboth zwang jetzt seinem bellenden Baß die milde Ruhe überlegener Dialektik ab:

»Herr Besitzer! Nehmen wir an, ein Käufer geht in ein Kaufhaus, und man bedient ihn nicht mit einer Ware, die auf Lager liegt...«

Maxl sah den Querulanten schwermütig an und wiederholte seufzend:

»Auf Lager...«

Die Geduld war verbraucht. Ein Gebrüll erhob sich jetzt:

»Himmelherrgott, länger laß ich mich nicht zum Narren halten! So behandelt man keine anständige Kundschaft. Glauben Sie, es gibt keine andern renommierten Häuser? Es gibt bessere Häuser. Die Tante Pohl in Aussig ist auch nicht ohne. Dort gibt's noch Organisation. Ich mache Sie zum letztenmal darauf aufmerksam: Mein Zug geht um 7 Uhr 35 in der Früh. Ich habe die Absicht, hier in diesem Hause den Rest der Nacht zu verbringen, und zwar mit dem Mädel, das ich bestimme und bezahle!«

Maxl wurde auf das Geschrei hin ganz demütig:

»Pardon... Herr... Herr... Forstrat... lassen Sie sich dienen! Sind Sie ein Mensch? Natürlich sind Sie ein Mensch. Und ist die Ludmilla ein Mensch? Ein Mensch ist sie! Pardon... Herr... Herr... Weginspektor... ein Mensch muß doch begreifen, daß ein Mensch nicht mit ihm gehn will...«

Großes Gelächter. Triumphierend wandte sich Maxl zu den Lachenden um:

»Gut!? W-a-a-s?«

Ludmilla stand die ganze Zeit über da, als ginge sie die Sache

49. *Eine Hure steigt aus dem »Grünen Anton«.*

nichts an. Aber jetzt begann die Stimmung umzuschlagen. Die Mädchen erregten sich immer bissiger: Zu viel nahm sich diese Hochmütige heraus. Edith sah ängstlich umher und überlegte, wie dem drohenden Sturme zu begegnen sei. Die Parteien begannen sich zu trennen, Haß und Neid waren nicht länger zu bändigen, alle Selbstbeherrschung schien abgekämpft.

Plötzlich pflanzte sich Ilonka, die dicke Ungarin, breit vor Ludmilla hin:

»Sag, wozu bist du eigentlich eine Hur?«

Grete fuhr ekstatisch dazwischen:

»Laß sie! Haben wir nicht auch Menschenrechte?«

»Menschenrechte«, replizierte eine Stimme.

Ilonka wurde immer gehässiger:

»Wenn das jede täte!? Ein Geschäft wär das! Noch besser! Sich die Gäst' aussuchen! Für mich ist es auch nicht immer ein Vergnügen!«

Ludmilla sagte still:

»Für dich ist es immer ein Vergnügen.«

Grete, mit ihren überspannten Ideen, verschlimmerte zum Entsetzen Ediths die Situation:

»Schämt ihr euch nicht!? Ludmilla hat recht. Wir müssen uns die Freiheit erobern ...«

Dieser hochtrabende Satz, mehr als die Widerspenstigkeit Ludmillas, erbitterte die Damen aufs höchste. Sie haßten in der Berlinerin die hochfahrendste aller Überheblichkeiten, die der Bildung.

Ilonka schrie:

»Auf dich haben wir gewartet, du Meschuggene!«

Grete machte ihr zimperlichstes Gesicht:

»Ich kann nichts dafür, daß ich lesen gelernt habe. Jeder kann nicht im Schweinestall aufgewachsen sein.«

Und nun geschah des Unglück. Denn Ilonka stürzte sich auf Grete und schlug mit ihrer kleinen, fetten Faust der Langen ins Gesicht. Sogleich war die Schlacht im Gange. Schon wälzten sich einige Ringerinnen auf der Erde. Die seidenen Hemden rissen an vielen Stellen und das pralle Fleisch fürwitziger Weiblichkeiten wölbte sich vor. Manja, das plumpe Mädchen aus Rokycan, streifte kurzerhand das Hemd vom Leibe, ehe sie sich mit freudigem Aufschrei unter die Raufenden warf. Auch im Zorne blieb sie eine gute Wirtin. Dann erst schlug sie wie eine Furie nach allen Seiten, gleichviel wen sie traf. Die Rache der Totengräberstochter galt der ganzen Bande.

Gewissenlos schürten ein paar rohe Wüstlinge um dieses Anblicks willen das Feuer des Kampfes. Der Urheber des Streites aber, der Baalboth, suchte keuchend in Ludmillas Nähe zu gelangen, um sie mit Gewalt sich zu unterwerfen. Der Geschickten jedoch war es gelungen, unversehens zu entwischen.

Das unbezahlbare Schauspiel, das auf dem Treppengang zwischen dem Großen und Blauen Salon hin und her wogte, regte die Herren äußerst an. Doktor Schleißner wieherte beseligt. Der Statthaltereibeamte und Satanist Peppler trug Weltuntergangsentzücken in den aufgerissenen Augen und hußte derangierte Kämpferinnen zu neuen Taten auf. Einzig der Leutnant Kohout und Präsident Morè verließen die Walstatt. Der Leutnant gedachte der Vorschrift, die Offizieren befahl, ihre Person ehrlosen Vorgängen tunlichst zu entziehn, und auch Morè hatte eine Berufsehre zu wahren. Beide Herren zogen sich stumm zum Klavier zurück. Nejedli hingegen war einer der wenigen, die sich bemühten, die ineinander verbissenen Weiber zu trennen. Er keuchte vor Anstrengung, sein Katerl hatte sich verschoben und die genähte Krawatte hing zur Seite.

Edith starrte verzweifelt, Maxl angedonnert auf den Kampf. Etwas Ähnliches hatte sich hierorts noch niemals begeben. Bisher waren sich die Damen trotz aller Zwischenfälle und Zwiste des erstklassigen Etablissements immer bewußt geblieben.

Wer weiß, welches Ende der Aufruhr genommen, wenn nicht in derselben Minute der Blitz eines gewaltigen Ereignisses auch in dieses Haus geschlagen hätte.

Plötzlich, wie aus der Erde gewachsen, stand der Bote da, eine Ordonnanz des sechsten Dragonerregiments. Wenn sonst aus irgendeinem Grund ein Abgesandter von der Staatsmacht hier erschien, ein Herr von der Sanitätsbehörde etwa oder ein Polizeibeamter, wußte er seine Anwesenheit diskret zu verbergen. Dieser Soldat aber, ein blonder tschechischer Bauernjunge, trat groß und unvermittelt auf die wüste Szene. Mitten im Hexentanz stand er da und riß in die schweißgeschwängerte, rauchdicke Atmosphäre einen Wirbel von rotbäckig-frischer Luft. Wahrhaft feldmäßig wirkte der Soldat in Dienstmontur, mit Helm, Patrontasche, Pallasch und großen Sporenrädern ...

Im Nu brach die Rauferei ab. Die Damen brachten sich eilig in Ordnung, als wäre nichts geschehn. Tiefe Stille klaffte plötzlich. Jeder fühlte Schicksal. Selbst in Maxls windverwehte Gestalt kam regeres Leben. Er führte persönlich den Boten, wohin er geführt zu werden forderte.

Zwei Minuten später klirrten hastige Kavalleristenschritte über den unteren Flur und die Haustür schlug zu. Langsam, stier und ohne Atem klomm Maxl die Treppe hinan. Er greinte unverständliche Klagen.

Nach und nach erst brachte man die Schreckensbotschaft aus ihm heraus: Der Thronfolger war in Sarajewo ermordet worden.

Niemals noch hatte sich das angesehene Haus in der Gamsgasse schneller geleert als zu dieser Nachtstunde. Es zeigte sich, daß der dionysische Überschwang, der leichsinnige Rausch des Großen Salons zu beträchtlichem Teil erlogen war, so schnell fanden die Herren in ihre Haut zurück. Herr Doktor Schleißner, der geistreiche Nachtkorsar, verwandelte sich in einen ernsthaften Menschen, der voll Besorgnis – er war Reserveoffizier – der Zukunft entgegensah. Herr Präsident Morè streifte die leichte Nachlässigkeit ab, die er in den letzten Stunden wie ein Stäubchen auf seinem Rock geduldet hatte. Vorwurfsvoll murmelte er: »Das kommt davon, wenn man abends ausgeht.« Wie er das meinte, in welchen bitteren Zusammenhang er die Katastrophe mit dem leichtfertig verlebten Abend brachte, das blieb dunkel.

Else Lasker-Schüler:
Der alte Tempel in Prag

Tausend Jahre zählt der Tempel schon in Prag;
Staubfällig und ergraut ist längst sein Ruhetag
Und die alten Väter schlossen seine Gitter.

Ihre Söhne ziehen nun in die Schlacht.
Der zerborstene Synagogenstern erwacht,
Und er segnet seine jungen Judenritter.

Wie ein Glücksstern über Böhmens Judenstadt,
Ganz aus Gold, wie nur der Himmel Sterne hat.
Hinter seinem Glanze beten wieder Mütter.

Johannes Urzidil:
Heinrich Mann in Prag

Eines Tages – der erste Weltkrieg loderte schon an allen Fronten,
doch der Krieg hatte nicht unmittelbar zu schaffen mit den
menschlichen Ereignissen, von denen ich berichten will – gerie-
ten die Schriftsteller im Café Arco in beträchtliche Erregung.
Heinrich Mann, so hieß es, habe die Absicht, Prag zu besuchen
und daselbst einen Vortrag zu halten. Zum Thema habe er Emile
Zola gewählt, weniger als literarische Erscheinung, denn als
Kämpfer gegen die sittliche Krise einer nationalen und staat-
lichen Gemeinschaft. Man sprach hin und her, was zu unternehmen wäre, um Heinrich Manns Besuch würdig zu feiern.

»Geht doch alle zum Bahnhof und begrüßt ihn dort. Ich könnte ihm Rosen überreichen«, schlug die schöne Wanda vor. [...]

»Heinrich Mann«, murmelte Weißenstein, der Weltverbesse-
rer, »die Befreiung der Geknechteten muß kommen!« Für Weißenstein war diese Befreiung in allen Zusammenhängen im Anmarsch.

Kafka lächelte aus unendlichen Fernen und sagte nichts.

»Wann soll er denn kommen?« fragte der gute blinde Oskar
Baum. »Werfel oder Max Brod könnten doch Ansprachen halten.«

»Ausgezeichnet«, meinte Fürth, »Max Brod kann für die ältere Generation sprechen. Schließlich steht er schon am Anfang
der Dreißig. Weiß keiner, wie ich leide?«

Niemand bemühte sich, Auskunft zu geben. Werfel hörte
überhaupt nur halb hin. Als plötzlich eine hochgewachsene
Frauengestalt mit schneeweißen Haaren, aber höchst jugend-
lichem und auffallend schönem Antlitz draußen auf der Straße
sichtbar wurde, erhob er sich wie in Trance, ließ seinen Kaffee
und das angebissene Nußkipfel stehen und verschwand, ohne
gezahlt zu haben. Oberkellner Poschta war dies gewöhnt und
führte seine Konti unbesorgt.

»Als mich dein Wandeln an den Tod verzückte und ich durch dich ins Unermeßne schwärmte«, begann Weißenstein zu rezitieren.

»Ja, ja, wieder einmal Späße der Unendlichkeit«, bemerkte Kisch. Der »rasende Reporter«, wie man ihn nannte, war zu kurzem Urlaub von der Front in seine Heimatstadt gekommen.

»Gestern sagte hier die Alice G.«, begann Weißenstein seine Rezitation zu interpretieren, »daß sie, die weißhaarige Göttin, mit geschlossenen Augen gleichsam übers Meer wandele. Daß sich immer ein Engel neben ihr befinde. Die Vision ihres Schreitens macht ihn zum Dichter.«

»Na, na, na«, warf Wanda etwas verdrießlich ein. »Ihr solltet die Weiber einmal beobachten können, wenn sie allein sind. Aber was ist mit diesem Heinrich Mann?«

»Man sollte ihn auf den Knien verehren«, sagte Karl Brand glühend vor sich hin; aber diese Worte bezogen sich noch auf Werfel. Der junge Brand glühte immer, seelisch wie körperlich. Seine Schwindsucht galoppierte mit ihm dahin, und er war stets im Fieber. Seinen Dichternamen hatte er sich passend gewählt. Er brannte unaufhörlich.

»Unter den prosaistischen Schöpfern des Zeitalters«, begann der scharfsinnige Literat P., der nebenbei Bankprokurist war, »ist Heinrich Mann derjenige, der die sonst den Franzosen vorbehaltene Kunst der brillanten psychologischen Darstellung mit dem Elan des großen Raconteurs in die deutsche Sphäre übertrug. Er ist es, der den Expressionismus vor dem Absturz ins Wesenlose bewahrt. Er vereinigt in sich das Ästhetische und das Ethische in Quintessenz.«

»Außerdem hat er ja, glaube ich, die Tochter eines böhmischen Fabrikanten geheiratet«, setzte Kafka leise hinzu.

»Was für großartige Ansichten«, sagte der alte Macek, der natürlich kein Wort verstanden hatte. Fürth seufzte: »Oh, wie ich leide!« Wanda jedoch sah wieder ihren Augenblick gekommen.

»Das Ethische«, so erklärte sie, »ist als solches das Allgemeine. Es ruht immanent in sich selbst, hat nichts außer sich, was sein Telos wäre, sondern ist selbst Telos für alles, was es außer sich hat. Punktum.«

Da keiner der Anwesenden die Feststellungen Wandas zu beachten schien, murrte sie verärgert: »Wieso? Warum sagt ihr gar nichts? Das steht doch in ›Furcht und Zittern‹. So sagt doch wenigstens etwas. Zum Beispiel: Rutsch uns den Buckel lang!«

»Deinetwegen werden wir hier nicht das spanische Hofzeremoniell einführen«, sagte Kisch.

Kafka, der nie lange beim Kaffeehaustisch verweilte, stand auf und verabschiedete sich, indem er zwischen sich und jeden einzelnen eine höfliche Verbeugung legte und sonach mit langen, sich immer mehr vereinsamenden Schritten davonging.

[...]

Heinrich Mann war zwar eingelangt, aber er hatte sich jeder Art von Begrüßung entzogen. In einem kleinen Saal des Palace-Hotels hielt er seinen Vortrag. Eine hohe, sezessionistisch geformte Stehlampe mit breitem Spitzenschirm warf ihr fahles Licht auf sein schmales, à la Greco langgezogenes und durch den Bart noch verlängertes Antlitz. So jung waren wir, daß er uns, obwohl er die Fünfzig noch keineswegs erreicht hatte, als uralt und geradezu mythisch erschien. Behutsam und fast zu leise sprach er von den Gründen des Untergangs des zweiten französischen Kaiserreichs, das nicht der Krieg, sondern langanhaltende Zersetzungserscheinungen der Gesellschaft zu Fall gebracht hätten, da ja Reiche nicht aus äußeren Anlässen zusammenbrächen, sondern von innen her infolge vieler Versündigungen. Wohl merkte man den aktuellen Bezug und das ungemein Warnende der Rede. Die Zuhörerschaft bestand zu einem großen Teil aus Dichtern, Schriftstellern und Journalisten.

Denn dazumal war die Golem-Stadt noch erstaunlich reich an deutschen Autoren. Da gab es die lockigen Romantiker und die struppigen Realisten, die noch um die Mitte des vorigen Jahrhunderts geboren waren; die Nachahmer des ins Ungewisse verreisten Rilke, bei denen böhmischen Volkes Weise sordiniert mit-

50. *Ein Bierhaus im Stadtzentrum.*

klang; die Rhapsoden und Rechtfertiger vulgivager Freuden-spenderinnen à la Galgentoni oder Revoluce (so nannte man ei-ne, die ihr Hauptquartier passend genug im Café »Parlament« aufgeschlagen hatte); daneben gab es auch die dramenschreiben-den ordentlichen Professoren der K.k. Karl-Ferdinands-Univer-sität. Und außer manchem Einzelgänger, der sich als Fall sui ge-neris behauptete oder unterging, gab es dann den Kreis, der hauptsächlich im Arco tagte, wo Brod die Vorherrschaft des Ethos über das bloß Formale verfocht, Dichter entdeckte und die Stadt verherrlichte, wo mit echtem Eifer über »edles oder uned-les Unglück«, über die »Leiden der Existenz« und die »Leiden der Koexistenz« debattiert wurde.

»Es brodelt und werfelt und kafkat und kischt…!« Aristo-phanisch gebeizte Geißelhiebe, die von der schönen blauen Do-nau herüberzischten, schmerzten nicht zu sehr. Wir lächelten über das uns vom Ober Poschta komplimentierend überreichte rote Heft mit jener Ode, die »Melancholie an Kurt Wolff« beti-telt war, den Verleger der expressionistischen Avantgarde und der Bücherreihe »Der jüngste Tag«, in der manche von uns figu-rierten.

»Aus dem Orkus in das Café Arco,
Dorten, Freunde, liegt der Nachruhm stark, o,
Liegt er dort am Jüngsten Tage auf.«

Alfred Kerr:
Die böhmische Stadt

I.

Alte Stadt mit Türmen (hoch über dem Fluß) und Getrieb der zwei Völker … In Sommertagen am schönsten, doch im Winter am seltsamsten. Der Nebel steigt aus dem dunklen Fluß; aus dem Flusse, der zugleich schwermütig, zugleich leuchtsam ist; der Nebel dampft aufwärts, zieht wehend empor zur Burgstadt, die jenseits der Flut mit grauen, grünen Türmen in die Wolken ragt.

Schau, diese Türme scheinen durch die Luft zu fliegen, weil nur die Umrisse des oberen Teils und die Spitzen herausragen aus dem brauend weißen Dunstgebild, das sie umfängt. Alte, stumme Türme fliegen durch die Luft, ganze Bündel von Türmen, unten ist das Getrieb der Völker in ehrwürdigen Wundergäßchen mit alternden Fassaden, mit steinernen Winkeln, mit Häusern, auf denen Moos wächst, mit Toren, die jedes vom Schicksal berührt sind...

Dann große Straßen, breite Plätze, aber nicht allzuviel, auch sie der Gegenwart entrückt; bergen Erinnerungen...

Zwischendurch Mädel mit Stupsnasen. Fremde Laute.

II.

Am Fuße des Burgviertels, wo der Weg hinansteigt zu der böhmischen Akropolis (und auch sonst wohl in einem Torgange breiterer Straßen), ist ein Duft von Pilsener Bier... und Würstel mit Kren sind auch nicht weit; und eine slawische Rettigfrau sitzt am Türbogen mit schwarzschaligen Früchten – und drin schmeckt der Spinat eine ganz leise Spur nach »Knofel«, wie man hier das verrufenste der Gewächse nennt. Und es ist über allen Dingen, über den Menschen, über den Straßen etwas Musikhaftes – kein greller Ton. In allem Getrieb Melodisch-Hindämmerndes. In aller Lebendigkeit Verklingend-Verklingendes...

III.

Ein Freund war es, der mich führte. Ich trank diese Stadt, ich sog ihre Novemberschönheit ein wie etwas Kostbares, das man nicht alle Tage schmeckt, die Stadt mit allem, was ich sah, was ich vernahm, was mich umströmte, von der verlassenen Insel im winterlichen Fluß bis zu mannsniedrigen Häuseln im verlorenen

Burggassenteil, wo Alchimisten einstens dem Erdgeist beizukommen gesucht.

Weiß nicht, was herrlicher ist: von der Höh' herunter auf die Stadt mit den Dächern und Gärten zu sehn... oder vom Fluß empor zu den schwebenden Türmen, zur fliegenden Akropolis im weißen Nebel.

Ein Freund war es, der mich führte.

Walter Mehring:
Von Schlafenden

In diesem Augenblick trat noch einer ins Zimmer, der Typus des abgelegten Journalisten, hager und frühzeitig gealtert, gebückt, fast bucklig mit Hornbrille, mit schlaffen Mundwinkeln, klaffendem Kiefer und hängender Unterlippe. Überdies nannten ihn die andern Hofrat.

Man grüßte sich. Man schwieg. Er ging auf seinen Platz, um nach Post zu sehen, trat dann unter die Versammelten und sagte feierlich: »Ich geh schlafen.«

Das schien nichts Außergewöhnliches für einen Österreicher, dessen Land schon seit zwei Jahrhunderten in gesegnetem Dornröschenschlaf verharrte und noch das Blut des Weltkriegs für romantische Heckenrosen hielt. Aber es schien eine ganz besondere, erschreckende Bedeutung in seinen Worten zu liegen, denn als er, ohne noch etwas hinzuzufügen, wieder gegangen war, blieben diese Menschen, die ein fertiges Klischee gegen alle Sensationen feite, wie verstört zurück.

»Er geht schlafen!« wiederholte der Handelsteil, »auch er!«

»Man sollte da doch endlich Genaueres eruieren«, sagte der Chefredakteur.

»Als ob er nicht eh schon lange hinüber war...«, setzte der Lokale hinzu. Und sie disputierten darüber.

Aber Bubi entschied: »Es steht nicht dafür!« mit der üblichen

Redensart, die noch jede Staatsaktion zunichte gemacht hatte. Indessen schritt der alte Hofrat Journalist, der die ungewöhnliche Erregung verursachte, beim Dunkelwerden über den Altstätter Ring zum Hradschin. Er lebte schon einige Jahre mit der kleinen Gemeinde auf Vorposten, nachdem sie die Hochflut des Panslawismus vom übrigen Europa völlig isoliert hatte. Einst war er begeistert gewesen von diesem Boden, der von allen Dogmen seit Nazareth vulkanisiert schien. Aus diesem Loch entsprang die dreißigjährige Hölle, hier fuhr sie wieder hinein. In ungeheuren Prozessionen wälzte sich das Volk zum heiligen Nepomuk auf der Karlsbrücke, aber einmal im Jahr feierte es Hussens Wiederauferstehung, des neuen Schirmherrn der Republik. Denn was von europäischer Kultur zu ihnen drang, die Politik des Westens, die sozialen Umwälzungen des Ostens, das wurde dämonisiert, eingeteufelt, behext.

Und während er sich durch enge Gassen schob, durch muffigen Tändlerkram zwischen den lauten, ewig erregten Halbasiaten, dachte er weiter: Die scheren sich den Deibel um Gott, ihre Feiertage bezeichnet ein ungeheurer Verbrauch an Märtyrern, an Gesulztem und Geräuchertem, ihre Phantasie frißt Wunder wie das tägliche Brot und erzeugt Pestglocken, steinerne Königinnen, welche der Erdboden verschlang, und dann die Scharen Taboriten, Kalixtiner, Hussiten und die am Weißen Berge Gemordeten; obschon es Adelige waren – aber ganz gleich: nur Märtyrer! – Märtyrer! Märtyrer! Und selbst der letzte Rest des Judenviertels, in das die öden Neubauten eindringen, beherbergt noch die wildeste Sekte jener Rasse, die verzückten Chassidim. Aber vor allem diese beiden Johanns, der Nepomuk und der Huß, die aus ihren Gräbern auferstanden waren, der eine aus den Wassern der Moldau, der andere aus den Flammen der Inquisition, eigens um den alten Kampf von neuem auszufechten; so standen die Rivalen sich gegenüber in den Schranken Aug' um Aug' vorm Schiedsgericht der jungen Republik. Denn jener doppelköpfige Adler, jene kläglich-lächerliche Arabeske war längst keine Nahrung mehr für die Kinnbacken solcher Bilderstürmer.

So exzessiv, so symbolhungrig hatten sie auch gebaut, sie hatten in Barock und Renaissance gewüstet. In der Stadt begann gerade der große Barbetrieb illuminös mit Sektsaufen, Pariser Kokotten und barbarisch üppigen Küchen; hier grinsten die Folterfratzen solid und massig in Stein, Tycho Brahes astronomisches Gerät auf dem Renaissancedach, Bordells, Kasernen, Alchimistengassen, in denen wenigstens eine Madame de Thèbe logiert.

Die Wege waren um diese Zeit schon aufgetaut, aber die Moldau knirschte mit den Eisschollenkiefern. Durch die getürmten Tore der Karlsbrücke, auf deren Quadern grimmverzerrtes Götzentum wuchert, zog das Volk mit Karren und Ochsengespannen schattenhaft unter ewigen Lampen; es war, als wandere ein historisches Museum aus. Ein Bratengeruch von Scheiterhaufen, untermischt mit Weihrauch wehte von der Kleinseite, auf der der ungeheure Steinleib des Hradschin platt auf den Bauch gelagert sich dehnte, den Veitsdom hochgereckt wie das Reptil einen Stachelkranz. Immerhin war das Mittelalter vorüber, und in der schwarzen Masse stand ein Stern: Masaryks Fenster.

All das hatte einmal den romantischen jungen Mann begeistert, und nun überdachte er es, als er gealtert aufwärts klomm in den hellen Gasschein, der eine breite Lichtbahn in das skurrile Gerümpel legte. Seit er als ein Namenloser unter Hunderttausenden bei der Presse unterschlüpfte, waren zwei Jahrzehnte über ihn fortgegangen, und von den Erschütterungen der großen Welt kannte er nicht mehr als ihre Übersetzung in die Syntax der Druckerschwärze. Jetzt war er es müde geworden, sein Geist war erschlafft, er hielt nicht stand gegen diese neue Nation, die ihre Wahnideen, dieses Gemisch aus Aberglauben und Lebenspraxis mit der Sicherheit von Paranoikern und der Eindringlichkeit von Fanatikern realisierte. Er strich die Segel und drehte bei. Und also sah er noch einmal auf die weißgestuften Dächer zur nächtigen Stadt, auf die heiligen Verkehrshindernisse segnender Plastiken mitten im Straßendamm, auf Wallensteins Palast und die fernen Lichter des Wilsonbahnhofs; dann stieg er in die klaffende Fresse eines Durchhaustunnels, dessen Gaumen von getautem Schnee glitschte.

Sobald er mit einem Lederklöppel gegen das Portal geschlagen hatte, wurde geöffnet und gleich hinter ihm geschlossen, ohne daß er jemanden erkennen konnte. Er drang durch einen finstern Gang vorwärts bis zu einer Portiere und gelangte in einen weiten und niedrigen, zwielichterhellten Raum. Mit sachlichem Reporterblick konstatierte er zunächst, daß dieser Raum etwa einem großen Volkskaffee glich. Es saßen da einige hundert Personen an langen Tischen gruppiert, jeder mit einem Getränk in einer weißen Tasse, aber völlig lautlos, völlig regungslos, nur die Gesichter zuckten, schnitten Grimassen, wechselten unaufhörlich den Ausdruck. Übrigens gehörten sie allen möglichen Bevölkerungsklassen an, er sah Beamte, Militärs und Zivilisten und namentlich eine Sorte alter Herren, die nach ihrer Kaiser-Franz-Joseph-Barttracht zu urteilen, deutlich der fossilen Epoche entstammten. Er sah Tiroler Standschützen, Naschmarktweiber, Hauderer, Strizzis, Deutschmeister und Fiakerkutscher. Er sah das gesamte alte Österreich versammelt und meinte das verbindlich sanfte, ölige Idiom zu hören, ohne daß einer den Mund auftat.

Er bemerkte weiter, daß die Helligkeit von einer großen, doppelbauchigen Phiole irisierte, die von der holzgeschnitzten Decke hing; und diese Phiole flackte, flimmerte und fluoreszierte grünlich und gelblich wie eine Geißlersche Röhre, indem sie eben jenes Zucken, Grimassieren und Gesichterschneiden auf den sonst bewegungslosen Schädeln hervorrief.

In der erstarrten Luft zu Tode geronnenen Lebens fühlte er sich von einem leeren Platze angeweht, und indem er auf ihn zuschritt, spürte er, wie sich die allgemeine Aufmerksamkeit langsam mit Teleskopblicken nach ihm hinschraubte, obschon keines sich bewegte und keines sich wandte.

Er setzte sich und wartete.

Aber es geschah nichts; und er begann seine Umgebung zu betrachten; ihm zunächst saß ein dicker Kerl, der aussah, als ob er ausgestopft wäre und die Polsterung sich verschoben hätte, so daß sein Wanst hintersackte, sein Gesicht schien die scheußlich karikierte Maske eines alten Mannes, und der bauschige Kaiser-Franz-Joseph-Gedächtnisbart klebte wie Watte dran. Die rechte Hand pendelte abwärts, die linke lag schwer auf den Tisch gepatscht, dicht neben der weißen Kaffeetasse und einem kleinen Glasbehälter; das war eine Sanduhr.

Und jetzt bemerkte er, daß auch vor ihm eine kleine Sanduhr stand. Auch vor jedem der Sitzenden, auf jedem Platze stand eine kleine Sanduhr. Und auch die große, grünlich und gelblich flackernde Phiole war eine riesige Art Sanduhr, mit unendlich feinem flimmernden Staub gefüllt. Und auf jedem Platze, vor jedem einzelnen stand außerdem ein kleines Porzellanschildchen, und auch vor ihm stand ein solches Porzellanschildchen; darauf war in schnörkliger Haarschrift ein Name, sein Name vermerkt, sein Geburtstag und der heutige Tag mit einem Kreuz davor und darunter noch ein Requiescat in pace!

Man hatte also gewußt, daß er kam. Aber wer war man? Er erinnerte sich, daß in der Stadt ein Gerede umging, die gestürzte Monarchie mit ihren Beamten und Räten, den Beichtvätern und Militärs, die so spurlos verschwunden waren, als hätte die Erde sie verschluckt, habe sich unter den Hradschin verkrochen wie in ein Mauseloch und friste dort ihr früheres spukhaftes Dasein. Er erinnerte sich, er erinnerte sich ganz genau, daß Bubi, der für ausländische Zeitungen korrespondierte, darüber ein geistreiches Feuilleton losgelassen hatte; daß in befreundeten Familien deutscher Gemeinde der unersetzliche Verlust heißgeliebter Mitglieder in Dunkel gehüllt war. Aber er erinnerte sich nicht, warum er hierhergekommen war. Auf dem Wege hatte er geglaubt: aus Neugier? Nein! – aus Ruhebedürfnis? Vielleicht? – Aus Sentiment? Aus Sentiment! Das war es. Das goldene Wiener Herz, das k. und k. Gemüt, das Servus du und das Gott erhalte! das war es. Das ließ nicht locker. Ein Gerede lief um in der Stadt, so ein achselzuckendes Wasweißich? Aber die sichere Kunde spürte die wenigen Getreuen aus, die Sujets fidèles, und dann zog und zerrte es, bis es sie zu den Seinen versammelt hatte.

Er wurde aufmerksam. Ein Knarren, Räuspern und Ächzen ging los, ein Quängeln und Quietschen vokalisch gefärbter Töne, das eher einem Phonographen als einer menschlichen Stimme glich. Und doch stieg es aus dem geöffneten Munde eines Mannes, in welchem er sogar einen Prager Rechtsanwalt zu erkennen glaubte, der nach Hinterlassung größerer Schulden eines Tages spurlos verschwunden war.

Und jetzt setzte von allen Seiten dieses langanhaltende, stimmähnliche Geräusch ein, und in weiter Ferne löste sich von einer Theke eine mönchsgekleidete Gestalt, die auf einem Tablett eine ganze Reihe jener weißen Kaffeetassen trug, und indem sie langsam, unendlich langsam von Tisch zu Tisch schritt, stellte sie eine davon vor jedem nieder, und schließlich nach einem Zeitraum, der ihm eine Stunde zu währen schien, stellte sie auch vor ihn eine solche weiße Kaffeetasse.

Die Flüssigkeit darin sah aus wie Kakao mit einem Stich ins Blutige.

Und er beobachtete die andern und fand, daß sich ihre Stellung in irgend etwas verändert hatte, ihr rechter Arm schien etwas gehoben, ohne daß er aber direkt eine Bewegung feststellen konnte. Es war merkwürdig, all die stocksteifen Puppen, die brüchigen Mienen, die verquollenen Leiber entsetzten ihn zugleich und heimelten an. Es waren doch seine Landsleute. Wiener vielleicht. Und er glaubte, immer mehr bekannte Gesichter zu entdecken, vertraute Typen, Verwandte sogar, wenn auch grausam verändert, mumifiziert. Sie hatten jetzt die Tasse in die Höhe des Mundes gebracht. Deutlich hörte er ein Schlürfen, ein Schlaufen und Gurgeln. Sie tranken also. Und langsam, unendlich langsam führte auch er das Getränk an die Lippen und »suzelte« und schlürfte. Wie schmeckte es? Es schmeckte gar nicht. Es weitete den Mund wie Pfefferminz, wie Äther, es rann dünn und eisig herunter und kältete den Magen aus. Er wollte absetzen und wollte nicht. Es rann, dünn und eisig, und weitete den Magen aus.

Und wie wirkte es? Er vergaß! Er fühlte Jugendzeit, er sah

nicht etwa deutlich das Hofburgbarock und Walzerträume im Wurstelprater und Grinzing mit Heurigem, aber er fühlte sich so und er schmeckte es so. Sein Geist geriet ins Schleudern, ins Schwanken, in »Ach du lieber Augustin – rechts herum, links herum – in immerzu Augustin, ach du lieber Augustin« – wie lange denn? – stundenlang, tagelang? Wochen vielleicht!

Es gab keine Zeit mehr, es gab nur a Sanduhr! Und er fand es außerordentlich bedeutungsvoll zu beochten, wie sich da so langsam ein Körnchen löste, hinunterfiel, ohne daß er sich bewegte. Er verstand jetzt auch die andern, er verstand ihre Gedanken, wie sie miteinander korrespondierten und tratschten und plauschten über Kaiserschmarrn und Operetten und Gloria und so. Er fühlte schon, wenn es sich keimhaft im Gemüte regte und ballte, sein unendlich verlangsamtes Gehör begriff das sich in großen Zwischenräumen wiederholende langanhaltende stimmähnliche Geräusch und erhorchte immer wieder dieselben drei Worte daraus:

Aeinee Poortion Schlaaf –
Aeinee Poortion Schlaaf –

Vítězslav Nezval:
Die Stadt der Türme

Hunderttürmiges Prag
Mit den Fingern aller Heiligen
Mit den Fingern der Meineide
Mit den Fingern des Feuers und des Schneegrießes
Mit den Fingern eines Musikers
Mit den brennenden Fingern rücklings liegender Frauen
Mit Fingern die die Sterne berühren
Auf der Rechenmaschine der Nacht
Mit Fingern aus denen der Abend sprudelt mit gefalteten Fingern
Mit Fingern ohne Nägel

Mit Fingern der kleinsten Kinder und spitzer Grashalme
Mit Fingern eines Maifriedhofs
Mit Fingern von Bettlerinnen und einer ganzen Klasse
Mit den Fingern von Blitz und Donner
Mit den Fingern der Herbstzeitlosen
Mit den Fingern des Hradschins und alter Harfenistinnen
Mit Fingern aus Gold
Mit Fingern die die Amsel anpfeift und der Sturm
Mit Fingern von Kriegshäfen und Tanzstunden
Mit Mumienfingern
Mit den Fingern der letzten Tage von Herkulaneum
    und der untergehenden Atlantis
Mit den Fingern des Spargels
Mit den Fingern vierziggrädiger Fieber
Und des gefrorenen Waldes
Mit Fingern ohne Handschuh
Mit Fingern auf die sich eine Biene gesetzt hat
Mit den Fingern der Lärchenbäume
Mit Fingern die ein Flageolett hervorlocken
Im Orchester der Nächte
Mit den Fingern von Falschspielern
Und eines Nadelkissens
Mit Rheumafingern
Mit Erdbeerfingern
Mit den Fingern einer Windmühle und eines Holunderstraußes
Mit Quellwasserfingern mit Bambusfingern
Mit Fingern eines Vierblatts und alter Klöster
Mit Schlämmkreidefingern
Mit Fingern der Kuckucksuhren und des Weihnachtsbaumes
Mit den Fingern der Medien
Mit drohenden Fingern
Mit Fingern die ein fortfliegender Vogel berührt hat
Mit den Fingern des Abendläutens und eines alten
    Taubenschlages
Mit den Fingern der Inquisition

51. *Barockes Putti vor dem Loretokomplex.*

Mit angefeuchteten Fingern mit denen man den Wind mißt
Mit den Fingern eines Totengräbers
Mit den Fingern eines Ringdiebs
An einer Hand die weissagt
An einer Hand mit einer Okarina
Mit den Fingern von Kaminfegern und einer Lorette
Mit den Fingern von Rhododendren und der Fontäne auf
    dem Kopf eines Pfauen
Mit den Fingern von Sünderinnen
Mit den gebräunten Fingern der reifenden Gerste und
    dem Aussichtsturm auf dem Laurenziberg
Mit Korallenmorgenfingern
Mit Fingern die in die Höhe weisen
Mit den abgehackten Fingern des Regens und der Teinkirche
    auf dem Handschuh der Dämmerungen
Mit den Fingern einer entweihten Hostie
Mit den Fingern der Inspiration
Mit langen gelenklosen Fingern
Mit den Fingern mit denen ich dieses Gedicht schreibe

Paul Claudel:
Barock

Vielleicht daß in Prag, mehr noch als in Wien, in Bayern oder in
Italien die Kunst des Barocks ihren geglücktesten Ausdruck gefunden hat und jenen schwierigen Augenblick, in dem das
Gleichgewicht erreicht ist zwischen Aufrichtigkeit und lyrischer
Verklärung. Ich denke an jene schönen Kirchen, die Thein, Lo-
retto, Sankt Niklas, wo alles dem Gedanken des Opfers unterge-
ordnet ist, wo alles von einem Leben und einer inneren Beredsamkeit durchdrungen ist, wo der ganze Bau eine Danksagung
ist, in die wir sogleich mit einbezogen sind, wo alles Friede, Freude, Sammlung, Aufbau ist und nicht nur Lächeln, wenn auch

manchmal ein schallendes Gelächter, wo der Altar von einer Madonna überhöht ist, die uns beide Hände entgegenstreckt. Hier geht es nicht mehr um eine tragische Auffassung des Christentums, hier geht es um seine glorreiche, zugleich triumphale und barmherzige Seite, um seine Übereinstimmung mit den Bedürfnissen und den mächtigsten und großherzigsten Erhebungen, die in diesem einladenden und prächtigen Tempel ihre Befriedigung findet. Das ist wahrhaftig die Pforte der Zuversicht, von der uns Charles Péguy spricht.

Diese gleiche Eleganz, diese Lieblichkeit, diese Melodie, diese Liebenswürdigkeit, dieses Kommunizieren in der Schönheit und in der Zartheit, ist das nicht die Seele der Musik Mozarts, wie es die der Kunst des Barocks war? Und diese bezaubernden Städte, Salzburg und Prag, waren sie nicht die natürliche Wiege jener Gnade und Gnadenhaftigkeit, die stärker ist als alles andere, jener Schönheit, die sich weniger aufdrängt, als daß sie unvermerkt eindringt? So erstand diese österreichische Atmosphäre aus Heiterkeit und Barmherzigkeit, der es jahrhundertelang glückte, so viel ungleichartige Stämme, so viel wilde, einander trotzende Leidenschaften innerhalb dieses abgeschlossenen Feldes, das von den Alpen bis zu den Karpaten reicht, zu verzaubern.

Ernst Weiß:
Sered findet endlich einen guten Freund

In der verlassenen Villa Kupkas war seines Bleibens nicht mehr. Die Erinnerungen an die beiden Greise, die er trotz (oder wegen) ihrer Undankbarkeit so sehr geliebt hatte, ließen es ihn nicht mehr hier aushalten, und nach der Bestattung des Hundes machte er sich auf, ein neues Quartier zu suchen. Wenn er außerdem noch eine Kellnerstelle fand, die ihm das Brot sicherte, dann konnte er darangehen, hoffte er, seinen Lebenstraum, das Romanschreiben, zu verwirklichen. Aber was sollte das alles ohne eine einzige vertraute, vertrauende Seele? Und wo sollte er, mit bald 40 Jahren, in dem großen Prag so etwas finden?

Er war in Gedanken aus der Vorstadt bis zum Karlsplatz und dann zum Moldaukai gekommen, wo er an einer Zinskaserne ein Kabinett »nur für eine ledige Person!« am Haustor angeschlagen sah. Sollte er heute mieten, seinem traurigen Leben einen anderen, froheren Rahmen geben? Es war Freitag, sein Glückstag. Er stieg die vielen Treppen empor und wurde von einer älteren, robusten Frau mit roten Händen empfangen, die ihn unter Entschuldigungen in ein auf die Straße hinausgehendes kleines Zimmerchen führte, wo in einem Bett, scheinbar schlafend, die Bettdecke bis an den Hals heraufgerafft, mit der Brille über den geschlossenen Augen, ein junger Mensch lag, wohl ein Student, und wo das Fenster weit geöffnet war, ungeachtet des Regens und der Kälte. Unter dem Fenster stand ein Bottich mit Seifenwasser und dampfte. Die Frau hatte das Fenster gewaschen, damit, wie sie boshaft grinsend sagte, für den neuen Mieter alles blitzblank sei. In Wahrheit aber, wie Sered sofort erriet, tat sie es nur, um den bisherigen Mieter zu ärgern und ihm den Aufenthalt in dem Raum zu vergällen.

Kaum hatte sich Sered ein wenig umgesehen und einige Worte der Entschuldigung, weil er ihn geweckt hatte, an den armen hübschen Studenten im Bett gerichtet, als die Klingel von neuem ertönte; ein neuer Anwärter auf das Zimmerchen, das in der Nähe der medizinischen Anstalten lag, hatte sich gemeldet. Sered, der seinem innersten Gefühl folgte, ließ den neuen Anwärter gar nicht erst eintreten. Er rief die Frau herein, fragte nach dem Preise, zahlte an und nahm das Zimmer.

Nachher setzte er sich unter neuen Entschuldigungen an das Bett. Auf dem Nachttischchen lagen medizinische Werke, wie es schien, solche, die Geisteskrankheiten behandelten. Er erfuhr jetzt von dem bisherigen Mieter, daß die Wirtin ihn »in unchristlicher Art und Weise ausgezogen und übervorteilt hatte, wie ein Lamm«. Nach Lamm sah der Student (der nicht so furchtbar

52. *Die Moldaubrücken – Mánes-Brücke, Karlsbrücke, Brücke des
1. Mai, Jirásek-Brücke, Palacký-Brücke.*

jung war) eigentlich nicht aus. Aber die zwei Männer kamen in ein wunderbares Gespräch, und nach einer Stunde verließ Sered das Kabinett mit einer Menge rosaroter Versatzzettel, kam nach einer weiteren Stunde wieder mit Anzug, dem Mantel und der Uhr des früheren Mieters, Lajos Clark Kral.

Von diesem Augenblick angefangen, hatte Sered endlich einen Freund, ja, einen Lebensgefährten, mit dem und für den er lebte. Am gleichen Abend nahm er die Stelle des Zahlkellners in dem Nachtcafé »Zum Kätzlein« an, obwohl der Lohn gering und die Arbeitsbedingungen nur sehr undeutlich und großzügig umschrieben waren.

Unter anderem sollte er verschiedenen weiblichen Stammgästen Unterricht im Billardspiel erteilen, natürlich nicht bezahlte Lektionen. Er sollte sich eben nur um sie kümmern, sie abhalten, Löcher in das kostbare grüne Tuch zu stoßen, und sie freundlich, ohne Intimitäten, behandeln, und sie von Zeit zu Zeit auffordern, eine Kleinigkeit zu nehmen und sich gegenseitig nicht die Augen auszukratzen, denn dem Wirt lag daran, daß sie regelmäßig kamen.

Der Grund, weshalb Kral, der alte Student, im Elend war, und weshalb er, trotz seiner Kenntnisse, niemals zu den Prüfungen und damit zu dem Beruf zugelassen wurde, lag weit zurück. Sered erfuhr ihn (wie übrigens auch alles andere aus Krals Leben) noch vor dem Antritt seiner Stellung im »Kätzlein«. Kral, der in nüchternem Zustande gemessen war, zeigte, wenn er getrunken oder »angeheizt« hatte, ein ganz verändertes Wesen. Nach außen hin schien wenig an ihm verändert. Wohlgesetzt und logisch nach wie vor kamen die Worte aus seinem Munde, und seine Hände zitterten kaum. Aber eine Art bösen Geistes war über ihm.

Weil er mit seinen Bosheiten und Sticheleien oft recht hatte (wenn auch lange nicht immer!), verzieh man ihm oft nicht, was man sonst Trunkenen lachend immer verzeiht. Deshalb war er in seinem Zimmerchen, angesichts der knurrigen Wirtin, allein geblieben, ohne Mantel, ohne Uhr und ohne Freund und Brot. So war es Kral schon einige Jahre vor dem Kriege gegangen, als er in einer kalten Nacht auf einer schönen alten Moldaubrücke einen tschechischen Polizisten – deutsch ansprach. Als der Brave in kläglichem Gestotter antwortete, begann ihn Kral in ebenso giftiger wie treffender Weise wegen des Verrates an der verfolgten, unterdrückten tschechischen Nation zu hänseln, was sich der Polizist, sich ängstlich nach allen Seiten umsehend, geduldig gefallen ließ, denn er war im Herzen fanatischer Tscheche. Ein loyaler Österreicher aber war er nur im Dienst, für seine »kaiserlichkönigliche Gage«. Er schämte sich, daß er Kral nichts antworten konnte, als dieser ihn, scheinbar mit Teilnahme, fragte, ob er bei einem Prager Straßenauflaufe auf dem »Graben« (wie solche damals nicht selten waren) auf seine Landsleute mit dem Säbel einhauen oder auf dem Wenzelsplatz mit dem schönen neuen Dienstrevolver auf die slawischen Brüder schießen würde? Der friedliche Polizist, der eine große Familie zu ernähren hatte, dachte an kein Blutvergießen. Der Weltkrieg war noch fern. Kral, immer mephistophelischer stichelnd, nahm sachte dem Polizisten den schwarzen Pickelhelm vom Kopfe, spuckte kräftig auf den österreich-ungarischen Doppeladler, der in goldglänzendem Messing auf dem Blech des Helmes angebracht war, und warf den Helm über das schneebedeckte Geländer der alten Brücke in die Tiefe. Zum Glück oder Unglück kam in diesem Augenblick die Ablösung. Der Polizist hatte einen blutroten Kopf, aber keinen Helm mehr. Kral wurde verhaftet. Die Pickelhaube wurde zwar wiedergefunden, denn der Fluß war zugefroren, und sie hatte nichts als eine Schramme abbekommen, aber dies wurde nicht zugunsten Krals ausgelegt. Er wurde zu sechs Wochen Arrest verurteilt, saß sie ab und sollte von der Universität relegiert werden. Durch Fürsprache eines Abgeordneten wurde dies zwar von Kral abgewendet. Aber er mußte zähneknirschend ein Gnadengesuch an die Regierung in Wien einreichen, um zu den medizinischen Prüfungen zugelassen zu werden, ein nur scheinbar reuevolles Schriftstück voller verborgener Stiche und Tücken, Spott und Hohn auf das morsche Österreich, das selbst nach dem

Ende des Weltkrieges nicht erledigt war und sich auch jetzt noch, lange Jahre nachher, 1927, im Stadium der Schwebe befand.

Wie oft dachte jetzt Sered, der in Kral nichts als ein armes Opfer altösterreichischer Willkür sah, daran, wie er dem Sohn seiner Wahl, dem Bruder seines Herzens, helfen könnte. In dem Caféhaus zum »Kätzlein« verkehrten viele höhere Beamte, ältere Hofräte im Ruhestand, vom reichen Finanzoberinspektor Burger-Pal und seiner Vorleserin Melitta zu schweigen: sie kamen nicht mit ihren Frauen, sondern mit Damen »jüngeren, leichteren Kalibers«. Sicher hätte der eine oder andere, nach langjährigen Erfahrungen im Labyrinth der Wiener Verwaltungsgerichte, einen Rat, einen »Schlich« erteilen können, und Kral drängte seinen Freund, er solle seine »Beziehungen« ausnutzen.

Jaroslav Seifert:
Prager Kaffeehäuser

Prager Kaffeehäuser! Die kläglichen Reste, die heute von ihnen geblieben sind, können kein Zeugnis mehr ablegen von dem Leben in den Cafés zwischen den beiden Weltkriegen. Jedes hatte sein eigenes – manchmal unverwechselbares – Gepräge. In die stillsten kamen die Studenten, um dort zu lernen, und begeisterte Zeitungsleser fanden hier alle Journale Europas vor, die man sonst nur abonnieren konnte. Manche ausländischen Zeitungen lagen schon am Tag, da sie erschienen, aus. Im Stadtzentrum gab es pompöse Cafés, in denen oft auch die Damen von Halbwelt verkehrten. Die Herren Ober, die in diesen Cafés servierten, ließen sich täglich zweimal rasieren, was mir damals schier unglaublich erschien. Dann gab es auch Cafés, die vorwiegend von Künstlern frequentiert wurden: Das Café »Slavia« besuchten vor allem Schauspieler. Auch wir pflegten uns dort einzufinden, wenn wir allein sein wollten. Doch in der »Národní kavárna«, dem heute nicht mehr existierenden Café »National«, wie man es deutsch nennen würde, waren wir täglich anzutreffen. Eine Zeitlang saßen wir auch mit Vorliebe im »Metro«.

Das Café »Union«, in einem Palais an der Ecke der National-straße und der Gasse Am Perstein (Na Perštýně) etabliert, be-suchten wir in alten Zeiten oft. In seinen letzten »Lebensjahren« – es war damals schon recht schäbig – kamen meist nur Zeitzeu-gen, Freunde und Schuldner des Obers Herrn Patera hin. Auch ich bin ihm, ich gesteh's, die Zeche für zwei Mocca schuldig ge-blieben. Im Winter suchten Liebenspaare hier Zuflucht, damit sie sich unter dem Tisch an den Händen halten konnten. Im Café »National« spendierten die Liebhaber ihren Freundinnen gern Milchreis-Glacé mit Pfirsichen und Schlagobers.

Die melancholischen Verse František Gellners, mit denen der Dichter von den Wiener Kaffeehäusern Abschied nahm, waren uns eigentlich unverständlich:

Von den Cafés chantantes fällt mir der Abschied schwer,
Wo Chöre armselig zur Abendzeit erklingen,
und auch von den Cafés.
Ich liebe ihre Fadheit.
Zwei Jahre meiner Jugend hab' ich dort verloren.

In unseren Prager Cafés herrschte jedenfalls keine Langeweile. Ganz im Gegenteil. Sie waren von summendem Frohsinn, vom Hallen der Schritte, dem Scharren der Stühle und Sessel und dem Klirren und Klimpern von Geschirr und Bestecken erfüllt. Nein, still war es dort nicht. Vielleicht nachmittags. Doch an einen frühmorgendlichen Kaffeehaus-Besuch habe ich eine unerfreu-liche Erinnerung. Im Café wurde diskutiert, geplant, leiden-schaftlich polemisiert, und nie hatte ich das Gefühl, hier meine Zeit zu vergeuden. Man fand alle Kulturzeitschriften und teure ausländische Illustrierte. Das erotische »La vie parisienne« (Pari-ser Leben) ging von Hand zu Hand und war nach ein paar Tagen zerfetzt wie eine Regimentsfahne nach eine »Bataille«. Die Da-men studierten fleißig ausländische Modejorunale und manche rissen, wenn der Ober nicht hinschaute, ganz einfach die sie in-

53. *Das Goldene Gäßchen.*

teressierenden Seiten heraus. Wurde der Ober, der die Zeitschriften bestellte und bezahlte, wütend, lächelten sie nur »unschuldig«. [...]

Nur zum Kaffeetrinken kam freilich niemand ins Kaffeehaus. Der Kaffee war dort stadtbekannt schlecht. Die zwei Kronen, die man dafür auf den Tisch legte, waren eher das Entree: im Winter, um in der Wärme zu sitzen, im Sommer für den dichten Qualm. Doch das heimelige Milieu und die freundschaftliche Atmosphäre waren immer einen Besuch wert.

Philippe Soupault:
Die Freunde aus Prag

Man hat mir gesagt
die Zeit fliegt dahin
Auf der Anhöhe der Landstraße dort liegt
diese Stadt
die schlägt
Es gibt an diesem Herzen
Freunde die schlafen
und die aufwachen
wenn die großen Glocken
dröhnen

Ich habe euch wiedererkannt
denn ihr hieltet
ein Lied in der rechten Hand
und in der linken Hand
einen Spiegel um die Sonne darin einzufangen
Ihr habt euch unter euren Lidern
Augen bewahrt die glänzten
wie Messer
und in euren Gebärden las ich

alle Botschaften
des Landes durch das wir
früher
heute
zusammen gekommen waren
Ich kann den milden Geschmack des Milchkaffees
nicht vergessen
und nicht den wie Alkohol so blauen Laut
all eurer Stimmen
Ihr seid da
drei vier fünf sechs sieben
ihr seid eine ganze Armee
und ihr seid ganz allein
vor euch selber
mit dem Mut der Regentage
und dem Schnee der Jahreszeiten

Ihr müßt mir wieder die Hand reichen
von Zeit zu Zeit
wenn ihr ein großes ganz neues
Haus anschaut
wenn ihr dem Wind lauscht
der Freund sagt
Ihr müßt manchmal
euren Freund
vergessen
doch nicht zu sehr
Jetzt
im Kreis der Tage
versuche ich nicht nur die
kleine Straße des Goldes wiederzusehen
oder die Kirchenfenster des Sankt-Veits-Doms
oder auch den Judenfriedhof
oder die Uhr der Erinnerung
Jetzt

sehe ich eure Hände
die größer sind als ich
und die sich drehen
wie Propeller
Ich weiß daß ich die große Musik
nicht vergessen kann
die sich von den Spiegelungen
des Schwanenflusses ernährt
und die aus der Stadt herausspringt
um die großen Hügel herum
es ist das Rendezvous der Freunde
das Rendezvous der langsamen und roten Straßenbahnen
und der bunte Gesang
der gesamten triumphierenden Freundschaft

Albert Camus:
Tod im Herzen

Ich kam um sechs Uhr abends in Prag an. Ungesäumt brachte ich meinen Koffer in die Gepäckaufbeahrung. Ich hatte noch zwei Stunden vor mir, um ein Hotel zu finden. Und ein eigenartiges Gefühl von Freiheit beschwingte mich, weil meine Koffer nicht mehr an meinen Armen zogen. Ich trat aus dem Bahnhof, ging Gärten entlang und befand mich auf einmal in der Wenzelstraße mitten in dem um diese Tageszeit dichten Gedränge. Ich war von einer Million Menschen umgeben, die schon vor meiner Ankunft gelebt hatten, von deren Dasein jedoch nichts bis zu mir gedrungen war. Sie lebten. Ich war Tausende von Kilometern von der Heimat entfernt. Ich verstand ihre Sprache nicht. Sie schritten alle rasch aus. Und indem sie mich überholten, lösten sie sich alle von mir ab. Ich verlor den Boden unter den Füßen.

Ich besaß wenig Geld. Eben genug, um sechs Tage zu leben. Nach Ablauf dieser Frist sollten meine Freunde eintreffen. Indessen überfiel mich auch in dieser Hinsicht Unruhe. Ich machte mich also auf die Suche nach einem anspruchslosen Hotel. Ich befand mich in der Neustadt, und was ich an Hotels fand, barst vor Licht, Lachen und Frauen. Ich beschleunigte den Schritt. Irgend etwas in meinem eiligen Lauf glich bereits einer Flucht. Gegen acht Uhr gelangte ich erschöpft in die Altstadt. Dort gefiel mir ein bescheiden aussehendes Hotel mit einem unauffälligen Eingang. Ich trete ein. Ich fülle mein Anmeldeformular aus, nehme meinen Schlüssel in Empfang. Ich habe Zimmer Nummer 34 im dritten Stock. Ich schließe die Tür auf und stehe in einem äußerst prunkvoll eingerichteten Raum. Ich schaue nach, ob irgendwo ein Preis angeschlagen ist: er beträgt das Doppelte dessen, was ich vorgesehen hatte. Das Geldproblem wird heikel. Um in dieser Großstadt leben zu können, muß ich mich sehr einschränken. Die eben noch unbestimmte Unruhe nimmt Gestalt an. Ich fühle mich unbehaglich, hohl und leer. Einen Augenblick lang kehrt indessen mein klarer Verstand zurück: zu Recht oder zu Unrecht ist mir in Gelddingen immer die größte Gleichgültigkeit nachgesagt worden. Was soll mir diese dumme Besorgnis? Aber schon beginnt der Geist zu arbeiten. Ich muß essen, mich wieder auf den Weg machen, das billige Restaurant suchen. Ich darf für jede Mahlzeit nicht mehr als zehn Kronen ausgeben. Von allen Lokalen, die ich sehe, ist das am wenigsten teure auch das am wenigsten einladende. Immer wieder gehe ich daran vorbei. Drinnen wird man schließlich auf mein sonderbares Gehaben aufmerksam. Ich muß eintreten. Es ist eine ziemlich düstere, mit anmaßenden Fresken ausgemalte Höhle. Gemischtes Publikum. In einer Ecke ein paar Freudenmädchen, die rauchen und ernsthafte Gespräche führen. Männer sitzen am Essen; die meisten sind ohne Alter und ohne Farbe. Der Kellner, ein Koloß in einem speckigen Smoking, streckt mir einen riesigen, ausdruckslosen Kopf entgegen. Da ich von der Speisekarte nichts verstehe, treffe sich eilends auf gut Glück meine Wahl. Aber sie scheint einer Erklärung zu bedürfen. Und der Kellner stellt mir Fragen auf tschechisch. Ich antworte mit den paar Brocken deutsch, die ich kann. Er versteht kein deutsch. Ich werde nervös. Er ruft eines der Mädchen herbei, das sich in typischer Haltung nähert, linke Hand auf der Hüfte, Zigarette in der Rechten, feuchtes Lächeln. Sie setzt sich an meinen Tisch und stellt Fragen in einem Deutsch, das mir ebenso schlecht vorkommt wie meines. Alles klärt sich auf. Der Kellner wollte mir die Spezialität des Hauses rühmen. Ich bin kein Spielverderber und bestelle mir dieses Gericht. Das Mädchen redet auf mich ein, aber ich verstehe nichts mehr. Natürlich sage ich mit meiner überzeugtesten Miene ja. Aber ich bin nicht bei der Sache. Alles geht mir auf die Nerven; mir schwindelt, ich habe keinen Hunger. Aber unablässig diese schmerzende Stelle in mir und dieses Grimmen im Bauch. Ich spendiere ein Bier, weil ich doch weiß, was sich gehört. Das Gericht wird gebracht, ich esse: ein Mischmasch aus Grieß und Fleisch, der durch unwahrscheinliche Mengen Kümmel beinahe ungenießbar gemacht wird. Aber ich denke an etwas anderes oder vielmehr an nichts und schaue starr auf den fetten, lachenden Mund der Frau, die mir gegenübersitzt. Hält sie es für eine Aufforderung? Schon ist sie neben mir, beginnt sich anzuschmiegen. Eine unwillkürliche Bewegung von mir hält sie zurück. (Sie war häßlich. Ich habe mir oft gesagt, daß ich mir alles Folgende erspart hätte, wenn dieses Mädchen schön gewesen wäre.) Ich befürchtete, es könnte mir inmitten dieser lachlustigen Menschen übel werden. Noch mehr fürchtete ich das Alleinsein in meinem Hotelzimmer, ohne Geld, ohne Lebensfreude, einzig auf mich und meine kläglichen Gedanken angewiesen. Ich frage mich noch heute mit einem unbehaglichen Gefühl, wie ich das scheue, feige Wesen, das ich damals besaß, je habe abstreifen können. Ich verließ das Lokal. Ich wanderte durch die Altstadt, aber ich hielt es nicht länger aus, mit mir allein zu sein, und suchte eilends mein Hotel auf, wo ich mich zu Bett legte und auf den Schlaf wartete, der beinahe augenblicklich kam.

Ein Land, in dem ich mich nicht langweile, kann mich nichts lehren. Mit solchen Phrasen versuchte ich mir Mut zu machen. Aber soll ich wirklich die folgenden Tage beschreiben? Ich ging wieder in mein Restaurant. Morgens und abends ließ ich die schreckliche Kümmelnahrung über mich ergehen, die mir Übelkeit bereitete. Demzufolge trug ich den lieben langen Tag einen beständigen Brechreiz mit mir herum. Aber ich gab ihm nicht nach, wußte ich doch, daß ich mich ernähren mußte. Und zudem – was bedeutete das schon verglichen mit der Pein, ein neues Restaurant zu suchen? In dem meinen war ich wenigstens bekannt. Man lächelte mir zu, wenn man sich auch nicht mit mir unterhielt. Im übrigen breitete meine Beklemmung sich aus. Der scharfe Stachel in meinem Gehirn nahm meine Aufmerksamkeit zu stark in Anspruch. Ich beschloß, meine Zeit einzuteilen, sie mit zahlreichen Stützpunkten zu versehen. Ich blieb möglichst lange im Bett, und meine Tage wurden entsprechend kürzer. Dann kleidete ich mich sorgfältig an und erforschte planmäßig die Stadt. Ich irrte in den prunkvollen Barockkirchen umher, in denen ich eine Heimstätte wiederzufinden suchte, und wenn ich sie verließ, fühlte ich mich nach dem enttäuschenden Zusammensein mit mir selbst noch leerer, noch verzweifelter. Ich schlenderte ziellos die von schäumenden Wehren zerschnittene Moldau entlang. Ich verbrachte nicht endenwollende Stunden in der Weitläufigkeit des verlassen und stumm daliegenden Viertels um den Hradschin. Im Schatten seines Domes und seiner Paläste hallte mein Schritt laut durch die Gassen, wenn die Sonne sich zum Untergang neigte. Sobald ich mir dessen bewußt wurde, fühlte ich mich wieder von Panik gepackt. Ich aß früh zu Abend und ging um halb neun zu Bett. Die Sonne entriß mich mir selbst. Kirchen, Paläste, Museen – alle Kunstwerke rief ich zu Hilfe, um meine Beklommenheit zu lindern. Ein klassischer Trick: ich wollte meine Auflehnung in Melancholie auflösen. Aber umsonst. Sobald ich ins Freie trat, war ich ein Fremder. Ein einziges Mal, in einem Barockkloster, am Rande der Stadt, ließen die Lieblichkeit des Augenblicks, der gemächliche, helle Ton der Glocken, die in traubenförmigen Schwärmen vom alten Turm auffliegenden Tauben und auch so etwas wie ein Duft von Kräutern und Nichts, ein tränenerfülltes Schweigen in mir entstehen, das mich der Erlösung auf Haaresbreite nahebrachte. Und am Abend schrieb ich beim Nachhausekommen in einem Zug die folgenden Aufzeichnungen, die ich wortgetreu wiedergebe, weil ich gerade in ihrem hochtrabenden Ton die Vielschichtigkeit meiner damaligen Gefühle wiederfinde. »Und welchen anderen Gewinn soll ich aus der Reise ziehen? Da stehe ich nackt und bloß. Eine Stadt, deren Aushängeschilder ich nicht lesen kann, fremde Buchstaben, die keinen vertrauten Halt bieten, ohne Freunde, mit denen ich sprechen könnte, ohne Zerstreuungen auch. Ich weiß wohl, daß mich nichts aus diesem Zimmer, in das die Geräusche einer fremden Stadt dringen, zu befreien und in das zartere Licht eines Heims oder einer geliebten Umgebung zu führen vermag. Soll ich rufen, schreien? Es würden doch nur fremde Gesichter auftauchen. Kirchen, Gold und Weihrauch, alles verstößt mich in einen Alltag, in dem meine Beklemmung den Wert aller Dinge bestimmt. Dies ist der Augenblick, da der Vorhang der Gewohnheiten, dieses bequeme Gewebe der Worte und Gebärden, in denen das Herz eindöst, sich langsam hebt und endlich das fahle Gesicht des Umgetriebenseins enthüllt. Der Mensch steht sich selbst Aug' in Auge gegenüber: ich wette, daß er nicht glücklich sein kann... Und doch bringt ihm das Reisen gerade dadurch Erleuchtung. Ein großer Zwiespalt tut sich auf zwischen ihm und den Dingen. In das weniger gut gewappnete Herz dringt die Musik der Welt leichter ein. Und in dieser tiefen Bedürftigkeit wird der geringste einsame Baum zum zartesten und zerbrechlichsten aller Bilder. Kunstwerke und Frauenlächeln, Männergeschlechter, die in ihrem Boden wurzeln, Baudenkmäler, in denen Jahrhunderte sich drängen – so gestaltet die Reise eine Herz und Gemüt ansprechende Landschaft. Und dann, am Ende des Tages, dieses Hotelzimmer, wo etwas wie ein Hunger der Seele sich erneut in mich einfrißt.« Aber ist es nötig, zu bekennen, daß ich das alles nur zusammenfabulierte, um mich einzuschläfern? Und was mir von Prag bleibt – ich darf es heute wohl sagen –, ist der Geruch der Essiggurken, die an jeder Straßenecke verkauft und stehend verzehrt werden und deren säuerlicher, würziger Duft

54. *Laubengang in der Rittergasse.*

meine Bangigkeit weckte und verdichtete, sobald ich mein Hotel verließ. Dies und vielleicht auch eine bestimmte Melodie. Unter meinem Fenster saß ein einarmiger Blinder, auf seiner Ziehharmonika, die er mit einer Hinterbacke festklemmte, während er mit der gesunden Hand spielte. Es war immer dieselbe kindliche, sehnsüchtige Weise, die mich am Morgen weckte und unvermittelt in die kahle Wirklichkeit versetzte, in die ich hilflos verstrickt war.

Ich sehe mich noch, wie ich manchmal am Ufer der Moldau plötzlich stehenblieb und mich, von diesem Geruch oder dieser Melodie überfallen, in mein tiefstes Ich hinabgestoßen, ganz leise fragte: »Was hat das zu bedeuten? Was hat das zu bedeuten?« Aber ich war ohne Zweifel noch nicht bis auf den Grund gelangt.

Willy Haas:
Unheimliches Nachspiel Prag

Das Prag, das ich 1933 wiedersah, war nicht mehr das alte Prag von 1910. Die sudetendeutschen Nazis, die in allen deutschen Gebieten der Tschechoslowakei eine Art Terror ausübten, riefen offen oder versteckt nach der »Wiedervereinigung« mit dem Deutschen Reich Hitlers: »Ein Volk, ein Reich, ein Führer!« Der humane, humanistische Geist des Präsidenten T. G. Masaryk, des ehrwürdigsten Staatsoberhauptes, das ich erlebt habe, war noch überall fühlbar, in den Ämtern, Schulen, unter der Bevölkerung: seine Autorität war ungeheuer. Aber die Erbitterung auf beiden Seiten war so groß, daß an eine friedliche Lösung – mit dem skrupellosesten aller Verbrecher, Hitler, als Erpresser im Hintergrund – kaum noch zu denken war. Solange Masaryks große Erscheinung ihm noch den Widerstand der hohen Ethik und Weisheit entgegensetzen konnte, würde das Ganze irgendwie zusammenhalten, dessen waren wir sicher. Was dann geschehen sollte, wußte keiner von uns. [...]

Ich war in Prag nicht mehr verwurzelt und hatte mein Leben als Vierzigjähriger neu aufzubauen. Ich war nicht eigentlich Emigrant, aber ich hatte ja seit dreizehn Jahren nicht mehr in Prag gewohnt, mein Vater war inzwischen gestorben, viele meiner Jugendfreunde lebten zerstreut im Ausland. Dennoch war meine Lebensform anders als die eines Emigranten. Ich konnte tschechisch sprechen, und diese Kenntnis durch tägliche Übung rasch vervollkommnen oder doch vorwärtsbringen. Mehr noch: ich wußte, daß in der Abonnentenliste der *Literarischen Welt* das Sekretariat des Präsidenten T. G. Masaryk gleich mit zwei Exemplaren verzeichnet stand – und das bedeutete, daß der vielbelesene gelehrte Präsident selbst die Zeitschrift kannte und las. Er hatte mir auch gelegentlich die Erlaubnis gegeben, einen wichtigen Artikel aus seiner Feder in der Originalübertragung von Otto Pick als Leitartikel in der *Literarischen Welt* zu publizieren.

Ich wandte mich also vorerst an den bedeutenden Schriftsteller Karel Čapek, der ein Freund des Präsidenten war und mehrere Bände seiner klugen und weisen »Gespräche mit T. G. M.« publiziert hatte.

»Ich bin gerade im Begriff, den Präsidenten zu besuchen, um ihm die rohen Bogen des neuen Bandes der ›Gespräche‹ vorzulegen«, sagte Čapek. »Ich will das Gespräch auf Sie zu lenken versuchen.«

Wenige Tage später rief Čapeks Sekretär mich an, ich möge ihn sofort aufsuchen, er habe gute Nachrichten für mich.

»Der Präsident kennt Ihren Namen und Ihre Zeitschrift«, sagte Čapek. »Er heißt Sie willkommen in unserem Vaterland. Man wird für Sie sorgen. Melden Sie sich beim Direktor des Orbis-Verlags.«

Der Orbis-Verlag, der die halb offiziöse, kulturell glänzend redigierte »Prager Presse« herausgab, wurde vom Außenministerium des Dr. Beneš subventioniert. Mein alter Freund Pick war Feuilletonredakteur des Blattes, dessen Stimme, wie man wußte, die Stimme Masaryks war. [...]

Der Tod Masaryks war so etwas wie die Götterdämmerung

der Tschechoslowakei. Sein Begräbnis, quer durch seine Stadt Prag und dann weiter zu seinem Lieblingssitz Lány bei Prag, war ein Epos, das man nur einmal im Menschenleben erlebt. Städter, Bauern und Bäuerinnen aus Böhmen, Mähren und der Slowakei in ihren bunten Trachten säumten zu Tausenden den langen Weg von der Burg Hradschin zum Wilsonbahnhof. Als die Leiche, auf einer Lafette – sein Körper, der Körper des friedliebendsten Menschen auf einer Lafette! – bei dem fernen Kanonengrollen der Salutschüsse vom Hradschin, durch die totenstillen Straßen und Gassen vorbeigezogen wurde, knieten diese Menschen auf dem Straßenpflaster nieder, bekreuzigten und beugten sich tief und weinten bitterlich. Auch ich weinte. Ich wußte, nun würde ich bald wieder weiterziehen, alles zurücklassen und nochmals mein Glück versuchen müssen. [...]

Man fühlte, daß mit Beneš eine andere, weniger noble Ära begonnen hatte. Dr. Beneš, der neue Präsident, war ein kluger, geschickter, wendiger Diplomat unter Masaryk gewesen. Das genügte keineswegs, um die Tschechoslowakei damals zu erhalten. Nur Masaryks rationalistisch gefärbte, doch halb mystische Weisheit hätte das – vielleicht! – vermocht. Mit dem französischen Verräter an der Seite, auf den der kurzsichtige Beneš blind vertraute, mußte die tschechoslowakische Republik zusammenbrechen. [...]

Die Wochen nach dem Münchner Vertrag waren schrecklich in Prag. Die meisten deutschen Emigranten waren schon geflüchtet. Wem es nicht gelungen war, saß bleich, den Tod im Herzen, in irgendeinem Kaffeehaus. Hitler stand wenige Meilen vor Prag. Das Sudetenland, die »Slowakei« waren schon abgetrennt.

Es war eine wahrhaft geisterhafte Zeit zwischen München und der Besetzung Prags. Ich überdachte die sechs Prager Jahre, von 1933 bis 1939, in denen vieles geschehen war.

Es war merkwürdig: Meine tschechoslowakische Staatsbürgerschaft, meine Prager Freunde aus früheren Jahren, die neuen tschechischen Berufsfreunde in der Filmwochenschau – alle diese Umstände hatten es mit sich gebracht, daß ich andere Emigranten aus Deutschland anfangs nur zufällig sah. Julius Hollos und Bernhard Menne gaben den »Prager Mittag« heraus, ein sehr lebendig redigiertes Blatt, das wir natürlich alle täglich lasen. Auch die »Weltbühne« war nun in Prag. Man traf zuweilen Herzfelde und seinen Bruder Heartfield, die Chefs des Malik-Verlages. Wir lasen die Bücher der beiden großen deutschen Emigrantenverlage Querido und Albert de Lange, anfangs erreichten uns auch noch die Bücher des Berman-Fischer-Verlags, der in Wien hauste.

Einmal hatte Thomas Mann eine Vorlesung gegeben und war sehr gefeiert worden – er und sein Bruder Heinrich hatten eben die Ehrenbürgerschaft der tschechoslowakischen Republik erhalten, nachdem Deutschland beide ausgebürgert und ihre ganze Habe beschlagnahmt hatte. Nach den Ovationen versuchte Thomas Mann ein Dankeswort zu sprechen. Es erstickte fast in aufsteigenden Tränen. Nachher, in einer kleinen Gesellschaft, sprach ich ihn ausführlich. »Fehlt Ihnen Deutschland?« fragte ich. Er senkte stumm den Kopf. »Mir auch«, sagte ich leise. Aber seine energische, starke Frau fuhr lachend dazwischen. »Seid doch nicht sentimental – das ist lächerlich! Wir alle werden Deutschland wiedersehen – wenn wir es dann noch wollen!«

Jetzt war alles Leben in Prag erstarrt – es war eine Art Todesstarre. Man drängte sich näher aneinander, jeder verbrachte Tag und Nacht mit der Suche nach einer Möglichkeit, aus der Falle zu entkommen. Ich schrieb an Claudel, der Botschafter a. D. war, und Hasenclever; durch Hasenclever wurde in Paris bei Giraudoux im Außenministerium etwas unternommen, und ich bekam ein Dauervisum für Frankreich – etwas, was damals, 1939, nicht mit einem Vermögen zu bezahlen gewesen wäre. Aber inzwischen hatten meine Pläne für Indien, dank der Bemühungen meines Freundes, des Komponisten Walter Kaufmann, der eine große Stellung im »All India Radio« hatte, eine konkrete Gestalt angenommen.

Ich hatte in Prag einen wirklichen Freund, der nicht wankte, eine Frau ohne jede Furcht: Milena Jesenská, die ehemalige leidenschaftliche Freundin und Geliebte Franz Kafkas, die ich seit etwa dreißig Jahren kannte. Sie sagte mir: »Du hast ja Furcht« (und weiß der Himmel, ich hatte Furcht!), »mit dir muß man spazierengehen.« Und sie ging fast täglich stundenlang mit mir spazieren und sprach über unsere Jugend. Das gab mir mehr Frieden, als irgendwelche Illusionen mir gegeben hätten. Ich hatte nach und nach alle meine Posten und Einnahmen verloren. Der Druck Hitlers wirkte sehr stark. Die »Prager Presse« wurde eingestellt. Meine tschechischen Freunde – und nicht nur diese – benahmen sich prachtvoll.

Eines Nachts um drei Uhr läutete das Telefon. Es war Milena, die den Nachtdienst in einer Redaktion hatte.

»Erschrick nicht, Täubchen, die Deutschen sind im Anmarsch auf Prag. Sie werden morgen früh um etwa acht Uhr einmarschieren. Behalte den Kopf hoch. Es ist noch nicht alles verloren!«

Es ist seltsam, was ein Mensch in einer solchen Situation tut. Ich habe es öfter als einmal in meinem Leben mitgemacht: Wenn alles verloren schien, überfiel mich eine bleierne Müdigkeit, die oft tagelang dauerte. Ich legte mich also wieder zu Bett und schlief ein. Als ich am nächsten Morgen um etwa zehn Uhr aufwachte, mich anzog und auf die Straße ging, war schon alles voller deutscher Soldaten und SS. In der Straßenbahn sagte ein junger Unteroffizier der deutschen Reichswehr zu einem Tschechen: »Wir haben doch nichts gegen euch Tschechen! Nur die Juden haben uns gegeneinander aufgehetzt. Wir müssen sie gemeinsam vernichten.« Der Tscheche nickte.

Ich ging der einzigen Beschäftigung nach, die ich noch hatte: mein Amt bei der tschechoslowakischen Wochenschau. Am Fuße des Wenzelsplatzes traf ich den Direktor, meinen unmittelbaren Chef.

»Gehen Sie ins Büro?« fragte er unbefangen.

»Ja.«

»Dann gehen wir wohl zusammen«, meinte er. Er faßte mich

unter den Arm und ging mit mir den Wenzelsplatz hinauf. Im Büro nickte er mir zu und wollte weitergehen.

»Verzeihen Sie!« sagte ich. »Sie waren gewiß immer höflich zu mir – aber was hat Sie bewogen, sich heute in meinen Arm einzuhängen, als wären wir alte Jugendfreunde?«

»Das will ich Ihnen sagen, Herr Haas«, erwiderte er freundlich. »An einem solchen Tag sollte jeder anständige Tscheche Arm in Arm mit einem Juden über die Straße gehen.«

Noch Seltsameres sollte folgen. Der Orbis-Verlag rief an, der eben im Begriff war zu liquidieren.

»Herr Haas, unser Aufsichtsratsmitglied, Herr X. Y. vom Auswärtigen Amt, möchte Sie heute abend Punkt sechs im Prager Club am Graben treffen. Seien Sie bitte auf die Minute genau dort.«

Das war ich, und der Sektionsrat setzte sich alsbald neben mich und gab mir ein Schriftstück.

»Ich glaube, man kann sich auf Sie verlassen«, sagte er trocken. »Hier haben Sie einen rückdatierten einjährigen Anstellungsvertrag bei Orbis. Wenn Sie ihn bei der Kasse des Orbis-Verlags vorzeigen, so werden Sie Ihr Monatsgehalt für neun Monate im voraus ausgezahlt bekommen. Guten Abend!«

Und er war verschwunden. Am nächsten Morgen erhielt ich in der Tat das volle Gehalt für neun Monate – ich, dem kein einziger Pfennig Abfindung zukam, denn meine Abmachungen liefen von Monat zu Monat.

Man muß viel Gemeinheit und Demütigung erleiden, um auch so viel Generosität zu erleben, wie ich in Berlin und Prag erlebt habe.

André Gide:
Aus dem Tagebuch

Prag, 5. August.

Sehr seltsame Stadt; da und dort durch wesensfremde Zusätze entstellt, einer Art amerikanischer oder sowjetischer Modernität: Schilder, Reklame. Nach der Eleganz und dem Luxus der Karlsbader Geschäfte überrascht die Häßlichkeit und Armseligkeit der Auslagen; aber welche Fülle und wie gut ausgestattete Buchhandlungen! Wunderbarer Anblick der Stadt, am ersten Tag, unterm Regen. Einer ruhmreichen, schmerzerfüllten und tragischen Stadt; weit in Zeit und Raum hinausreichend; ein mystisches Ungestüm durchpulst sie und wühlt sie auf.

Trotz des schlechten Wetters nächtliche Belebtheit des Boulevards vor unserem Hotel. Stumme Menschenansammlung um einen unglücklichen Zeitungsverkäufer, der in einer Mauernische weint, dem Leben den Rücken zukehrend, das Gesicht im erhobenen Arm vergraben, ein Bild tiefster Verzweiflung. – Und jener andere, der ein eisernes Gitter hochhebt, um einen noch glühenden Zigarettenstummel zu erwischen, den ein Passant weggeworfen hat. *1934*

Jan Martinec:
Schnellsiedekurse

In die Prager deutschen Gymnasien waren viele Kinder von Emigranten eingetreten, die alle den Stoff der tschechoslowakischen Geschichte nachholen mußten. Und weil sich bald herumgesprochen hatte, daß Schnellsiedekurse in diesem Fach meine Spezialität waren, hatte ich bald so viele Angebote, daß ich mir die Schüler aussuchen konnte.

Riccarda bot ich an, sie ohne Honorar zu unterrichten. Sie

kräuselte ein wenig verächtlich die Lippen. Dann entlohnte sie mich mit dem Wörtchen »Interessant«.

Also pilgerte ich zweimal wöchentlich nach Žižkov unter dem Žižkaberg, dem damals ärmsten Prager Stadtteil, mit düsteren Miethäusern und uneleganten Ausdünstungen. Und dort, hart an der Grenze zwischen namenlosem Elend und ruhmreicher Geschichte, lag die billige und altmodische Wohnung, in der ich versuchte, Riccarda Flut und Ebbe, Glanz und Schrecken der tschechischen Geschichte näherzubringen.

Sicher war ich bis über die Ohren in Riccarda verliebt und doch muß ich gestehen, meine Liebe war nicht völlig selbstlos. Ich hoffte ihrem Vater einen meiner Heldenmonologe vorbrüllen zu können. Wie, wenn ich ihm gefiele und er mich auf Riccardas Bitten in Zürich, Basel oder Wien an einem der wenigen noch freien Theater unterbringen würde? Für den berühmten Berliner Rezensenten mußte so etwas doch eine Kleinigkeit sein. Wie konnte ich schon damals ahnen, daß ehemalige Kritiker zu den ohnmächtigsten Menschen des Kunstbetriebes gehören. Ich traf ihn auch nie zu Hause an, weil er, obwohl geborener Prager, der fließend Tschechisch sprach und schrieb, nur mit größter Anstrengung den allerbescheidensten Lebensunterhalt für seine Familie aufzutreiben imstande war. – An seiner Stelle watschelte aber zu Beginn einer unserer Lektionen die vor Langeweile aufgedunsene Mutter ins Zimmer. Sie schnüffelte in allen Ecken herum und redete und redete und redete...

Als sie Riccardas schmalen Kleiderschrank aufmachte, beschwerte sie sich bitter über die unmoderne Toilette, die sie in diesem unmöglichen Prag zu tragen gezwungen sei. Beim neugierigen Glätten eines Deckchens auf der Kommode klagte sie über die Migräne, die sich todsicher einstellen würde, wenn sie nicht unverzüglich in die Stadt ginge, um wenigstens für ein paar Stunden den Kleineleutegeruch Žižkovs loszuwerden, und als sie unter Schrank und Kommode suchte, teilte sie mit, daß sie die quälende Langeweile durch eine echte Prager Torte zu vertreiben gedenke, die doch der einzige Artikel von Weltniveau in dieser Stadt sei.

Plötzlich stürzte sich der aus Langeweile schwerbewegliche Koloß auf Riccardas Schreibtisch, wo er zwischen den Schulbüchern ein abgenütztes Geldtäschchen erbeutete. Und dann klirrte Riccardas einzige Zwanzighellermünze auf den Tisch.

Ich bot mich an, der gnädigen Frau auszuhelfen und warf selbstherrlich eine Banknote auf den Tisch. Die Gelangweilte verschwand rasch mit dem Geld, und auf Riccardas Stirn tauchte eine steile Furche von Verachtung, Zorn und Scham auf.

Schweigend saßen wir am Tisch. Ich spürte, daß ich mich eben nicht gerade feinfühlig benommen hatte, und beschloß das niederdrückende Schweigen mit Geschichtsunterricht zu brechen. Erst dieser Versuch entfesselte Riccardas Zorn.

»Blödsinn«, fauchte sie höhnisch, »glaubst du denn wirklich, daß ich dir dein Gefasel vom heiligen Wenzel abkaufe? Wart nur, bald kommen wieder deutsche Kolonisten in dieses Land. Dann geh mit meiner Mutter ins Caféhaus und kauf ihr eine echte Prager Torte ... wenn man euch überhaupt noch in ein Lokal hineinläßt ...!« [...]

Zu jener Zeit gastierten in Prag immer öfter prominente Schauspieler, die im Hitlerdeutschland nicht mehr auftreten konnten oder wollten. Diese berauschenden Abende mit den besten Schauspielern der deutschsprachigen Theaterwelt gipfelten für mich in einer Don-Carlos-Vorstellung.

Tags zuvor hatte Riccarda Prüfung. Zappelig wie ein werdender Vater patrouillierte ich im Gang vor den Klassenzimmern, während Riccarda im rauch- und unheilgeschwängerten Heimatkundekabinett bei Firkuschny in tschechoslowakischer Geschichte einem peinlichen Verhör unterzogen wurde. Als sie endlich aufatmend im Gang erschien, gab sie mir die Hand und sagte: »Vielen Dank, kleiner Interessanter. Hast Glück. Der Theater-Faktor liegt mit Grippe im Bett, da hast du seine Karte für den Don Carlos.« [...]

Ich hatte mich mit Riccarda vor dem Theater verabredet. Es lag in der Nähe des ewig lärmenden Hauptbahnhofs. Tagsüber hatte die elektrische Straßenbahn keinen Grund hier zu halten.

55. *Der Graben um 1930.*

Aber vor und nach den Vorstellungen leuchteten an der Halte-
stelle zwei mattweiße Glaskugeln. An diesem Abend wirkten sie
besonders feierlich. Riccarda hatte ein glattes schwarzes Kleid an
und war noch schöner, zerbrechlicher als gewöhnlich. Ich aber
schwitzte in meinem blauen Anzug gewaltig, weil eine Reihe be-
kannter Persönlichkeiten die Tochter des berühmten Theaterkri-
tikers ehrerbietig grüßten.

Riccarda nahm mich am Arm und flüsterte mir Informationen
zu. Der hagere Intellektuelle dort, der die zerfransten Manschet-
ten seines letzten weißen Hemdes in den Ärmeln zu verbergen
sucht, ist der ehemalige Hamburger Intendant. Mit wem er sich
gerade unterhält...?

Das wußte wiederum ich. Der elegante grauhaarige Ge-
sprächspartner des Hamburger Indentanten ist der Chefregis-
seur des Tschechischen Nationaltheaters, Karel Dostál.

Siehst du dort den kleinen abgemagerten Dicken mit Glatze
und Zwicker? Ein schrecklich berühmter Professor aus Weimar.
Neben ihm sein tschechischer Kollege, der dem Flüchtling Gut-
achten zuschanzt, damit der deutsche Kollege wenigstens einmal
am Tag eine halbe Bratwurst im Selbstbedienungsrestaurant am
Wenzelsplatz essen kann.

»Verfluchter Hitler!«

Solche Menschen also und nicht die wohlgenährten Abonnen-
ten hatten ohne vorherige Absprache die Karten für die Protest-
vorstellung der großen deutschen Schauspieler aufgekauft.
Tschechen und Deutsche, Wissenschaftler und Künstler und viele Jugendliche. Alle, die heute gekommen waren, verbanden die
Sorge und Befürchtungen um einen Freund, Verwandten oder
Kollegen, der in den Fängen des Dritten Reiches festsaß. Und
auch diejenigen, die niemand »drüben« hatten, spürten die von
der Zukunft geworfenen drohenden Schatten der Angst.

Von den Plüschsitzen des Parketts aus sah das Theater noch
feudaler aus als sonst. Herablassend nickte ich zu den Stehplät-
zen hinauf, wo Otto sich schon seit zwei Stunden die Füße in den
Leib trat, bevor es nun endlich begann.

Nach dem berühmten Satz: Geben Sie Gedankenfreiheit, pflegte Beifall einzusetzen. Aber diesmal war er merkwürdig flau.

»Wieso, warum...?« flüsterte Riccarda erregt und suchte im Dunkel nach meiner Hand.

Warum hatte Moissis Monolog die elektrische Spannung im Theater nicht entladen?!

Die beiden großen Schauspieler wurden unmerklich unruhig. Die gebrochene, jetzt schon beinahe ratlos gedrosselte Stimme Philipps drang nur mit größter Mühe durch das Dickicht der nächsten Dialoge bis zu der Stelle, an der König Philipp dem Marquis Posa seinen Kompromiß anbietet:

»...Flieht meine Inquisition –« und darauf: »Ihr selbst, Ihr sollet unter meinen Augen fortfahren dürfen, Mensch zu sein.«

Gedankenpause...

Im Zuschauerraum ein nervöses Schlucken. Oder war es ein Schluchzen? Riccardas gepflegte Fingernägel krallten sich krampfhaft in meine Hand. Und dann:

Einer plötzlichen Eingebung folgend hebt Alexander Moissi den Kopf, richtet sich auf, macht sich frei von Maske und Stück, von König Philipp und Schiller, von allen Theaterillusionen und geht langsam zur Rampe. Jetzt steht er still. Schaut ins Dunkel, wo er die Prager ahnt, und singt:

»Und meine Mitbürger, Sire...?«

Stille vor dem Sturm – der Saal holt tief Atem – schlägt zu. Der Applaus dauert zwei, fünf, zehn – volle zwanzig Minuten.

Nie vor und nie nach dieser Vorstellung des Don Carlos löste dieser Satz Applaus aus. An diesem einzigen und einzigartigen Abend, mit dem heimkehrenden Prager Ernst Deutsch als Carlos, mit dem »Steinadler« Bassermann, dem Gatten der jüdischen Else Bassermann, und dem italienischen Deutschen Moissi stellten jene vier einfachen Worte den vorhergehenden brillanten Monolog in den Schatten.

So erlebte ich an der Seite der zarten Riccarda die erste politische Demonstration meines Lebens.

Thomas Mann:
Thomas Mann grüßt Prag

Gestern abend sprach im Prager Rundfunk der berühmte deutsche Schriftsteller Thomas Mann, den wir um ein Interview gebeten haben (das Gespräch bringen wir an einer anderen Stelle). In seiner Rundfunkansprache erwähnte Thomas Mann vornehmlich seine Beziehung zu der Tschechoslowakei, namentlich zu Prag. Wir veröffentlichen deshalb einen wesentlichen Teil dieser Ansprache:

»Ich bekenne gern, daß es mir an einem Kontakt mit den Bewohnern der Tschechoslowakei sehr gelegen ist und daß ich mit meinem Aufenthalt in Prag nicht völlig zufrieden wäre, wenn dieser Konakt ausbleiben sollte. In der heutigen Zeit, da die Völker sich voneinander trennen, ist es Aufgabe aller, die an die Notwendigkeit der europäischen Zusammenarbeit glauben, diese Idee zu unterstützen. Die Tschechoslowakei unter Leitung ihres verehrungswürdigen Staatspräsidenten, der wahrlich das Ideal eines neuzeitlichen Staatsführers verkörpert, ist ein Pfeiler der europäisch-demokratischen Ordnung.

Aber auch aus mehr persönlichen Gründen wünsche ich, für das Prager tschechoslowakische Publikum nicht gänzlich unsichtbar und unhörbar zu sein. Ich verdanke nämlich dem literarischen Publikum dieses Landes die Teilnahme an meiner Arbeit, eine Teilnahme, die mir in so freundlicher, ernster und intelligenter Weise kaum ein anderes Land erwiesen hat. Oft habe ich aus Briefen und mündlichen Versicherungen erfahren, wieviel Sympathien hier für meine künstlerische und geistige Arbeit zu finden sind, und ich muß dankbar bekennen, daß es fast keine andere Ausgabe meines bisherigen Lebenswerkes in der Übersetzung gibt, die so vollständig und genau wäre wie die in diesen Jahren im Melantrich-Verlag erschienene Auswahl.

Daß meine Bücher so tadellos ins Tschechische übersetzt wurden, freut mich um so mehr, als ich dem Kulturleben in Prag seit je tiefe und beachtenswerte Eindrücke verdanke. Die Unkenntnis der schönen, jedoch schwierigen tschechischen Sprache ist schuld daran, daß meine Kenntnis der tschechischen Nationalkultur leider nur eine beschränkte ist. Diesen Mangel mußte mir vor allem die tschechische Musik ersetzen, die mir schon in der Jugend im Werke *Smetanas* und *Dvořáks* bekannt war, dieser so kennzeichnend nationalen und dabei mit ihrer hinreißenden Melancholie zu der ganzen Welt sprechenden Temperamente. Später lernte ich auch die Musik Janáčeks und Weinbergers kennen. In deutscher Übersetzung vermochte ich dennoch, wenigstens zum Teil, mich auch mit der modernen tschechischen Literatur bekanntzumachen, den Werken von Kapel *Čapek*, der Prosa Fráňa *Šrámeks*, dem außerordentlich eindrucksvollen Roman Jaroslav *Durychs*, einigen Romanwerken von Ivan *Olbracht*, dem ich die tschechische Übersetzung meines biblischen Romans verdanke, ferner Dramen Fr. *Langers* u. a.

Ich bin froh, wieder einmal hier zu sein, in dieser Stadt, deren architektonischer Zauber fast einzigartig unter allen Städten der Welt ist; ich bin glücklich, wieder einmal von einer Freundeshand durch ihre offenen und verborgenen Schönheiten geführt zu werden, und schließlich bin ich glücklich, mit meinen gewiß unzureichenden Worten auf diesem Wege mich für die herzliche und gastfreundliche Aufnahme zu bedanken, die ich hier auch diesmal genießen konnte.« *1935*

Karl Paetel:
In Prag

Ich hatte es täglich erwartet. Als ich eines Abends mein Zimmer im Prager »Weinberge-Viertel« betreten wollte, war es abgeschlossen. Meine Wirtin erklärte mir, daß sie mich nicht wieder hereinlasse, bevor nicht die zwei Monate rückständige Miete bezahlt sei. Die Sachen behalte sie solange in Gewahrsam. Taub gegenüber meinen Bitten, mir wenigstens ein paar notwendige

Wäschestücke zum Wechseln auszuhändigen, drohte sie, falls ich weiter insistiere, mit der Polizei.

Ich ging. Und drei Tage und drei Nächte blieb ich ohne Quartier. Das war nicht das Schlimmste: Ich ging an den Ufern der Moldau spazieren und schlief auf den Grasrändern des Flusses, bis die Morgenkühle mich weckte. Die Polizei kümmerte sich nicht um die Obdachlosen –, Nacht für Nacht waren die Stufen der Prager Bahnhöfe, die Bänke der Parkanlagen mit Schlafenden bedeckt, die kein Heim hatten. Die Behörde, die keine Möglichkeit sah, dem Übel wirklich grundlegend abzuhelfen, tolerierte schweigend diese Lebensweise einiger tausend Menschen im lichterglänzenden Prag.

Schlimm war, daß ich diese drei Tage auch nichts zu essen hatte. Auch vorher schon hatte ich wie Hunderte und Aberhunderte meiner Kameraden mehr als einmal gehungert in dem Sinne, daß ich außer einem Paar Würstchen, einer Suppe, einem Kaffee und den unvermeidlichen Zigaretten tage- und wochenlang nichts Vernünftiges in den Magen bekommen hatte. Aber in diesen drei Tagen hatte ich buchstäblich nichts zu essen, nichts zu rauchen, keinen Kaffee. Wie verhext war die Welt. Alle Bekannten waren, als brütende Hitze über der Stadt lag, wie vom Erdboden verschwunden. Niemanden traf ich an. Rastlos und ziellos ging ich durch die Kaffeehäuser – kein bekanntes Gesicht; niemand, der mir auch nur einen Heller borgen konnte.

Drei Tage ohne einen Bissen Brot, ohne eine Zigarette, ohne einen Schluck Kaffee. Ich glaubte, ich würde langsam verrückt.

Endlich traf ich einen Bekannten, der mir fünf Kronen gab. Die schale Gulaschsuppe, die ersten Züge einer Zigarette, der Kaffee, den ich genießerisch auf eine halbe Stunde ausdehnte, waren Botschaften des Himmels...

Dann gelang es mir, einen Mann aus der Flüchtlingsorganisation zu erreichen, der mir einen »Bon« für drei Nächte bei Herrn Sperling gab. Das bedeutete ein Dach über dem Kopf, bedeutete ein Bett.

Herr Sperling war am Kurfürstendamm in Berlin – Bordellwirt gewesen. Er hatte sich nach seiner Flucht aus Nazideutschland – natürlich bezeichnete er sich als »politischen« Emigranten – mit sicherem Blick in Prag eine neue Verdienstquelle entdeckt. Er möblierte eine große, aus mehreren Zimmern bestehende Wohnung mit Bettstellen und vermietete pro Nacht einen Schlafplatz für fünf Kronen; das Flüchtlingskomitee hatte für dringende Fälle Sonderpreise, so daß er sich fast als »offizielle« Hilfsstelle dabei ansehen konnte. Er hatte vierzig Betten zur Verfügung: man kann sich ausrechnen, daß sein Bruttoverdienst nicht klein war. Aber da sehr viele Emigranten eher fünf Kronen täglich für eine Schlafstelle auftreiben als auf einmal hundertfünfzig Kronen für ein Monatszimmer auf den Tisch legen konnten, waren fast stets alle Betten besetzt. Zu ihm hatte ich also einen »Bon«, Gratisübernachtung für drei Nächte. [...]

Ich war in einem achtbettigen Schlafsaal der einzige Nichtjude – und anscheinend der einzige, der nicht einem Beruf nachging. Die »Berufe« meiner Stubengenossen waren allerdings sehr seltsamer Natur. Da gab es einen Sachsen – er hatte, wie er behauptete, früher einmal selbst einen großen Rennstall besessen –, der ständig vor den Prager Wettbüros stand, an Wettlustige herantrat und ihnen Tips anbot unter Zusicherung einer Beteiligung am Eventualgewinn, bei stillschweigender Nichtbeteiligung am Verlust. Da er systematisch nach Wettzeitungen so ziemlich alle Pferde irgendwem vorschlug, kam immer ein Verdienst für ihn dabei heraus.

Ein anderer ernährte sich damit, daß er mit einigen »Internationalen Antwortscheinen« von Laden zu Laden, von Büro zu Büro jüdischer Firmen lief und den Inhabern tränenden Auges die Einwechselung seines letzten Geldwertes, bestehend in diesen Scheinen, vorschlug. Fast alle wiesen die Antwortscheine zurück, gaben ihm aber einige Kronen.

Ein dritter lebte etwa fünf Wochen davon, daß er von Zahnarzt zu Zahnarzt ging, jedem seinen einzigen Goldzahn zum Ausziehen gegen Zahlung von zwanzig Kronen anbot. Bis die Sache bei einem beruflichen Zusammentreffen mehrerer Zahnärzte erwähnt wurde, hatten alle die Ausnutzung einer solchen Notlage abgelehnt und ihm statt dessen ohne jede Gegenleistung stets einige Kronen gegeben. Der nächste allerdings zog den Zahn, zahlte – freundlich lächelnd – und legte damit das Geschäft brach.

Zwei meiner Nachbarn gingen täglich zu den Bahnhöfen, sprachen neu ankommende Flüchtlinge an und verkauften »Schnorradressen« in Prag und andern Städten gegen ziemlich hohe prozentuale Beteiligung oder traten solche Listen gegen Pauschalzahlung an Neuankommende ab.

Ein anderer wieder sah jeden Tag die Zeitungen auf gestorbene jüdische Einwohner durch und redete nach einer bestimmten Zeit, genau nach einer dem Ritus entsprechenden Zeittafel, den Leidtragenden die Anfertigung eines Grabsteins ein. Wieder ein anderer fabrizierte »Messusses« für Prager orthodoxe Juden.

Das Tollste aber war, daß aus diesem meinem Achtbettenschlafsaal der gesamte Zeitungsverkauf für den in diesen Wochen in der Stadt stattfindenden Katholikentag organisiert wurde. Ohne einen Pfennig Geld stellten zwei meiner Stubengenossen Ankäufer, Unter- und Obervertreter, Händler usw. ein und belieferten das gesamte feiernde Prag mit Lesestoff –, wie man mir versicherte, für die Initiatoren ein Bombengeschäft. Leider habe ich persönlich auch in diesen zwei Monaten nicht gelernt, ähnliche Begabungen zu entwickeln. Aber dennoch blieb das Beispiel dieser Lebenstüchtigkeit nicht ganz ohne Einfluß auf mich. [...]

Eines Abends ging ich endlich auch wieder einmal zu einer Emigrantenveranstaltung. Im Hinterzimmer eines Kaffeehauses tagte der »Bert-Brecht-Club«, eine Schriftstellervereinigung exilierter deutscher Linksintellektueller, unmerklich – manchmal auch sehr merklich – geleitet von kommunistischen Publizisten. Wenn man das Zimmer betrat, war man zuerst einmal gefangen von der Atmosphäre der Herzlichkeit, die allem Anschein nach dort herrschte. Jeder kannte jeden, Fragen nach Frauen und Freundinnen gingen von Tisch zu Tisch: man schien einer großen

Familie anzugehören. Nur gelegentlich zeigte sich in einer Kleinigkeit, daß dieser Stil, nachdrücklichst unterstrichen durch die ängstliche Vermeidung des Wortes »Genosse« und die stets mit leicht fatal wirkender Innigkeit gebrauchte Anrede »Freund«, durchaus auch seine fraktionellen Untertöne hatte. Einige Gesprächsfetzen, die ich aufschnappte, beschäftigten sich scharf mißbilligend mit dem Verhalten einiger »Freunde« dem Rußland kritisierenden Buch André Gides gegenüber und ventilierten »Maßnahmen« gegen die Unbotmäßigen . . .

Thema des Abends war ein Referat über den Roman »Ulysses« von James Joyce und die Frage der proletarischen Stellungnahme zu diesem rebellischen Analytiker des Bürgertums. Ich weiß nicht mehr allzuviel von dem, was zu dem Buch gesagt wurde –, nur noch so viel, daß Wieland Herzfelde z. B. mit vor Genugtuung zitternder Stimme berichtete, daß er, im Gegensatz zu Karl Radeks ablehnender Stellungnahme auf dem Moskauer Schriftstellerkongreß, nicht ohne tiefen Eindruck bei allen Zuhörern hinterlassen zu haben, den Angegriffenen siegreich gegen alle Einwände verteidigt habe.

Mehr oder minder tiefsinnige Interpretationen der von Joyce beabsichtigten Effekte folgten.

Bruno Frei:
Die Sonderstellung Prags

In drei Zentren sammelte sich die deutsche antifaschistische Emigration, vor allem die literarische: in Moskau, Paris und Prag. So rührig auch die Gruppen exilierter Politiker und Schriftsteller in der Schweiz, in England, Belgien, Holland, Skandinavien waren, die stärkste Ausstrahlung ging von diesen drei Plätzen aus, vor allem nach dem vom Feind besetzten Deutschland.

Prag kam eine Sonderstellung zu: Die Stadt an der Moldau wurde Umschlagplatz für die nach und nach in großer Zahl aus

Deutschland Fliehenden. Auch wer nach Paris oder Moskau wollte, nahm seinen Weg sehr oft über Prag. Der deutschen Literatur, in dem Augenblick, da sie auszuwandern gezwungen war, wurde es zur glücklichsten Gelegenheit, daß Prag sich als Auffangstation anbot, Prag wurde für viele zu einer Art Ersatz-Heimat. Eine nicht unwichtige Rolle spielte der Umstand, daß die tschechoslowakische Republik, Regierung und Volk, der Gefahr gewärtig war, die ihr vom Hitler-Reich drohte, von außen sowohl wie von innen. In den Sudeten übten die Schlagworte von jenseits der Grenze ihre staatszerstörende Sprengkraft aus. [...]

Deutschlands Schande in deutscher Sprache zu beschreiben bedeutete die einzige Rechtfertigung für ein Dasein in Sicherheit; im Goldenen Prag ist vieles gedruckt worden, was irgendwann, irgendwo – vielleich sogar in Deutschland – eine winzige Handlung, eine winzige Unterlassung begründet haben mochte.

Marina Zwetajewa:
Brandstätte

Überrannt die Stadt Wenzels,
so frißt Feuer das Gras.

Spiel mit Böhmens Grenze,
so deckt Asche die Bauten zu.

Schneesturm verweht die Wegschilder
des Gartens Eden – sagt, Tschechen,

Was blieb? Brandstätte.
So beglückt Pest den Friedhof.

Überrannt die Stadt Wenzels,
so frißt Feuer das Gras.

Angesagt ist uns die letzte Stunde,
so steigt das Wasser aus den Fenstern,

so deckt Asche die Bauten zu –
Auf Plätzen und Brücken weint –

weint der zweischwänzige Löwe.
So beglückt Pest den Friedhof.

Überrannt die Stadt Wenzels,
so frißt Feuer das Gras.

Erstickt ohne Beben,
so deckt Asche die Bauten zu:

Antwortet, lebende Seelen!
Prag – öderes Pompeji.

Schritt, Ruf, Suchen vergebens.
So beglückt Pest den Friedhof.

František Halas:
Der Stadt Prag

Kleingläubige Die Zeit die Knochen frißt
Ihr gab sie Glanz
und aus den Klage-Stätten lichterte Geschrei
über den Steintext der Portale Mauern
So wird es immer sein
Kleingläubige
So wird es immer sein

Hinter den Pforten unserer Flüsse
harter Hufe Gedröhne

Hinter den Pforten unserer Flüsse
zerwuchtet von Hufen
die Erde
Die Reiter Johanni fürchterlich
schlenkern die Fahne

Leicht ist das Lorbeerlaub
Schwer ist der Schatten der Toten

Ich weiß ich weiß

Nein Keine Furcht nur keine Furcht
So eine Fuge selbst Sebastian Bach
gelang die nicht die wir hier spielen
Kommt erst die Zeit kommt erst die Zeit

Das Bronzepferd das Pferd das Wenzel reitet
das bebte gestern nacht
Die Lanze wog der Herzog in der Hand
Gedenket des Chorals
Kleingläubige
Gedenket des Chorals

Jan Martinec:
15. März 1939

Und dann kam der fünfzehnte März 1939.

Über den Prager Wenzelsplatz, über den Graben rollten die
verschneiten Panzer der deutschen Wehrmacht, und die tschechischen Menschen standen im Schneegestöber, in eisigem Wind,
weinten heiße Tränen des Zornes und der Erniedrigung. In dem
Hotel, das unserem Geschäft gegenüberlag, quartierte sich eine
der ersten SS-Patrouillen ein. Die schwarzgekleideten Toten-

kopf-Offiziere sahen in unserer Auslage schwere weiße Damast-tischtücher und waren der Meinung, daß sie sich großartig bei der Siegesfeier des Führers auf der Prager Burg ausnehmen werden. Mit selbsicherem, polterndem »Heil Hitler« betraten sie das Geschäft.

»Ja freut ihr euch denn nicht«, wunderte sich der Jüngste, »wir haben euch doch befreit . . .!«

»Wir sind Juden«, sagte still aber fest Hanna und ihr ala-basterweißes Gesicht, ihre dunklen großen Augen hielten die SS-Männer einige Sekunden in Schach.

Dann begann einer von ihnen zu wiehern und erklärte bieder, daß sie also umsonst einkaufen würden.

Aber auf einmal betrat Mutter das Geschäft.

»Meine Herren«, fuhr sie die Eindringliche an, »ich bitte Sie, unverzüglich zu bezahlen und dann zu verschwinden. Dieses Ge-schäft ist meine Beute. Wissen Sie überhaupt, mit wem zu spre-chen Sie die Ehre haben? Mit der Tochter eines deutschen Hoch-schulprofessors! Also, bitte . . .«

Erst als sie verlegen bezahlt hatten und verschwunden waren, begannen meine Knie zu schlottern, und mir fiel die alte jüdische Weisheit ein: Die Wahrheit ist der beste Lug. Mutter musterte uns wie ein General und verschwand mit Hanna in Vaters Kanz-lei. Als die beiden wieder auftauchten, befahl mir Mutter, ein Taxi aufzutreiben, mit der etwas blassen Hanna zur Pension Riva zu fahren, dort ihre Siebensachen einzupacken, und sie bei uns zu Hause einzuquartieren.

Und so endete der schwärzeste unserer schwarzen Tage zu Hause mit einer Flasche Hagebuttenwein, die wir zur Feier unse-rer Verlobung leerten.

Ob wir glücklich oder unglücklich waren . . .?

Ich weiß es nicht. Ich kann nur Tatsachen konstatieren.

Und die sagen unter anderem aus, daß ich am nächsten Mor-gen nicht trauerte, wie es doch eigentlich natürlich und der Situa-tion entsprechend gewesen wäre.

Ich suchte den Vorsitzenden des Arbeitertheaters in Žižkov

auf und erbettelte eine Rolle in dem tschechischen Nationalmärchen für Erwachsene, in der »Laterne« von Alois Jirásek. Sechs Wochen probten wir und ignorierten die Striche des Zensors, so daß ich am dreißigsten April, vier Jahre nach dem amerikanischen Taxifahrerstreik, einen verliebten jungen tschechischen Wassermann spielte, der in schilfgrünen, fast wassertriefenden Rockschößen seinem Idol nachstellend verliebt flehte: »Haníčko, sluníčko –, Hannchen, Sönnchen ...«

Die Heimat ist eine Geisteskrankheit. Alles um uns herum schrie warnend: *weg!*

Wir hörten es, wußten es, wollten es aber nicht begreifen. Täglich verschwanden Freunde und Bekannte ins Ungenannte, Tschechen, Juden, aber auch Deutsche, die dem Führer, Verführer und Rattenfänger nicht ins Verderben folgen wollten. Wir aber verloren uns in Überlegungen über den unbegreiflichen Fehler, daß der oder jener auf der Gesandtschaft ja oder nein gesagt hatte, daß er sich vor allem um das Visum und dann erst um das Geld gekümmert hatte, oder umgekehrt. Wir wollten einfach nicht sehen, daß es längst nicht mehr darum ging, ob man Fehler machte.

Auf den Gängen der Konsulate standen in dichtgedrängten Schlangen Menschen, die mit harter Schwarzmarkt-Währung die Visa bezahlten; Pässe gegen den letzten Familienschmuck.

Wir bereiteten unsere Emigration gründlich vor – solid und völlig furchtlos. Nach jedem mißglückten Versuch jammerten wir, waren aber innerlich heilfroh, daß es noch einmal danebengegangen war. [...]

Die Heimat ist eine vollkommen hoffnungslose, unheilbare Geisteskrankheit, die man nur durch einen Nervenschock lindern kann, der den bisher unterdrückten Sinn für Realität auslöst. Bei mir löste den Schock der Opernsänger Fuchs aus.

Als ich eines Tages unser Zehnuhrfrühstück kaufen ging, lief ich ihm vor unserem Geschäft in die Arme.

»Wollen Sie zum Neuen Deutschen Theater?«

»Ich ...? Jetzt ... Als Nichtarier?«

56. *Einmarsch deutscher Truppen in Prag. 15. März 1939.*

»Also erstens«, packte mich der Wagner-Bösewicht hart am
Handgelenk und lächelte wie ein Stiefvater, »erstens bestimme in
unserem Theater jetzt ich, wer Arier und wer Jud ist, zweitens
sind Sie Prager, und gerade gebürtige Prager sollten jetzt auf der
Bühne der ältesten deutschen Stadt, unseres geliebten goldenen
Prag, spielen. Drittens aber ist Ihre Frau Mutter Deutsche. Oder
wollen Sie mir weismachen, daß Sie nicht wissen, wie man so
etwas einfädelt und abwickelt«, sagte er dann leise. »Ihre Frau
Mutter liebte während des Ersten Weltkrieges einen Studenten,
der für Deutschland auf dem Felde der Ehre fiel. Der Saujud ist
gar nicht Ihr Vater!«

Spuckte er mir wirklich ins Gesicht?

Nein, es war nur kalter Schweiß, den ich mir von der Stirn
wischte. Um Zeit zu gewinnen sagte ich, daß der Beweis hierfür
schwer zu erbringen sein dürfte.

»Hoho«, brüllte er wieder in voller Lautstärke, »zeigen Sie mir den Volksgenossen, der sich traut, eine eidesstattliche Erklärung der Großnichte Bismarcks in Frage zu stellen.«

»Heute ist der neunundzwanzigste September. Für die Beschaffung des Ahnenpasses Ihrer Frau Mutter haben Sie einen ganzen Monat Frist. Am ersten November ruf ich Sie an. Heil Hitler!« [...]

Es gibt zwei Gattungen des homo sapiens: die der wirklichen und die der sogenannten Menschen. Und jetzt ging es darum, in welche diese Gattungen wir einzureihen seien.

Der Anfang war alltäglich. Beim Frühstück.

»Das einzige, was uns noch übrigbleibt«, sagte meine Schwester, »ist ein sogenannter illegaler Transport nach Palästina.«

Diese Transporte organisierte ein sogenannter Wohltäter der Juden, der Herr Moische Wandler. Die Illegalität dieser Transporte bestand nicht etwa darin, daß ihre Teilnehmer die Grenze des Protekorates Böhmen und Mähren illegal überschritten hätten, sondern darin, daß die Flüchtlinge Einreisebewilligungen nach Nirgendwohin besaßen. Das wurde dadurch kaschiert, daß von den Menschen, die auf demselben Schiff saßen, die einen ein Visum nach Ecuador, die anderen eins nach Schanghai – Asien hatten.

»Bei einem solchen Transport könnt ihr ums Leben kommen«, wollte Vater wie immer die Diskussion zu diesem Thema beenden.

Aber Hanna ließ sich leise hören. »Sicher... wir können dabei umkommen... nur daß...«

Wir hoben erstaunt die Köpfe, und ich unterstützte sie mit gekünstelter Ruhe: »Wenn wir fahren, kommen wir vielleicht um, wenn wir bleiben, geschieht es sicher. Ohne vielleicht.«

Stille. Langes Schweigen. Dann zuckte Vater die Achseln.

»Wie ihr wollt«, fügte er bedrückt hinzu. »Aber wir bleiben, nicht wahr, Mutter, wir sterben hier. In Ruhe...«

Wir wollten protestieren, aber Mutter befahl mit tonloser Entschiedenheit. »Schweigt.«

Und wir schwiegen – alle zum gleichen Thema. Wird es ihr gelingen, Vater zu retten...?

Das Büro des Transportleiters war in der Lützowstraße. Das ungekrönte Haupt dieser letzten Hoffnung nahm den Flüchtlingen ihr letztes Geld ab und ließ es größtenteils in die Taschen der Nazis fließen – zum Teil auch in seine eigenen. Trotzdem will ich dem Moische Wandler nicht mehr anhängen, als ihm zukommt. Er verhalf Tausenden von Menschen in die – na sagen wir – Freiheit, auch wenn er es einzig und allein des Geldes wegen tat. Seine schmutzige Vermittlungsarbeit kam ihn teuer zu stehen. Er starb in einem Konzentrationslager einsam und verlassen, von den übrigen Häftlingen gehaßt, weil sie von seiner Mitarbeit bei der Gestapo wußten.

Ich muß anerkennen, daß er nicht nur wegen der fünffachen Provision freundlich zu uns war. Aus Erfahrung wußte er, wie leicht nach Überschreitung der Grenze ein Chaos entstehen kann, und er versuchte es im vorhinein auszuschließen. Deshalb teilte er die künftigen Flüchtlinge in Gruppen auf, für die er fähige Leiter suchte. »Ein Maurer und ein Schlosser«, beäugte er die Gesellenbriefe und Körpermaße meiner Schwäger, des schwarzhaarigen Siegfried meiner Schwester und seines kahlköpfigen Bruders. »Echte Gesellenbriefe haben sie, nicht nur Bestätigungen über die Absolvierung von Schwindelkursen für emigrierende Akademiker.« Und er ernannte unseren Sigi zum Leiter einer der Gruppen.

Dann entließ er uns gnädigst und spielte uns mit wärmsten Empfehlungen seinem Assistenten in die Hände, einem mageren, orthodoxen, gallenleidenden Männchen, von dessen Schläfen noch echte ostjüdische Schneckenlocken baumelten.

Schließlich bekam jeder von uns in dreifacher Ausfertigung etwa fünfzehn deutsch-tschechische Fragebogen von je zehn Seiten. Dazu erhielten wir Durchführungsvorschriften, in denen mit preußischer Genauigkeit erklärt wurde, wie diese Papierberge auszufüllen seien, bei welcher Frage nur die Antwort Ja oder Nein zulässig, wo kurze Anmerkungen erlaubt und wo sie verboten waren, wo man Unzutreffendes streichen durfte und wo nicht. Und wir erfuhren auch, womit uns das Amt für jüdische Auswanderer des Herrn Adolf Eichmann bedacht hatte. Zu unserem bisherigen Namen erhielten wir weitere, die Männer: Israel, die Frauen: Sara.

Meine Schwester und Hanna saßen tagelang und füllten Fragebogen aus. [...]

Als wir endlich alle Papiere beisammen hatten, mußten wir zum jüdischen Gemeindeamt, dessen Beamte dafür hafteten, daß alles genau den Gestapovorschriften entsprach.

Dieser viele Stunden dauernden Prozedur unterzogen wir uns am Jom Kipur, dem Fast- und Versöhnungstag, dem höchsten jüdischen Feiertag.

Die einzige, unsere Wartezeit ausfüllende uns gebotene Kurzweil war, aus dem Fenster zu schauen. Wir standen im vierten Stock, unter uns die berühmte Hebräische Uhr am Turm des Jüdischen Rathauses und unter ihr die Prager Altneusynagoge. Vor ihr standen dichtgedrängt wartend fromme Juden. Mehrmals an diesen Tagen kreischten Autobremsen, sprangen SS-Männer aus den Fahrzeugen und bearbeiteten mit Knüppeln jene, die die Synagoge verließen, weil ihr Obergruppenführer Adolf Eichmann, vom Führer mit der endgültigen Lösung der Judenfrage betraut, hebräisch konnte, in Palästina gelebt, die Gesetze Mosis gelernt hatte und mit feinem Sinn für Etikette begabt war. Dank dieser Kenntnisse des Alten Testaments hatte er angeordnet, daß die Nachkommen der Makkabäer erst nach dem Gottesdienst geschlagen, verschleppt und umgebracht werden dürften.

Von oben sahen wir das alles und waren außerstande unsere Augen abzuwenden. Endlich erschien der erste Stern am Himmel, um das Ende des heiligen Feiertages anzukünden. Genau in diesem Moment trat ich zum letzten Tisch, hinter dem der ehemalige Inhaber der Advokatur Blau – Katz – Popper saß, der die Aufgabe hatte, noch einmal eine Superkontrolle aller unserer Papiere durchzuführen.

»Aber...« stutzte Doktor Blau, »aber Sie sind doch gar nicht jüdischer Religion...«

»Na und...!« antwortete ich herausfordernd.

Meine Angriffslust sackte aber äußerst schnell ab.

»Bedauere«, gab mir Doktor Blau mein Faszikel ohne Unterschrift zurück, »ich bedauere wirklich, aber wir dürfen niemand, der nicht jüdischen Glaubensbekenntnisses ist, für den Transport zulassen. Ausdrücklicher Gestapobefehl. Es tut mir leid – aber ich kann nicht.«

Und so geschah es, daß ich am Jom Kippur 1939, nachdem ich die grauenerregenden Überfälle der Gestapo auf die ihrem Gebet nachgehenden Juden gesehen hatte, mit Tränen in den Augen bat, als Jude anerkannt zu werden.

Aber Herr Doktor Blau unterschrieb nicht. Darum fälschte zu Hause meine Schwester seine Unterschrift, ohne Gebet, ohne Zweifel.

Das Amt für jüdische Auswanderer war in einer eleganten Villa in der Hauptallee des noblen Villenviertels Střeschovice untergebracht. Frierend standen wir in Wind und Nebel seit sechs Uhr morgens in einer Seitengasse, um durch unsere Gegenwart das arische Bild der leeren asphaltierten Hauptstraße nicht zu entweihen. Alle paar Stunden wurden wir in kleinen Gruppen von einem gähnenden SA-Mann in die Villa eskortiert. Er schob hier tagtäglich Dienst. Um Kraft zu sparen, prügelte er nur alte und kranke Leute.

Dann rückten wir Schritt für Schritt über einen Gang vor, allerdings nicht in seiner Mitte, nicht auf dem für berufene Vorgesetztenstiefel bestimmten Teppich, sondern am schmalen Rand der Fliesen daneben. Wehe dem, der auch nur den äußersten Teppichrand betrat!

Gegen neun Uhr vormittags wurde der Nebel dünner und weniger feucht. In dem Augenblick, in dem man mich in das ehemalige Eßzimmer der Villa rief, blinzelte sogar die Sonne auf die eichengetäfelten Wände. Staub- und zeitverfärbte Rechtecke verrieten, wo früher Bilder gehangen hatten. In dem öden, leeren

Zimmer standen nur aneinandergereihte alte Kanzleitische, deren Lack längst rissig geworden war. Hinter ihnen saßen tschechische Polizeibeamte.

Im Raum herrschte Stille. Auch der SS-Mann im kleineren Nebenzimmer schwieg und beobachtete lauernd jedes Wort, jede Bewegung. Auf einem kleinen Tisch vor ihm lagen aufgestapelt unsere blauen Karten: unsere so heißersehnten Durchlaßscheine. Und neben ihnen ein geladener Revolver. In einer seiner Hände wippte eine mit Bleistücken durchflochtene Peitsche, die andere bohrte in seiner Nase.

Wie alle anderen, legte ich meinen Faszikel einem Beamten nach dem anderen vor, die ihm schweigend die entsprechenden, mühsam zusammengetragenen Dokumente entnahmen. Jeder von ihnen deutete nur mit bloßer Kopfbewegung an, daß ich weiterzugehen habe. In dieser Atmosphäre schweigender Angst kam ich bis zum letzten tschechischen Polizeibeamten, der alles noch einmal kontrollierte und mich nur sachlich fragte: »Zuständig...?«

In diesem Moment packte mich unbeschreibliche Wut über diese sinnlose Komödie, in der es vor und hinter dem Tisch um Kopf und Kragen ging. Mein Zorn war so abgrundtief und impulsiv, daß ich nicht mehr wußte, was ich tat, und den Beamten anzischte:

»Zuständig... Vom Vater her nach Prag, der auch nach Prag, von seinem Vater her!!«

Mein ungezügelter Ausfall gab mir bald darauf Gelegenheit festzustellen, daß nicht nur wir künftigen Emigranten an der »Heimat« genannten, unheilbaren Krankheit litten.

Der Polizist hob verwundert die Augen, und als er sah, daß der SS-Mann noch immer in der Nase bohrte, flüsterte er: »Keine Angst, das kann Ihnen keiner wegnehmen. Kommen Sie gesund zurück. Auf Wiedersehen!«

Friedrich Torberg:
Das bestellte Judenpersonal

Nun hat es aber mit der Stadt Prag von alters her besondere Bewandtnisse, und mit ihrer Judengemeinde erst recht, und das wußten auch die Deutschen, als sie die Stadt in ihre Gewalt brachten. Einer der Höchstrangigen von ihnen – so hoch war sein Rang, daß er den Titel »Reichsführer« führen durfte, »Reichsführer-SS« – hegte schon seit langem den Plan, an einem einzigen Ort alles zusammenzutragen, woraus das schädliche, das schändliche, das menschheitsgefährdende Treiben der Juden ersichtlich würde und somit bewiesen wäre, daß sie nun endlich ausgerottet werden müßten und daß die Deutschen, indem sie sich dieser Aufgabe unterzögen, im Dienste der Menschheit handelten. Prag schien ihm – nicht ohne Grund – für seinen Plan besonders geeignet. Hier sollten alle im deutschen Machtbereich auffindbaren Beweisstücke gesammelt und späterhin zur Besichtigung ausgestellt werden: all die vorgeblich religiösen Bücher und Schriften, die in Wahrheit nichts andres enthielten als geschickt verhohlene Ratschläge, wie der ahnungslose Nichtjude zu betrügen sei; all die vorgeblich für fromme Verrichtungen bestimmten Gerätschaften und Gefäße, die in Wahrheit nur dazu dienten, unschuldige Christenkinder zu schlachten und ihr Blut bei der Herstellung von Osterbroten zu verwenden; all die geheimnisvollen Dokumente, auf die sich die weltumspannende Macht der Juden stütze; und all die anderen Unterlagen ihrer endgültigen Entlarvung.

Um das große Vorhaben sorgfältig und sachkundig durchzuführen, mußte man sich freilich einer gewissen Mithilfe von jüdischer Seite versichern, und weder der Reichsführer noch seine Beauftragten zweifelten daran, daß in Prag für diesen Zweck genügend Juden sich würden finden lassen. Manche mochten das freiwillig und wissentlich tun, nämlich wissend um die Absicht des Unternehmens; manche freiwillig und unwissentlich, näm-

57. *Das ehemalige Getto um 1890.*

lich in einem Irrtum über die Absicht des Unternehmens befangen; manche um eines persönlichen Vorteils willen; und manche würde man wohl erst gefügig zu machen haben, je nachdem mit Versprechungen oder mit Drohungen.

Das ergab insgesamt vier Gruppen, und weil die Beauftragten – teils von der Wehrmacht zu besonderer Verwendung abkommandiert, teils anders uniformierten Parteigliederungen zugehörig und teils sogar in Zivil – durchwegs ordnungsliebende Menschen waren, versahen sie jede Gruppe mit unterschiedlichen Ziffern, Aktenzeichen und Kennworten, bis sie über das von ihnen bestellte Judenpersonal (so lautete die säuberliche Amtsbezeichnung) einen umfassenden Überblick besaßen und über jeden Gruppenangehörigen eine umfassende Einzelbeschreibung.

In der persönlichen Einstellung zu den vier Gruppen und in der Beurteilung ihrer Brauchbarkeit ergaben sich allerdings unter den Beauftragten kleinere Differenzen, wie sie ja kaum zu vermeiden sind. Der mit der wissenschaftlichen Leitung Beauftragte, ein Universitätsprofessor aus dem Bayerischen namens Franz X. Vorderegger, neigte zu einer Bevorzugung der zweiten Gruppe (die er, um seinem preußischen Kollegen Paroli zu bieten, als »Gruppe zwo« bezeichnete). Er versprach sich die bereitwilligste und somit ergiebigste Hilfsleistung von jenen Juden, die des Glaubens wären, das »Referat zur Aufklärung der jüdischen Geschichte« – kurz »Aufklärungsreferat« genannt – beschäftige sich in der Tat mit lediglich historischen Forschungen, denen man jüdischerseits zwar mit Vorbehalt begegnen, aber nicht jede Unterstützung versagen würde, schon weil sich da und dort vielleicht etwas Gutes tun oder etwas Böses verhindern ließe. Für diese Gruppe also hegte Vorderegger eine – rein sachliche – Vorliebe und wollte sie tunlichst in ihrem wohltätigen Irrtum belassen, der sich für ihren Arbeitseifer und somit für die Zwecke des Aufklärungsreferats, ja letztlich für den Reichsführer, fürs Reich und für den Führer vorteilhaft auswirken dürfte. Und man sollte sie »im Rahmen des Möglichen«, wie er sagte, auch gut behandeln. Im Grunde seiner Seele war nämlich Vorderegger ein friedfertiger Geselle, der Streitigkeiten und Beschwerden lieber aus dem Weg ging und nur gelegentlich darauf Bedacht nehmen mußte, dem Ruf der Schlappschwänzigkeit, in den er solcherart zu geraten drohte, entgegenzutreten. Er tat es ungern, und es war ihm auch gar nicht wohl gewesen, als er damals in Opatów, wo er eine Zeitlang der Lagerkommandantur zugeteilt war, einige Juden durch eigenhändigen Genickschuß erledigt hatte, um zu zeigen, daß er kein Schlappschwanz sei. Seine Berufung nach Prag, die er einer kurzen Tätigkeit auf dem orientalischen Lehrstuhl der Münchner Universität zu danken hatte, war ihm durchaus willkommen, und er gedachte sich ihrer wert und würdig zu erweisen.

Sein preußischer Kollege, desgleichen akademisch graduiert und für die organisatorische Leitung des Unternehmens verantwortlich, Dr. Erich Wilhelm Kaczorski aus Frankfurt an der Oder, durfte nicht bloß in technischer Hinsicht als sein Gegenspieler gelten. Von forscher Wesensart, Inhaber eines Parteibuchs mit weit niedrigerer Nummer, früher Gerichtsassessor, jetzt Sturmbannführer, respektierte er den Vorderegger nur als Wissenschaftler, nicht als Nationalsozialisten. Er ließ ihn das auch merken, wo immer er konnte, und war infolgedessen pünktlich anderer Meinung über die »Gruppe zwo«. Die ihm genehme Gruppe war die erste. Gewissenhaft betriebene Vorstudien über die politische und soziale Schichtung der böhmischen Juden hatten ihn unterrichtet, daß im weit zurückreichenden, durch die sogenannte »Emanzipation« noch verschärften Nationalitätenstreit große Teile der Judenschaft Prags sich seit jeher auf die Seite des Deutschtums gestellt, ja daß sie sich, wie grotesk das auch klingen mag, schlechterdings als Deutsche gefühlt hatten. Für manche von ihnen galt das ohne Zweifel noch jetzt, und in ihnen erblickte Kaczorski die nützlichsten Helfer. Sie würden sich, so meinte er (und bewies damit einen nicht zu leugnenden Scharfblick in die verworrenen Abgründe der Judenseele) – sie würden sich aus ihrer Mitarbeit geradezu eine Ehre machen. Die von mangelhaft informierter Seite geäußerten Zweifel, ob es solche

58. *Die sogenannte Altschul, die älteste und bedeutendste Synagoge
Prags aus den Jahren um 1270.*

Juden denn tatsächlich gäbe, wischte er mit einer forschen Handbewegung vom Beratungstisch.

Was die Gruppe der lediglich auf ihren Vorteil Bedachten anging, wurden irgendwelche Zweifel erst gar nicht geäußert. Man hatte um diese Zeit schon vielfache Erfahrungen mit den Völkerschaften der besetzten Länder gesammelt, mit Tschechen, Polen, Ukrainern und dergleichen mehr, man wußte, daß drohender Hunger oder drohende Gefahr für Leib und Leben überall die gleichen, gewissermaßen natürlichen Reaktionen hervorriefen, und man würde sich somit um gehörigen Zulauf zur Gruppe III nicht zu sorgen brauchen. Schließlich seien auch die Juden nur Menschen, bemerkte Vorderegger und bekam dafür einen tadelnden Blick von Kaczorski ab, obwohl er es verächtlich gemeint hatte.

Sorgen gab es höchstens in bezug auf die vierte Gruppe, die zum Zeitpunkt der hier geschilderten Beratung praktisch nicht existierte. Dabei war sie eigentlich die wichtigste; bestand sie doch, wenn auch nur auf dem Papier, aus jenen wirklich Fachkundigen, die man im Notfall zur Mitarbeit würde zwingen müssen. Aber der Notfall war bisher noch nicht eingetreten. Sowohl der ehemalige Rechtsanwalt Bernhard Taussig als auch der (eigenen Angaben zufolge) »Schriftsteller und Privatdozent« Otto Fischl, zwei hervorragende Kenner der einschlägigen Materie, übernahmen die ihnen zugedachten Funktionen sozusagen auf Anhieb, offenkundig von der Mentalität der Gruppe II geleitet. Alle sonst noch als Experten in Betracht Kommenden – das Aufklärungsreferat besaß eine ansehnliche Namensliste – hatten sich rechtzeitig aus dem Staub gemacht. Daß die Juden Taussig und Fischl in Prag verblieben waren, erklärte sich aus ihrem Alter; beide standen hoch in den Sechzig und waren den Mühseligkeiten der Flucht, ja schon der bloßen Ortsveränderung nicht mehr gewachsen. Oder vielleicht verhielt es sich bloß so, daß sie dazu keine Lust mehr hatten. Im Grunde lief das aufs gleiche hinaus. [...]

Es wird berichtet:

Als die Deutschen unter der Herrschaft eines, der sich »der Führer« nannte und mit »Heil« begrüßt wurde, die Stadt Prag besetzt hielten, hätten nach einem vorgefaßten Plan die Altneuschul in Brand gesteckt werden sollen, damit die siebenhundertjährige Legende ihrer Unzerstörbarkeit den Juden nicht länger zum Trost gereiche und nicht zur Widerstandskraft. Da diesem Plan die ausdrückliche Billigung höherer Stellen vorenthalten blieb, wurde er heimlich ins Werk gesetzt. In einer warmen Sommernacht erhielt eine SA-Streife den Befehl, ihren Weg an der Synagoge vorbei zu nehmen und durch die ebenerdigen Dachluken, die vorher von innen geöffnet worden waren, Brandfackeln in den mit allerlei Stoff- und Holzgerümpel gefüllten Bodenraum zu werfen. Der Befehl wurde ausgeführt, doch es entstand kein Feuer. Infolge anderer und unvorhergesehener Ereignisse, die sich in derselben Nacht zutrugen, konnte man erst am nächsten Morgen Nachschau halten und fand die Brandfackeln ausgetreten. Die deutlich sichtbaren Fußspuren aber waren so ungewöhnlich groß, daß sich alsbald das Gerücht verbreitete: der Golem, der unter alten Gebetmänteln und zerschlissenen Büchern im Dachgestühl der Altneuschul liegt, sei aufgestanden und habe seine Füße auf die brennenden Fackeln gesetzt. Auch zu den Deutschen drang das Gerücht und bewirkte, daß sie einen der letzten Überlebenden des sogenannten »Judenpersonals«, auf den ihr Verdacht sich lenkte, einen ungeschlachten, schwachsinnigen Burschen namens Knöpfelmacher, verhafteten und zum Verhör in die Altneuschul brachten, und sie verhörten ihn lange und gründlich, und konnten ihm dennoch nichts entlocken als ein Grinsen, und das Grinsen glich, je länger sie in ihrem Verhör fortfuhren, desto mehr einem Lächeln, und sah aus, als wäre eine große Erleuchtung über ihn gekommen, und wurde zu einem großen Gelächter, und selbst unter den Tritten ihrer Schaftstiefel, und selbst als sie auf ihm herumzutrampeln begannen, lachte er weiter, und einige erzählen, daß dieses Lachen, nachdem sie mit Trampeln schon aufgehört und von dem leblos Erstarrten abgelassen hätten, immer noch widerhallte von den Wänden der Alt-neuschul, welche nicht gesäubert werden dürfen, weil sie das Blut der Märtyrer tragen aus vielen Jahrhunderten.

Ludwig Winder:
Ein Küchenzettel

Hitler setzte den Baron Neurath ab. An seine Stelle trat der SS-Obergruppenführer und Polizeigeneral Heydrich.*

Das tschechische Volk kannte den Namen Heydrich nicht und sagte: »Der alte ›Protektor‹ hat uns nicht untergekriegt, der neue wird uns auch nicht unterkriegen.«

Es gab kaum hundert Tschechen, die den Namen Heydrich kannten. Allen, die ihn kannten, schnürte sich das Herz zusammen.

Heydrich kam an und fuhr auf den Hradschin. Er war ein noch junger, großer, schlanker blonder Mann. Die Tschechen, die sei-nen Namen nie gehört hatten, erschraken, als sie sein Lächeln sahen. Es war das Lächeln eines Lustmörders, der sich über sein Opfer beugt.

Er lächelte, als er den schlotternden alten »Staatspräsidenten« und die Mitglieder der tschechischen »Regierung« empfing. Lä-chelnd gab der neue Herr ihnen seine Befehle. Lächelnd sagte er ihnen, daß er in den Ländern Böhmen und Mähren Ordnung schaffen werde. Lächelnd setzte er sich an den Schreibtisch des großen Menschenfreundes Masaryk und las Berichte.

Er las die Berichte der Gestapo über Sabotageakte und Wider-standsregungen der tschechischen Bevölkerung nur flüchtig. Er hörte die mündlichen Berichte seiner Agenten und Offiziere un-aufmerksam an. Er wußte, was er zu tun hatte; es war unwich-tig, wer schuldig und wer unschuldig war. Die Methode allein,

* [Reichsprotektor vom 27.9.1941 bis 27.5.1942]

die er anzuwenden gedachte, war ausschlaggebend. Er war überzeugt, daß er mit seiner Methode das tschechische Volk bändigen werde.

In den ersten drei Tagen nach seiner Ankunft ließ er hundertzwölf Tschechen und Juden hinrichten. Von nun an verging kein Tag ohne Hinrichtungen. Auf Heydrichs Schreibtisch lagen Ortsverzeichnisse und Listen. Er pickte aus dem Verzeichnis der Städte und Dörfer einen Ortsnamen auf und befahl, alle Feinde des Dritten Reichs in diesem Ort vor Gericht zu stellen. Wer vor Gericht gestellt war, wurde zum Tode verurteilt. Wer zum Tode verurteilt war, wurde binnen vierundzwanzig Stunden hingerichtet.

In der zweiten Woche stelle Heydrich ein Wochenprogramm auf. Es war kurz wie ein *ein Küchenzettel*, der nur ein Gericht täglich vorsieht. Es lautete:

Sonntag: Saboteure.

Montag: Fleischer.

Dienstag: Rundfunkhörer.

Mittwoch: Waffenbesitzer.

Donnerstag: Gerüchteverbreiter.

Freitag: Konspiratoren.

Sonnabend: Spione.

An diesem Sonntag wurden in Prag siebenundvierzig tschechische Arbeiter hingerichtet, die von der Gestapo der Sabotage beschuldigt wurden. Montag wurden fünfzehn tschechische Fleischer hingerichtet, die beschuldigt wurden, unbefugt Schweine und Kälber geschlachtet zu haben. Dienstag wurden vier Männer und zwei Frauen hingerichtet, die beschuldigt wurden, den Londoner Rundfunkmeldungen gelauscht zu haben. Mittwoch wurden neun ehemalige tschechische Offiziere hingerichtet, die beschuldigt wurden, Waffen besessen zu haben. Donnerstag wurden fünf Tschechen und fünf Juden hingerichtet, die beschuldigt wurden, falsche Gerüchte verbreitet zu haben. Freitag wurden siebenundzwanzig Tschechen hingerichtet, die beschuldigt wurden, einen Anschlag gegen das Dritte Reich vorbereitet zu haben. Samstag wurden dreizehn Tschechen und fünf Juden hingerichtet, die der Spionage beschuldigt wurden.

In der nächsten Woche wurden siebenunddreißig Eisenbahnangestellte hingerichtet, die beschuldigt wurden, die Abfertigung von Militärzügen in mehreren Stationen verzögert zu haben.

Stephan Heym:
Der Fall Glasenapp

Reinhardt hatte bisher Glück gehabt und das Mißfallen des Protektors noch nie erregt. Im Grunde hing alles von der Stimmung ab, in der er seinen Vorgesetzten finden würde.

Reinhardt brauchte nicht lange im Vorzimmer zu warten. Ein todschick uniformierter Adjutant erschien und geleitete ihn ins Allerheiligste des Protektors.

Vor den Fenstern dieses Raumes hatte man einen wunderbaren Ausblick über die Stadt, über ihre leuchtenden Dächer und ihre vielen alten Türme. Heydrich stand an einem dieser Fenster, seine lange knochige Figur silhouettenhaft schwarz gegen das letzte Licht des Tages.

Reinhardt schlug die Hacken zusammen.

Der Protektor rührte sich nicht. Der Adjutant war verschwunden, lautlos hatte sich die Tür hinter ihm geschlossen.

Er schauspielert, dachte Reinhardt. Eindruck will er schinden. Ich werde mich hüten, den ersten Zug zu machen.

Dann begann Heydrich zu sprechen, langsam, mit tiefer, dröhnender Stimme.

»Treten Sie näher, Standartenführer«, sagte er, »ich möchte Ihnen etwas zeigen.«

Reinhardt beeilte sich dienstbeflissen, dem Protektor Gesellschaft zu leisten.

Heydrich deutete oberlehrerhaft über die Stadt und ließ seinen Zeigefinger über sie schweifen.

»Hier am Fenster ist einer meiner Lieblingsplätze«, sagte er dröhnend. »Ich halte Ausblick. Was meinen Sie?«

Reinhardt erschrak. Was sollte das heißen? Was wünschte der Protektor von ihm zu hören? Schließlich kam Reinhardt zu dem Entschluß, so unverbindlich wie möglich zu antworten.

»Eine herrliche Aussicht, Obergruppenführer – wirklich herrlich!«

Heydrich wandte sich um und blickte Reinhardt zum erstenmal ins Gesicht. Dann schüttelte er den Kopf. »Ach, ihr – ihr Polizisten!« sagte er. »Ihr habt kein Auge, keine Phantasie. Seht ihr denn nicht, daß all das da draußen symbolisch ist? Alles Großartige in dieser Stadt ist von Deutschen erbaut. Wir fordern nur zurück, was unsere Vorväter mit ihrem Blut und Schweiß geschaffen haben. Diese gotischen Kirchen, die zum Himmel ragen und nach den Sternen greifen! Das ist deutscher Geist. Sie verstehen?«

»Jawohl, Obergruppenführer«, sagte Reinhardt stramm, »ich verstehe. Ich habe nur nicht gewußt, daß Sie meine Meinung über bauliche Fragen zu hören wünschen, sonst hätte ich mich bereits geäußert.« Und dachte: Du großer Gott – redet der mit allen Leuten so? Der macht sich ja lächerlich!

Dann besann er sich darauf, daß Heydrich zu dem Kreise der unmittelbaren Vertrauten Hitlers gehörte. Vielleicht findet man dort Vergnügen an solchem Gerede, dachte er. Oder sie benutzen's zur moralischen Aufpulverung, die der Mensch schließlich von Zeit zu Zeit braucht. Vielleicht wirkt das bei ihnen wie eine Spritze – weiß der Kuckuck. Aber es wäre schon ganz interessant herauszufinden, was sie bewegt und treibt.

Reinhardt bekam Angst vor seinen eigenen Gedanken.

»Also – zur Sache!« sagte der Protektor plötzlich. Seine Stimme klang jetzt anders, beinahe schrill. »Ich nehme an, Sie haben mich nicht besucht, um meine Aussicht zu bewundern. Nehmen Sie Platz, wir müssen zur Sache kommen.«

Reinhardt war zutiefst dankbar, daß der Ton und die ganze Atmosphäre sich geändert hatten.

»Ich komme zu Ihnen in der Sache Glasenapp«, begann Reinhardt.

»Habe davon gehört«, unterbrach Heydrich. »Major Grauthoff von der Wehrmacht hat deshalb schon angerufen. Er möchte, daß die Angelegenheit unauffällig geregelt wird.«

»Ist das auch Ihre Meinung?« erwiderte Reinhardt.

»Ich habe bislang überhaupt keine Meinung. Ich möchte mir zunächst anhören, was Sie zu sagen haben. Jedenfalls scheint die Sache ernst genug zu sein, daß man sich mit ihr beschäftigt.«

»Das ist sie bestimmt!« versicherte Reinhardt beflissen. »Schließlich kann man die kaltblütige Ermordung eines deutschen Offiziers doch nicht einfach durchgehen lassen?«

Heydrich wiegte den Kopf. »Sind Sie so sicher, daß er ermordet worden ist?«

Reinhardt ließ einen Moment verstreichen. »Das ist die Hypothese, nach der ich bisher vorgegangen bin.«

»Wieso haben Sie dann Bauchschmerzen?« fragte der Protektor. »Der Vorgang scheint doch klar zu sein. Finden Sie den Mörder, und wenn Sie ihn nicht finden können, veranlassen Sie, daß ein Exempel statuiert wird zu Nutz und Frommen der Bevölkerung, damit diese Welle von Terrorakten und Sabotage endlich aufhört.«

»Ich freue mich zutiefst, daß wir da übereinstimmen.« Reinhardt fühlte sich wirklich erleichtert. Er hatte schon gefürchtet, daß Major Grauthoff den Protektor irgendwie beeinflußt hatte, so daß sein ganzer schöner, sorgfältig durchdachter Plan durcheinandergebracht sein könnte. »Und doch besteht in diesem Zusammenhang ein ganz spezielles Problem, für dessen Lösung ich Ihre Hilfe in Anspruch nehmen muß.«

Der Protektor schien hellwach zu werden. »Dieser Glasenapp«, fragte er, »haben Sie da eine Theorie, warum er ermordet wurde?«

»Warum! Warum!« sagte Reinhardt mißmutig. »Unsere Leute werden umgelegt, einfach weil sie die glorreiche Uniform des Reiches tragen! Innerhalb der Bevölkerung gibt es Elemente, die auch vor den übelsten Verbrechen nicht zurückschrecken, nur um uns zu schädigen. Da sollen wir uns den Kopf zerbrechen, um noch andere Motive zu finden? Liegen denn die Tatsachen nicht deutlich genug auf der Hand?«

Heydrich schwieg. An sich interessierte ihn die Glasenapp-Sache nicht sehr. Und doch, dachte er, gab es irgendeine Komplikation dabei. Warum hatte Major Grauthoff wirklich bei ihm angerufen? Und warum machte sich jetzt dieser Bursche Reinhardt die Mühe, ihn extra aufzusuchen?

Reinhardt betrachtete das Schweigen des Protektors als einen Wink weiterzuerzählen. »Einer meiner Untergebebenen hat alle Leute verhaftet, die sich zur mutmaßlichen Zeit der Tat am mutmaßlichen Tatort, dem Café Parnaß unten am Moldau-Ufer, befanden. Sie sitzen noch; sie können uns ausgezeichnet als Geiseln dienen, und ein paar von ihnen könnten sogar die Mörder sein. Aber zusammen mit ihnen wurde auch Lev Preissinger, der Generaldirektor des Böhmisch-Mährischen Kohlensyndikats, aufgegriffen.«

Reinhardt versuchte, die Gedanken des Protektors zu erraten. Aber Heydrichs Gesicht blieb unbewegt, nicht einmal seine Augenlider zuckten.

»Wenn wir jetzt den Mann gehenließen – ich hörte, er hat ziemlichen Einfluß in Berlin –, wenn wir also diesen Preissinger gehenließen, würde er quatschen. Er könnte uns die ganze Untersuchung verderben. Geiseln sind schließlich Geiseln. Und wenn es sich herumspräche, daß sich jemand aus einer Geiselsache herauswinden kann, dann würde das ganze System seine Wirksamkeit verlieren.«

Der Protektor nickte. »Ich habe bereits einen Brief des Kohlensyndikats bekommen. Man möchte dort gern wissen, wo sich Herr Preissinger befindet.«

»Mein Vorschlag ist, wir bringen den Mann auf geheimem Weg zu Ihnen«, sagte Reinhardt, »Wenn Sie mit ihm sprächen … Ihn mit dem Gewicht Ihres hohen Amtes beeindruckten … Ihm Befehl gäben zu schweigen! … Ihm klarmachten, daß er erledigt

59. *Gedenktafel für die Fallschirmspringer, die das Attentat auf Heydrich im Mai 1943 verübt haben.*

ist, wenn er auch nur einen Pieps von dem verlauten läßt, was ihm passierte ...«

Heydrich blieb stumm. Eine Ewigkeit schien zu vergehen, bis er endlich fragte:

»Warum wollen Sie denn den Preissinger laufenlassen?«

Die Frage brachte Reinhardt aus dem Konzept. Seine Erfahrung war immer gewesen, daß es überall, selbst in den besetzten Ländern, nur zwei Arten von Menschen gibt: die Kleinen, mit denen man umsprang, wie es der Geheimen Staatspolizei notwendig erschien, und die Großen, die Besitz und Macht hatten und die man in Ruhe ließ, vorausgesetzt, daß sie einen nicht störten und bereit waren zu ersprießlicher Zusammenarbeit.

»Stimmt irgend etwas nicht mit Preissinger?« fragte er, der Logik seiner Gedanken folgend.

Der Protektor lächelte wohlwollend. »Was wissen Sie von der Vorgeschichte des Herrn Preissinger?«

»Wenig eigentlich«, gab Reinhardt zu. Er befürchtete, daß er in eine Falle hineinlief. »Ist er nicht mal Minister gewesen in der tschechischen Regierung?«

»Sehen Sie«, belehrte ihn Heydrich, in seiner herablassenden Art fortfahrend, »man muß sich immer gründlich informieren, bevor man etwas Entscheidendes unternimmt. Wenn Sie ihn hätten laufenlassen – das wäre doch sehr unangenehm gewesen, wirklich sehr unangenehm, für mich und« – fügte er vorsichtiger hinzu – »für andere. Unser Freund Preissinger ist durchaus kein dummer Mensch. Schon bevor wir nach Böhmen und Mähren kamen, war er einer der leitenden Leute in diesem Kohlensyndikat. Aber zu der Zeit gehörte das Syndikat der Familie Petschek, reichen Juden, außerordentlich reichen Juden. Wir marschierten ein, die Petscheks zogen aus, und Herrn Preissinger gelang es, das kontrollierende Aktienpaket in der Holdinggesellschaft zu erwerben, die ihrerseits wieder über die Aktienmajorität des Syndikats verfügt.«

Reinhardt sah Licht.

»Wir haben ihn natürlich nie gefragt, wie er dazu kam«,

sprach Heydrich weiter. »Wir interessieren uns nicht für solche Einzelheiten. Wir haben uns einfach an Preissinger gehalten, wenn wir etwas von dem Kohlensyndikat wollten. Wir wußten, der war uns sicher. Sie haben übrigens recht gehabt, als sie vorhin sagten, daß Herr Preissinger einmal Minister in der tschechischen Regierung war. Um es zu präzisieren, er befand sich im Kabinett zur Zeit des Münchener Abkommens. Und wir wissen, daß er die entscheidende Stimme abgab, als die Frage gestellt wurde, ob die Tschechen nun klein beigeben sollten oder nicht. Er hat da eine kleine Rede gehalten. Er hat gesagt: Wen möchten Sie, bitte schön, lieber im Lande haben – die Nazis oder die Rote Armee? . . . Schon daraus können Sie ersehen, daß Herr Preissinger ein gescheiter Mann ist.«

»Sehe ich«, erwiderte Reinhardt, »und doch, entschuldigen Sie, ist mir unklar, warum Sie in Anbetracht seiner ganzen Vergangenheit ihn im Gefängnis behalten und – erschießen lassen wollen.«

»Ein bißchen Geduld, mein Bester!« Der Protektor gab sich wohlwollend. »Das Böhmisch-Mährische Kohlensyndikat führt beträchtliche deutsche Regierungsaufträge aus, woran auch beträchtlich verdient wird. Nun gibt es bei uns zu Hause einige sehr einflußreiche Leute, die der Meinung sind, daß man so viel Geld lieber nicht in die Taschen von Herrn Preissinger fließen lassen sollte. Man hält es für besser, wenn Möglichkeiten dieser Art verdienteren Herren – Deutschen – überlassen werden. Glauben Sie nicht auch?«

»Bestimmt«, versicherte Reinhardt.

»Es liegt daher im Interesse des gesamten deutschen Volkes, daß Herr Preissinger auf die schnellste und schmerzloseste Art seiner finanziellen Bürde entledigt wird. Ich gratuliere Ihnen, mein lieber Reinhardt, zu Ihrer glücklichen Hand. Ich nehme an, Sie werden die Angelegenheit sachlich und korrekt und kompromißlos zu Ende bringen, und ich glaube, ich werde durchsetzen können, daß Sie auch die entsprechende Anerkennung finden.«

Reinhardt fühlte sich froh und erleichtert. Alles war gerade noch mal glattgegangen – er konnte dem Protektor und des Protektors anonymen Freunden in Deutschland einen Dienst erweisen. Den Glasenapp-Fall würde man ohne weitere Komplikationen abwickeln, und er selbst würde befördert, ja sogar begütert werden. Er hatte das Bedürfnis, dem Protektor die Hand zu schütteln.

Aber Heydrich saß hinter seinem Schreibtisch, lang, knochig und abweisend. Reinhardt blieb daher bei seiner dienstlichen Haltung.

»Mir scheint«, sagte Reinhardt, »daß sich hier wirklich die Gelegenheit ergibt, allen Bevölkerungskreisen die sozialistische Seite des Nationalsozialismus zu demonstrieren. Wir werden ganz besonders betonen, daß vor unserem Gesetze alle gleich sind, der Arbeiter und der Kapitalist. Wir werden sie alle mit gleicher Gerechtigkeit behandeln – wenn wir den Mörder von Leutnant Glasenapp nicht finden, heißt das.«

Der Protektor erhob sich. Die Audienz war offensichtlich beendet. »Ich möchte nur noch erwähnen«, bemerkte er, »daß Sie sich dieses Auftrags mit der gleichen Gewissenhaftigkeit und Zuverlässigkeit entledigen werden, deren Vorhandensein in Ihrem Charakter Sie in der Vergangenheit so oft unter Beweis gestellt haben.«

Reinhardt nahm Haltung an. »Heil Hitler!« rief er fast jubelnd. Ein hohles Echo hallte von den Wänden des riesigen Raumes.

Bertolt Brecht:
Das Moldaulied

Am Grunde der Moldau wandern die Steine
Es liegen drei Kaiser begraben in Prag.
Das Große bleibt groß nicht und klein nicht das Kleine.
Die Nacht hat zwölf Stunden, dann kommt schon der Tag.

Es wechseln die Zeiten. Die riesigen Pläne
Der Mächtigen kommen am Ende zum Halt.
Und gehn sie einher auch wie blutige Hähne
Es wechseln die Zeiten, da hilft kein Gewalt.

Am Grunde der Moldau wandern die Steine
Es liegen drei Kaiser begraben in Prag.
Das Große bleibt groß nicht und klein nicht das Kleine.
Die Nacht hat zwölf Stunden, dann kommt schon der Tag.

Julius Fučík:
Die Vierhundert

Das »Kino« im Petschek-Palais war wahrlich nichts Erfreuliches. Es war das Vorzimmer einer Folterkammer, aus der man das Stöhnen und die Schreckensschreie der anderen hörte, ohne zu wissen, was einem selbst bevorstand. Man sah von hier gesunde, starke und muntere Menschen weggehen und nach zwei, drei Stunden Verhör verkrüppelt und gebrochen zurückkehren. Man hörte eine volle Stimme Meldung über den Abgang zum Verhör machen – und nach einer Stunde schon machte Meldung über die Rückkehr eine gebrochene, von Schmerzen und Fieber erstickte Stimme. Und noch Schlimmeres: Man sah hier Menschen, die mit hellem und offenem Blick weggingen, einem aber nicht mehr in die Augen sehen konnten, wenn sie zurückkamen. Es hatte dort oben in der Kanzlei nur eine einzige schwache Minute gegeben, vielleicht auch nur einen einzigen Augenblick des Schwankens, nur die winzigste Regung der Angst oder der Sehnsucht, das eigene Ich zu retten – und noch am selben Tag oder am nächsten kamen weitere Menschen hierher und mußten von Anfang an die vielen Torturen durchlaufen, Menschen, die der Kampfgefährte dem Feind ausgeliefert hatte.

Der Anblick von Menschen, deren Gewissen Schaden genommen hat, ist schrecklicher als der Anblick von körperlich Gefolterten. Sind dir vom Tod, der an dir vorbeigegangen ist, die Augen klargewaschen worden, sind durch die Auferstehung von den Toten deine Sinne aufgereizt, dann entdeckst du auch ohne Worte, wer geschwankt hat, wer vielleicht verraten hat oder wer gerade überlegt, daß es vielleicht nicht so schlimm wäre, wenn er sich ein wenig Erleichterung verschaffte und meinetwegen nur den letzten seiner Kameraden preisgäbe. Arme Schwächlinge! Als wäre das noch ein Leben, wenn es durch das Leben des Kameraden erkauft ist.

Vielleicht war das nicht gerade meine allererste Überlegung gewesen, als ich zum erstenmal hatte im »Kino« sitzen müssen. Aber sie kehrte hier oft wieder. Und an diesem Morgen stellte sie sich mit der ihr eigenen Deutlichkeit in einigermaßen veränderter Umgebung ein, in einer Umgebung, die hier die reichste Quelle der Erkenntnis war: in der »Vierhundert«.

Ich saß nicht lange im »Kino«. Vielleicht eine Stunde, vielleicht eineinhalb Stunden. Dann rief man hinter meinem Rücken meinen Namen, zwei Zivilisten, die tschechisch sprachen, nahmen sich meiner an, brachten mich in den Aufzug, fuhren mich in den vierten Stock und führten mich in ein geräumiges Zimmer, auf dessen Tür die Nummer

400

geschrieben stand.

Da saß ich, unter Aufsicht der beiden, zuerst völlig allein, ganz hinten auf einem Sessel an der Wand, und sah mich mit dem sonderbaren Gefühl eines Menschen um, der meint, den eben durchlebten Handlungsteil schon einmal erlebt zu haben. War ich schon einmal hier gewesen? Nein, wohl nicht. Und doch kannte ich mich aus. Ich kannte diesen Raum, es hatte mir von ihm geträumt, ein grausamer Fiebertraum, von dem er verbogen, zu abstoßender Fratze verzerrt, aber doch nicht bis zur Unkenntlichkeit verändert worden war. Jetzt erschien er freundlich, voller Tageslicht und heller Farben, und durch die großen Fenster mit den Gittern sah man die Teynkirche und die grüne Letná und den Hradschin. Im Traum war es düster, fensterlos, in einem schmutziggelben, die Menschen zu Schatten machenden Licht wie verstaubt gewesen. Ja, es waren da Menschen gewesen. Jetzt blieb der Raum leer, und die sechs Bänke dicht hintereinander bildeten eine heitere Wiese mit Löwenzahn und Hahnenfuß. Im Traum war er voller Menschen gewesen, die da auf den Bänken nebeneinander gesessen hatten, mit blassen und blutigen Gesichtern. Und dort, nahe der Tür, hatte ein Mann mit schmerzerfülltem Blick und in blauen Arbeitskleidern gestanden, er hatte trinken, trinken wollen, und dann war er langsam, wie ein sich senkender Vorhang, zu Boden gegangen ...

Ja, so war es gewesen, und ich wußte auch, daß ich es nicht geträumt hatte. Das Grausame und Fieberhafte war Wirklichkeit gewesen.

Nämlich in der Nacht meiner Verhaftung und des ersten Verhörs. Vielleicht dreimal, vielleicht zehnmal hatten sie mich hierhergebracht, wenn sie sich ausruhen wollten oder einen anderen in die Mangel nahmen. Ich war barfuß gewesen, und die Bodenfliesen hatten angenehm die zerschundenen Fußsohlen gekühlt, daran erinnerte ich mich.

Die Bänke waren damals von Junkers-Arbeitern besetzt gewesen, der abendlichen Jagdbeute der Gestapo. Und der Mann an der Tür in der blauen Arbeitskleidung, das war Genosse Bartoň von der Junkers-Betriebszelle gewesen, die indirekte Ursache meiner Verhaftung. Ich sage das, damit niemand wegen meines Schicksals beschuldigt wird. Es war weder Verrat noch Feigheit irgendeines Genossen. Es war nur Unvorsichtigkeit und Pech. Genosse Bartoň suchte für seine Zelle eine Verbindung nach oben, zur Leitung. Sein Freund, Genosse Jelínek, der die konspirative Regel einigermaßen mißachtete, versprach ihm, die Verbindung herzustellen, und er versuchte es auch, anstatt vorher mit mir darüber zu reden, wodurch die Verbindung ohne seine Vermittlung hätte geknüpft werden können. Das war der eine Fehler. Der zweite, verhängnisvolle, war, daß ein Provokateur das Vertrauen des Genossen Bartoň gewann. Er hieß

60. *Gedenktafel am ehemaligen Petschkow-Palais.*

Dvořák*. Ihm vertraute Genosse Bartoň auch Jelíneks Namen an – und so geriet die Familie Jelínek in den Interessenkreis der Gestapo. Nicht wegen der Hauptaufgabe, die sie zwei Jahre lang gut erfüllt hatte, sondern wegen eines kleinen Dienstes, der sie nur einen Fußbreit von den konspirativen Pflichten abweichen ließ. Und daß man sich im Petschek-Palais entschloß, die Jelíneks gerade in der Nacht zu verhaften, in der ich bei ihnen einen Treff hatte, und daß man sie mit so vielen Leuten holen kam, war bereits reiner Zufall. Es hatte nicht zum Plan gehört, die Jelíneks hatten erst am nächsten Tag verhaftet werden sollen, man hatte aus Übermut nach der erfolgreichen Aushebung der Junkers-Zelle ein wenig »ins Freie« fahren wollen. Unsere Überraschung über die Ankunft der Polizei war nicht größer als die ihre, mich

---

* Laut Gusta Fučíková handelte es sich um den Konfidenten Václav Dvořák, nicht um den Bildhauer Zdeněk Dvořák, den der Autor im Manskript ebenfalls erwähnt hat.

dort vorzufinden. Und sie wußten nicht einmal, wen sie gefunden hatten. Wer weiß, ob sie es überhaupt erfahren hätten, wäre nicht gleichzeitig mit mir ...

Aber zu dieser Fortsetzung meiner ersten Überlegung in der »Vierhundert« gelangte ich erst nach geraumer Zeit. Da war ich nicht mehr allein, da waren die Bänke und die Wände ringsum schon besetzt, und Stunden voller Überraschungen waren inzwischen verflossen, merkwürdiger Überraschungen, die ich nicht verstand, und böser Überraschungen, die ich nur zu gut verstand. [...]

Die »Vierhundert«: das war eine weit vorgeschobene Stellung, vom Feind ringsum eingeschlossen und mit konzentrischem Feuer eingedeckt, aber keinen Augenblick bereit, sich zu ergeben. Über ihr wehte die rote Fahne. In ihr trat die Solidarität des gesamten Volkes, das um seine Befreiung kämpfte, in Erscheinung.

Unten im »Kino« gingen die SS-Wachen in hohen Stiefeln auf und ab und begleiteten mit Geschrei jedes Augenzwinkern. Hier, in der »Vierhundert«, wurde die Aufsicht von tschechischen Inspektoren und Agenten der Polizeidirektion geführt, die als Übersetzer freiwillig oder auf Anordnung ihrer Vorgesetzten in den Dienst der Gestapo getreten waren und ihre Pflicht entweder als Diener der Gestapo oder als Tschechen erfüllten, oder als etwas dazwischen. Hier war man nicht mehr gezwungen, in Grundstellung zu sitzen, die Hände an den Knien und den Blick geradeaus gerichtet, hier konnte man ungezwungener sitzen, konnte sich umsehen, konnte Handbewegungen machen – und man konnte auch mehr, je nachdem, welche von den drei Gruppen gerade Aufsicht hatte.

Die »Vierhundert«: das war ein Ort gründlichen Erkennens des Lebewesens Mensch. Die Nähe des Todes enthüllte hier alles und jeden. Auch diejenigen, welche die rote Armbinde des kommunistischen Untersuchungshäftlings beziehungsweise eines der Zusammenarbeit mit Kommunisten Verdächtigen trugen, sowie diejenigen, welche die Häftlinge hier bewachen sollten oder sich in einem nahen Zimmer an den Verhören beteiligten. Dort, bei den Verhören, konnten Worte Schild oder Waffe sein. In der »Vierhundert« konnte man sich hinter keinem Wort verstecken. Hier wurde nicht gewogen, was man sagte, sondern was in einem stak. Und es verblieb nur das Wesentliche. Alles Beiwerk, das, was die Grundzüge eines Charakters mäßigte, abschwächte oder stilisierte, fiel ab, fortgerissen vom Wirbel vor dem Tode. Es blieben Satzgegenstand und Satzaussage: der Treue widersteht, der Verräter verrät, der Spießbürger verzweifelt, der Held kämpft. In jedem Menschen sind Kraft und Schwäche, Mut und Angst, Festigkeit und Wankelmütigkeit, Reinheit und Schmutz. Aber hier durfte nur noch das eine oder das andere bleiben. Entweder – oder. Und versuchte einer unauffällig hindurchzutanzen, war er auffälliger als jemand, der mit gelber Feder am Hut und Techinellen in der Hand in einem Leichenzug tanzen würde.

Peter Härtling:
Die Reise nach Zwettl

Die Reise nach Zwettl dauerte eine Woche. Sie führte über Deutsch-Brod, Kolin nach Prag, wo wir zwei Tage auf einen Anschlußzug warteten, dann weiter über Budweis, Tabor, Gmund, Horn nach Zwettl. Sie führte durch die Auflösung des Hitlerschen Reiches. [...]

In Prag habe ich dich zum ersten Mal nicht nur als Vater gesehen. Nicht jemand, der kommt, geht, abfragt, befiehlt, verbietet, schweigt oder dessen Hand sich um meinen Nacken legt. Ein anderer, einer, der sich mit jedem Schritt verändert, Gewicht verliert, erleichtert ist, der hofft, noch einmal anfangen zu können und es die nächsten Tage auch aussprechen wird, immer wieder: Bald ist der Spuk vorbei und ich kann von vorn beginnen. Irgendwo, vielleicht in Wien oder Dresden.

Wir müssen warten, sagt er. In Prag läßt es sich aushalten. Die

»vier Frauen« sind im Café am Wenzelsplatz zurückgeblieben. Er führt mich durch die Stadt, erzählt von seiner Studienzeit, vom Fenstersturz, vom Kaiser Maximilian, von der Karls-Universität, vom Hradschin. Er sagt: Mit Lilian Harvey habe ich auf einem Studentenball Walzer getanzt. Sie hatte eine Taille, die konnte ich mit meinen Händen umspannen. Er sagt Sätze, die er sonst nie sagt. Ich schaue an ihm hoch. Sein Gesicht unter dem schwarzen, straff nach hinten gekämmten Haar ist abgemagert. Jetzt lacht er. Jetzt geht er rascher vor mir her, nicht mehr so schwerfällig, sondern mit kürzeren und entschlosseneren Schritten. Er ist groß, größer als ich je werde. Er wendet den Kopf und sagt: Beeil dich, die Frauen werden schon ungeduldig sein. So für sich, ohne daß er beengt oder behelligt war, habe ich ihn nur dieses eine Mal erlebt.

Wir hatten in einem Hotel übernachten wollen. Die kurze Auseinandersetzung mit dem Kellner stimmte Vater um: Das Café war überfüllt, die Frauen waren schon beunruhigt. So lange hätten wir nicht wegbleiben sollen. Sie hätten sich Sorgen gemacht. Wir setzten uns zu ihnen. Ich mußte mit Lore einen Stuhl teilen. Vater bestellte sich ein Bier, mir ein Kracherl. Alle Gäste unterhielten sich sehr laut, sie schrien beinahe. Es war das Geschrei eines Krähenschwarms vorm Aufbruch. Vater winkte dem Kellner, der uns die Getränke gebracht hatte. Ich beobachtete, daß sie stritten, der Kellner die Schulter hochzog, lächelte, den Kopf schüttelte, eine abweisende Geste machte, während mein Vater angespannt in seinem Portemonnaie suchte, Mutter ebenfalls die Geldbörse aus der Tasche holte und dem Kellner einen Schein gab. Hinter dem wütenden Vater verließen wir das Lokal. Draußen blieb er stehen, setzte die Koffer ab, sagte: Es ist bald aus. Das war ein Zeichen.

Ich verstand ihn nicht, traute mich aber nicht zu fragen. Großmutter tat es für mich. Was war eigentlich los mit dem Kerl?

Er hat sich geweigert, Reichsmark anzunehmen. Nur Kronen seien noch gültig.

Das kann ja nicht möglich sein.

Doch Mutter. Er ist Tscheche und ich sitze da in dieser Uniform –

Es war nicht die richtige Antwort für mich: Wie konnte er, ein deutscher Soldat, einem Tschechen nachgeben.

Ich nahm nur noch Ausschnitte wahr, ohne sie zu verstehen: ein alter Mann, der inmitten der Menschenmenge auf dem Bahnhof auf eine junge Frau einschlug, nicht aufhörte, bis irgend jemand, dem es zuviel wurde, ihn wegriß und der Mann weinend zusammensank; ein Baby, das hoch oben auf einem Bündelberg lag und mit seinen Händen spielte; ein sehr junger Soldat, der auf dem Steinboden schlief und dessen Beine zuckten, als laufe er im Traum seinen Verfolgern weg; ein SS-Offizier, der lässig an der Wand lehnte, eine Zigarette nach der andern rauchte und grinsend, als vergnüge er sich an dem Elend, die Wartenden taxierte.

Seine gleichgültige Kälte forderte mich heraus. Um ihn auf mich aufmerksam zu machen, strich ich um ihn herum.

Na Pimpf, wohin geht die Reise?

Ich brachte kein Wort über die Lippen, blieb vor ihm stehen, worauf er mir eine Zigarette anbot. Wieder schüttelte ich nur stumm den Kopf.

Dir hat's wohl die Sprache verschlagen, Kamerad?

Nein, sagte ich.

Bist du im Auftrag unterwegs?

Nein.

Der da drüben ist wohl dein Vater?

Ja.

Alle seine Fragen hörten sich verächtlich an. Er erschien mir streng wie seine Uniform; aber er glühte auch, und das gefiel mir.

Hast du Angst? fragte er.

Vor wem?

Vor den Russen, vor den Amerikanern?

Nein, sagte ich, bestimmt nicht.

Gut. Er zündete sich an der noch brennenden Kippe eine neue Zigarette an.

Ich habe auch keine, längst keine mehr. Ich bin Belgier, erklärte er, kein Deutscher, doch in der Uniform bin ich ein Deutscher, so einer wie diese da, nur besser, sage ich dir, wenn ich dieses Gesocks anschaue, diese kopflose Menge, ich sage dir –

Er faßte mich am Arm und hielt mich fest.

Glaubst du an den Führer, Pimpf?

Ja, sagte ich. Ich dachte an die Morgenappelle in Prerau, wo wir in einem Kreis um die Fahne standen und schwuren: Wir glauben an Adolf Hitler, unseren Führer. Er beugte sich ein wenig zu mir. Er sprach nicht laut, so, als wolle er mich ins Vertrauen ziehen. Du glaubst an ihn, Kamerad. Ich glaube an ihn. Aber dieser Mob da ist schon dabei, ihn zu verraten. Er ist für mich wie ein Feuer, verstehst du, er hat mich befreit, er hat mir Kraft gegeben, verstehst du, er hat mich aus dem Dreck geholt, dem wallonischen Dreck und ich bin Léon Degrelle gefolgt, um Adolf Hitler zu dienen, verstehst du, ich bin nicht irgendeiner, ich bin auserwählt, ich bin die Garde, und wenn alles in Scherben fällt, werden wir überstehn, Scheiße, verstehst du, aber der Führer will uns nur prüfen, will uns nur in Versuchung führen, das ist alles, denn ich weiß, daß er mit neuen Waffen zuschlagen kann, stärkere, als es die V-2 ist, verstehst du, Raketen, die Länder und Städte zerschmettern können, er hat sie, der Führer, er wartet nur, um unserer Feigheit und unserem Mut zuzusehen, er läßt die Feinde in die Falle laufen, verstehst du, Kamerad, so ist die Lage, und ich bin einer der wenigen, der Bescheid weiß, der es dir sagen kann, weil du ein guter Junge bist und an den Führer glaubst, nicht abhaust wie diese da – er hatte sich wieder aufgerichtet, meinen Arm losgelassen und zeigte angewidert auf das Gewühl. Ich werde kämpfen, sage ich dir.

Und warum sind sie hier auf dem Bahnhof? fragte ich. Warten Sie auf jemanden?

Ich weiß nicht, antwortete er; er stieß mich vor die Brust und sagte: Hau bloß ab, Pimpf, verschwind bloß aus meinem Gesichtsfeld!

Was hat er von dir gewollt? fragte Vater. Ich erzählte ihm, was ich gehört hatte; es gelang mir nicht, den Eifer und den Haß wiederzugeben.

Vater und ich saßen uns auf Koffern gegenüber. Er blickte zu dem Offizier hinüber:

Er ist ein Narr.

Soll ich ihm sagen, daß er ein Narr ist? rief ich.

Ich bitte dich, sprich leiser.

Du hast doch bloß Angst vor ihm.

Sicher.

Er könnte dich festnehmen.

Ja. Das könnte er. Vaters Traurigkeit brachte mich durcheinander.

Und dann? fragte ich.

Vater sah mich nicht an. Vielleicht hat der Führer noch Wunderwaffen. Ich weiß es nicht. Aber es kann genausogut sein, daß dieser Mensch sie sich in seiner Verzweiflung nur einredet, daß er auf sie hofft, weil er sonst keine Hoffnung mehr hat. Ich würde gerne sagen wollen, er sei ein armer Kerl. Aber ich kann es nicht. Es sind Mörder.

Nein, das ist nicht wahr.

Du mußt es nicht glauben.

Er ist ein Held.

Wenn Helden so sind, sagte Vater leise und stand auf, dann bin ich froh, kein Held sein zu können, sondern ein Feigling, wie du immer denkst.

Jaroslav Seifert:
Fünf Minuten vor dem Sterben

Der Mai 1945 überraschte uns, mich und einige andere Kollegen, Redakteure und Redaktionsmitarbeiter wie auch Angestellte der Administration, im »Volkshaus« in der Hiberner Gasse, wo wir uns daranmachten, das »befreite« Tageblatt »Práce« (Arbeit), herauszugeben. Mit uns bastelten dort noch andere an der ersten Nachkriegsnummer des neuen, nun nicht mehr illegalen »Rudé právo« (Rotes Recht), dem Sprachrohr der Kommunistischen Partei. – Am 5. Mai begannen die Bürger in den Prager Straßen und Gassen deutsche Firmenschilder abzureißen und deutsche Landser festzunehmen und entwaffnen – der Prager Volksaufstand brach los. Wir blieben alle in der Redaktion, und auch die andern schlossen sich uns an: Setzer, Metteure und Hilfskräfte. Die übrigen Redakteure eilten herbei, und wir machten uns gleich ans Werk. Nach einer Weile schon dröhnte die Rotationsmaschine, und die Kolporteure trugen die ersten Exemplare in der Stadt aus. Die ersten Schüsse fielen auf den Straßen, und zufällige Passanten, die weder in Richtung Žižkov, noch zum Pulverturm hin gefahrlos über die Straße laufen konnten, suchten bei uns im »Volkshaus« Zuflucht. Auf unserem Gebäude wehte eine tschechoslowakische Trikolore neben dem roten Banner. Im Garten des Hauses blühten die Kastanienbäume, und mitten unter ihnen wuchs ein Gingko-Baum, lateinisch *gingko biloba,* eine in meiner Heimat recht seltene Art, Relikt aus den Zeiten, als das Palais, wo wir jetzt wirkten, noch dem Grafen Kinski gehört und einen aristokratischen Park in seinen Mauern beherbergt hatte.

Der Masaryk-Bahnhof war von tschechischen Freiheitskämpfern besetzt, und die Deutschen »bombardierten« ihn. Auch das »Volkshaus« wurde von einer Granate getroffen, Granatsplitter und Kugeln fegten über den Hof. Die Deutschen hatten sich nicht nur in dem nahen YMCA-Haus auf dem Poříč verschanzt, sondern auch in der uns benachbarten Anglo-Bank; so pfiffen die Kugeln auch über unsere Schreibmaschinen und um die Lockenköpfe unserer Sekretärinnen. Wir zogen uns mit der ganzen Redaktion in den Keller zurück, verkrochen uns hinter die Rotationsmaschine, in das Stereotypie-Atelier und noch tiefer hinab ins Papier-Magazin. In dem Lagerraum schrieb ich revolutionäre Verse auf Rollen von Zeitungspapier, und das »Mai-Lied« floß mir flink aus der Feder. Wozu brauchte der

Mensch einen Arbeitstisch! Die Nächte verschmolzen mit den Tagen, dramatische Tage verflogen im Nu: Samstag, Sonntag, Montag, Dienstag!

Die Garnison der Jan-Žižka-Kaserne auf dem Josephs-Platz, die auf Befehl des Oberkommandos der Aufständischen das »Volkshaus« verteidigen sollte, war klein und schlecht bewaffnet. Ein paar Gewehre und Granaten hatte man erbeutet, als es gelang, deutsche Soldaten zu entwaffnen, die das uns benachbarte Hotel »Metropol« vis-à-vis vom Bahnhof besetzt hielten. Da die Deutschen dann aber den Masaryk-Bahnhof eroberten und alle niedermähten, die sie dort antrafen, änderte sich die Lage zu unseren Ungunsten. Nur einigen Leuten gelang es, sich ins »Volkshaus« zu retten, wohin sie im letzten Moment und mit leeren Händen gelangten. Nun jagten die Ereignisse sich Schlag auf Schlag. Gleich darauf besetzten die Deutschen das Eckhaus zwischen der Havlíček- und der Hiberner Gasse. In einem Feinkostladen entdeckten sie einen Vorrat an Wein und Champagner. Weil die Keller beider Häuser aber – wie uns befohlen – verbunden waren, tauchten die Deutschen plötzlich auch im »Volkshaus« auf, während die dortige Mini-Besatzung sich zwischen Keller und Hauseingang verschanzt hatte. Die Deutschen näherten sich der Panzertür. Der einzige Verteidiger im Keller feuerte aus seinem Gewehr und schoß den ersten der hereinstürmenden Soldaten nieder. Er fiel vor meine Füße, und so sah ich zum ersten Mal in meinem Leben mit eigenen Augen, wie ein Mensch stirbt. Schon zu Boden gesunken, rief der Mann seinen Kameraden zu, das Feuer zu erwidern, doch er selbst war schon zu schwach, sein Gewehr zu heben. Ja, er hatte nicht einmal mehr die Kraft, seine neben ihm am Boden liegende Flinte abzudrükken. So schnell verrann sein Leben aus einer klaffenden Wunde im Bauch.

Verwirrt wateten wir in seinem Blut, da erschien ein deutscher Offizier in der Mauerbresche und befahl uns barsch: »Hände hoch!« Er sonderte die Frauen aus, sie blieben im Keller, und befahl uns Männern, durch den Hintereingang in die Havlíček-

61. *Prag 1945. Die ersten sowjetischen Soldaten auf dem Altstädter Ring in Prag. Im Hintergrund die Ruine des historischen Rathauses.*

Gasse abzuziehen und uns von dort in die Halle des brennenden Masaryk-Bahnhofs zu begeben.

Die Feldgrauen, die uns eskortierten, versicherten uns grinsend, im Bahnhof würden wir standrechtlich erschossen. Wir mußten uns auf die Schienen setzen. Nicht weit von uns türmte sich ein Haufen toter Landsleute, die die Deutschen vor einer Weile exekutiert hatten. Wir warteten nur noch auf die Abfahrt des langen Lazarett-Zuges, der hinter uns auf den Schienen stand. Er war voll mit Schwerverwundeten; sie lagen auf Kavaletts übereinander. Nur so zum Jux erschossen die Deutschen vor unseren Augen einen Burschen, dem zu seinem Unglück ein altertümliches k. und k. Bajonett unter der Jacke hervorgelugt hatte, und einen älteren Mann, von dem einige der deutschen Soldaten behaupteten, sie hätten gesehen, wie er auf sie feuerte. Beide wurden mit einem Genickschuß aus der Pistole »erledigt«. Kein schöner Anblick, wenn einem Menschen das Blut aus dem Nakken spritzt. Der ältere Mann schwieg, doch der Junge jammerte kläglich vor seinem Tod.

Ich weiß nicht wieso, vermutlich, weil die Deutschen den Lazarett-Zug nicht mehr schnell genug aus dem Bahnhof schleppen konnten und das Feuer im Stationsgebäude um sich griff, befahlen sie uns »Aufstehen!«, eskortierten uns in Zweierreihen über den Güterbahnhof in die Hiberner Gasse und trieben uns dann in Richtung Žižkov den Berg hinauf. Die Eisenbahndirektion am Rande von Žižkov stand in Flammen. Auch das Haus gegenüber, »Zum Bulgaren« genannt, brannte lichterloch. Die Hitze des Feuers war so groß, daß wir uns das Taschentusch schützend vors Gesicht hielten.

Wie oft, ach wie viele Male, war ich glücklich und zufrieden auf diesem Weg am Bahnhof vorbeigelaufen. Schon seit meiner frühesten Jugend. Hier eilte ich entlang, wenn ich nach Kralupy in die Ferien fuhr und auch wieder heim in die Arme meiner Mutter. Und nun stapften wir schweigend über diesen Weg, bang, nicht wissend wohin.

Bei der Hrabovka bogen wir hangabwärts nach Karolinenthal ein, zur Georg-von-Podiebrad-Kaserne. Dort stellten sie uns an die Wand. Wieder mußten wir warten. Dann verkündete man uns noch einmal, wir würden auf dem Kasernenhof füsiliert. Dort machten sich die Deutschen inzwischen bereit, aus Prag abzurücken; die Vorbereitungen dazu waren noch im Gange.

Wir marschierten an der Hrabovka vorbei, und der Frühlingswind strich uns um die Stirn, vom Duft des Flieders getränkt, der von den Obstgärten auf dem Veitsberg herüberwehte, wo ich einst voll unschuldiger Heiterkeit und ein sorgloses Lachen auf den Lippen durch die Nacht irrte – meine Finger in die eines reizenden Mädchens verflochten – so manchen Abend, hoch über den Rauchwolken der nahen Bahnstation. Ja, ich erinnerte mich ganz intensiv an den Duft der braunen Sommerveilchen, an dem ich mich bis heute nicht sattriechen kann. Aus dem Aussichtspavillon, der noch heute dasteht, bietet sich einem eine der schönsten Ansichten Prags dar, wenn auch leicht umflort vom Rauch der Lokomotiven unten im Bahnhof.

Zweimal marschierten Parlamentäre, die weiße Fahne geschultert, hin und zurück durch die Mitte der Straße, an uns vorbei, ohne uns auch nur eines Blickes zu würdigen. Wir hatten nicht die blasseste Ahnung, worum es bei diesen »Palavern« ging, die sich ziemlich lange hinzogen. So durchbangten wir weitere schwere Stunden. In letzter Minute beschlossen die Deutschen, uns gegen eine Gruppe deutscher Frauen, Kinder und Greise auszutauschen, die die Unseren auf der Flucht aufgegriffen hatten. Wie lange wir an der Kasernenwand standen, weiß ich nicht. Ich hatte keine Ahnung mehr, denn auf dem Weg vom »Volkshaus« hatte ein deutscher Soldat meine Armbanduhr »requiriert«. Mir schien es eine Ewigkeit.

Mit einem barschen Befehl jagten uns die Deutschen schließlich in alle Winde davon. Nach einem längeren »Spaziergang«, an den Barrikaden vorbei, kamen wir, ich und mein Kollege A. M. Píša samt zwei Gefährten, zur Troja-Brücke. Bei Bekannten verbrachten wir die letzte stürmische Nacht und beobachteten aus den Fenstern ihres dort ziemlich einsam stehenden Mietshauses die Armee des Generalfeldmarschalls Schörner; ein Teil von ihr stand unten auf der Chaussee, die vom »Bulovka«-Spital zur Troja-Brücke hinunterführt. Die Armee hatte den Befehl, Prag zu zerstören und sich dann in amerikanische Gefangenschaft zu begeben. Das erstere gelang ihr zum Glück nicht, letzteres nur zum Teil. Doch das ist ja eine bekannte Geschichte. [...]

Als wir, ich und Píša , in der Karolinenthaler Kaserne an der Wand standen, zog ich ein Eckchen Käse und einen Kanten Brot aus der Tasche, die ich, deutsche Vorräte »plündernd«, »organisiert« hatte, als wir das Hotel »Monopol« verließen. Brot und Käs' waren nicht mehr frisch, doch wir schlangen sie heißhungrig in uns hinein. Dann dachte ich an die Meinen daheim. Ich wußte, daß sie mehr oder weniger in Sicherheit waren. Dabei verdrängte ich, sozusagen im Unterbewußtsein, den Gedanken, daß ich sie nie mehr wiedersehen würde. Ich suchte ihn entschieden zu verscheuchen. Ich betrachtete die traurigen und häßlichen Häuser gegenüber. Alle Fenster waren – wohl vorsichtshalber – geschlossen. Nur von Zeit zu Zeit schob jemand eine Gardine beiseite, und ein menschliches Gesicht kam zum Vorschein. Dann fiel mir eine blecherne Pißbude unweit des Karolinenthaler Eisenbahnviadukts ins Auge, ein Straßen-Pissoir, das ich in grotesker Erinnerung hatte.

Vor vielen Jahren hatte dort ein anonymer, doch offensichtlich recht gewandter Zeichner mit Teerfarbe einen Frauenakt in gewagtester Position an die Wand gemalt. Als Buben kamen wir oft hierher, um uns an dem Anblick zu weiden. Das Bild »hing« recht lange dort – es faszinierte uns ungemein! In der Pubertät war es ein ganz außergewöhnliches Erlebnis. Als wir nun so vor der Kaserne standen, sah ich diese Zeichnung ganz deutlich vor mir, obwohl ich dies wenig salonfähige Erlebnis schon fast vergessen hatte.

Wieder starrte ich zu den düsteren Fenstern gegenüber empor. Aus den zierlichen Kaminen kräuselte sich Rauch, und mir fiel ein, was die glücklichen Menschen, die nicht an der Kasernenwand zu stehen brauchten und uns durch die geschlossenen Vorhänge beäugten, wohl heute zu Mittag essen mochten? Ich bitt' euch, um Gottes willen, haltet mich nicht für tapfer und unerschrocken, doch in jenen Minuten dachte ich bei Gott nicht an den Tod, obwohl er uns, und wir rechneten schon fest damit, gleich hier auf dem Kasernenhof erwartete.

Als man uns dann in alle Winde verstreut hatte, als wir wieder die süße Luft der Freiheit atmeten und auch den Prager Rundfunk hörten, dessen Sprecher mit sich überschlagender Stimme meldete, die Deutschen hätten kapituliert, da vergaß ich – das kann ich wohl sagen – mit einem Schlag die soeben erlebten schweren Stunden.

Und nach Jahren?

Unlängst führte mich mein Weg wieder an jenen Ort, wo wir diese furchtbaren Augenblicke erlebten, und sie kamen mir gar nicht in den Sinn. Erst als ich wieder daheim war, fiel mir ein, daß ich an jenem »historischen« Ort gewesen war und es gar nicht bemerkt hatte.

Heute denke ich an diese schrecklichen Stunden nicht anders zurück, als ein Kind, das längst wieder seinem Ball nachläuft, an die Masern vom Vorjahr.

Ja, glaubt es mir: Es ist so! Und gehabt euch wohl. Krieg soll nie mehr sein!

Max Frisch:
Hradschin

Die Möwen, die auf dem gleißenden Eis der Moldau sitzen; die steinernen Heiligen, die finster auf der langen Brücke stehen, und die Bläue eines kommenden Frühlings darum; die tropfenden Bäume überall; die Straßen mit schmelzendem Schnee, der in der Sonne blendet; die vermooste Mauer droben beim Hradschin, wo man die Beine baumeln läßt, vor sich die Weite voll grünlicher Kuppeln einer fremden Stadt: das alles war schon einmal. Vor dreizehn Jahren, als ich auf dieser Mauer saß und keine Ahnung hatte, wohin es weiterging, war es auch März; es war die erste fremde Stadt in meinem Leben, und wenn ich zum Spaß daran denke, daß ich alles, was diese dreizehn Jahre brachten, noch einmal leben müßte: der Reihe nach, so wie es war, ohne Verändern und ohne Überspringen, das Häßliche, das Holde, das Belanglose, so wie es war, genauso, nur ohne die Hoffnung auf das Ungewisse, die immer einen Schritt voranging –

Wer möchte das? Wer könnte es?

62. *Der Vrtba-Garten und die Niklas-Kirche.*

Paul Eluard:
Prag an einem Frühlingsabend

Prag von gestern Prag von heute
Seiner singenden Morgen gewiß
Prag schläft ein mit offenen Augen

Ganz in Weiß und Gold gekleidet
In die Farben seiner Frühe
Löscht sein Blick das Dunkel aus

Prag dem Bild des Frühlings gleich
Kennt die Quelle schöner Tage
Und es steigt herauf zum Licht

Tor und Tür schließt es dem Zweifel
Und auf Fragen gibt es Antwort
Wie der Dämmerung ein Stern

Prag ward stark in seinem Leid
Lidice traf es ins Herz
Nichts vermochte es zu brechen

Rein und gut so pries es Fučík
Unter den Gewölben des Todes
Löscht es seine Feinde aus

Prag in Weiß und Gold gekleidet
Schlummert abendlich und dennoch
Offenen Auges dem Morgen zu.

Frühling 1952 Poèmes pour tous

335

Paul Celan:
In Prag

Der halbe Tod,
großgesäugt mit unserm Leben,
lag aschenbildwahr um uns her –

auch wir
tranken noch immer, seelenverkreuzt, zwei Degen,
an Himmelssteine genäht, wortblutgeboren
im Nachtbett,

größer und größer
wuchsen wir durcheinander, es gab
keinen Namen mehr für
das, was uns trieb (einer der Wieviel-
unddreißig
war mein lebendiger Schatten,
der die Wahnstiege hochklomm zu dir?),

ein Turm,
baute der Halbe sich ins Wohin,
ein Hradschin
aus lauter Goldmacher-Nein,

Knochen-Hebräisch,
zu Sperma zermahlen,
rann durch die Sanduhr,
die wir durschschwammen, zwei Träume jetzt, läutend
wider die Zeit, auf den Plätzen.

Erich Arendt:
Prager Judenfriedhof

Für Paul Celan

Abgestorben
die Wurzeln innen. Am Ölberg
der Schatten des Todes
entsamt. Kreuzweg:
nie endend: Deines
und Meines – aber
noch irrt
der Meeresflügel
des Worts.

Hier, Tagjahre grau,
das Gespinst, das
Entlaubte, oben
ein Lauschen. Unhörbar
ein Wind. Tagjahre
grau, die klagende
Düsenspur. Wind,
alt wie Erdunkeln
von Rinden.
Unter dem Taglid doch
sinnen –

                  tief
aus dem Boden, Stein längst
wachsen die Stirnen
der Toten: Gesetzestafeln
ungebrochen, Stirn an Stirn,
geschleudert, gebogen
vom Zeitgott, von
seinem Wind. Zu lesen darauf

die harte
Lineatur, herzgrau das Alte:
des Leids unlöschbares
Testament, das gilt noch,
nach ihm wird
gezählt auch das Grau
deiner Schläfe,
letztes
Sediment des Worts.

Augen ihr Münder
Augen! Mirjam
Jehudi, der Sand
eurer Füße! Verjagte,
Verbrannt!

Augen Münder
der Schrift,
Schattenzug eines
Erinnerns, eingegraben,
auglos hier mundlos.
Dem Staub verschwistert
unsre Finger,
lesen die Namen.

Günter Kunert:
· Prag

Es ist eine Stelle in Europa, wo aus dem Boden ein seltsames Konglomerat von gemauertem Stein stieg, ähnlich den von Menschen benützten Städten: Diese hier aber ist nicht wirklich und nicht wirklich eine solche. Die Leute, mit denen sie tags die Straßen dekoriert, saugt sie gegen Abend ein, so daß von ihnen nur noch wenige, einsame Reste anzutreffen sind, bis auch diese der große Atemzug in unbekannte Kavernen trägt, Gänge genannt, Tunnel, geziegelte Röhren, kaum belichtet, gewölbte Schläuche, echolos durchlaufen. Hier eine Lampe, dort eine Lampe, selbstgenügsam nur sich hervortuend. Wer sich da hineinwagt, spürt bald, wie aus ihm sacht das Blut wegrinnt und hinter seinen Schritten versickert, Zukunft und Ziele dazu, während er immer ungestalter hingeht, hinweht durch eine Gasse, die sich unaufhörlich reproduziert: Angstlos ferner und nichts mehr erwartend, als daß irgendwann versinkt, was an Umgebung schon eine Weile vorhielt und das mit dem Wort *Prag* sehr ungenau bezeichnet ist.

Ingeborg Bachmann:
Prag Jänner 64

Seit jener Nacht
gehe und spreche ich wieder,
böhmisch klingt es,
als wär ich wieder zuhause,

wo zwischen der Moldau, der Donau
und meinem Kindheitsfluß
alles einen Begriff von mir hat.

63. *Altstädter Brückenturm im Schnee.*

Gehen, schrittweis ist es wiedergekommen,
Sehen, angeblickt, habe ich wieder erlernt.

Gebückt noch, blinzelnd,
hing ich am Fenster,
sah die Schattenjahre,
in denen kein Stern
mir in den Mund hing,
sich über den Hügel entfernen.

Über den Hradschin
haben um sechs Uhr morgens
die Schneeschaufler aus der Tatra
mit ihren rissigen Pranken
die Scherben dieser Eisdecke gekehrt.

Unter den berstenden Blöcken
meines, auch meines Flusses
kam das befreite Wasser hervor.

Zu hören bis zum Ural.

Bohumil Hrabal:
Kafkarei

Von der Kampa sieht die Karlsbrücke wie eine lange Wanne aus,
durch welche die Fußgänger fahren, eine Räderkonstruktion unterm Hintern. Im Fluß ächzt Prag mit gebrochenen Rippen, und
die Brückenbogen springen wie Parforcehunde nacheinander ans
jenseitige Ufer. Ich könnte zu meiner Kusine in die Brauerei gehn
oder zur Wirtin, die mich auf ein Fläschchen Heidelbeerwein eingeladen hat, aber ich gehe lieber so vor mich hin.
   Ich schlendere durch die Michaelsgasse, lese die Aufschrift:

Eisernes Tor. Das verleiht einem Kraft wie Eisenwein. Im Durchgang sehe ich in eine Uhrmacherei hinein, der Lehrling, er fegt gerade, blinzelt ununterbrochen, seine Augen sind voll Kandiszucker, sicher hat er Bindehautentzündung, sicher muß er allmorgendlich die Lider auseinanderreißen, wenn er das Waschbecken finden will. Heute begegne ich ganzen Fußgängerserien, die durch ein unsichtbares Seil des Unglücks verbunden scheinen. Zehn Menschen mit verbundenem Kopf, ein Dutzend Fußgänger mit bedeutsam hochgezogenen Brauen, als wollten sie etwas sagen, sieben Leute mit Augenbinden...

Vor allem aber sehe ich Frauen. Diese Mode ist zum Verrücktwerden, und jede schaut drein, als sei sie gerade dem Bett der Liebe entstiegen. Was haben sie bloß unter den Blusen? Ein Gerüst oder eine Fischbeinstütze, wenn einem die Brüste so in die Augen stechen? Und dann der Gang! Großstadtmenschen müssen einen Kleiderkasten voll Vorstellungen haben, wollen sie angesichts so raffinierter Schönheit nicht zu Lustmördern werden.

Vor einer Weile schon hat sich mir ein Mann angeschlossen, er erzählt von seinen sonderbaren Berufen, davon, wie er in der Imbißhalle »Koruna« den ersten Speiseautomaten bediente, indem er zuerst prüfte, ob die eingeworfene Krone auch echt war, und dann erst das Brötchen auf ein Tellerchen legte und von Hand den Mechanismus bediente; eine Erfindung, über welche die Leute mächtig staunten. Oder wie er während der Ausstellungen in der fünf Meter hohen Uhr saß, in der Hand eine Taschenuhr, um nach jeder Minute den großen Zeiger weiterzuschieben. Das erzählte er mir, plötzlich bleibt er stehen, noch immer verwundert ob seines Schicksals. Ich frage: »Wer sind Sie?«

»Praktischer Philosoph«, sagt er.

»Dann erklären Sie mir freundlicherweise Kants Kritik der praktischen Vernunft«, sage ich.

Wir stiegen die Stephansgasse hinauf, Prag wurde flacher wie in einer hydraulischen Presse, und die Haare des praktischen Philosophen berührten die Brutstatt der Sterne. Dann lud er mich zu einer Bratwurst ein.

Ich sagte: »Die Alte dort hat meistens recht gute.«

Eine Acetylenlampe beleuchtete die Greisin, Rembrandt ist auferstanden von den Toten. Sie hat die Hände auf dem Bauch, als betaste sie den Rücken des verlorenen Sohns. Ein einziger Zahn strahlte aus ihrem Mund.

»Haben wir schon Mitternacht, meine Herren?«

Der praktische Philosoph reckte den Finger gen Himmel und war in diesem Augenblick schön wie Rabbi Löw, wie Vincents abgeschnittenes Ohr. Die Nacht war voll Schlacke, silbriger Wirbel, Schrauben und Muttern. Die Luft roch nach Sauerklee, Milchsäure, intimer Damentoilette, Essenzen, Lippenstiften. Und die Uhr von St. Stephan schlug Mitternacht. Andere Prager Uhren fielen ein. Dann die, die nachgingen. Der praktische Philosoph aß mit Riesenappetit seine Bratwurst und ging weg, ohne ein Wort des Abschieds.

Eine Prostituierte ging vorbei, schön und weißgewandet wie ein Engel, als sie sich umdrehte, sprang die Schote ihres Mundes auf und ließ eine Zweierreihe weißer Erbsen sehen. Gern hätte ich in ihr Lächeln einige farbige Worte geritzt, in dem Glauben, sie werde meine Worte lesen, wenn sie am Morgen mit der Zahnbürste vorm Spiegel stand.

Ich sage zur Greisin:

»Den František Kafka haben Sie nicht gekannt?«

»Mein Gott«, sagte sie, »ich bin die Františka Kafková. Mein Vater war Roßschlächter und hieß František Kafka. Dann kannte ich einen Ober in der Bahnhofsgaststätte von Bidschau«, sagte sie und neigte sich plötzlich vor, und der einzige Zahn leuchtete in ihrem Mund wie bei einer Wahrsagerin, »aber falls Sie etwas extra möchten, Sie sterben ohnehin keines natürlichen Todes, lassen Sie sich einäschern, vermachen Sie mir Ihre Asche, und ich werde damit meine Gabeln und Messer putzen, daß mit Ihnen noch was Großes geschieht, wie zum Geschenk, wie zum Unglück, wie zur Liebe – hehehehe.«

Sagte es und wendete mit einer Gabel die spritzenden Würste.

64. *Karlsbrücke, Nordseite.*

Miroslav Holub:
Die Prager Mittagshexe

Sie stellt sich an um Kopftücher,
    um giftige Äpfel,
rauft um den letzten Krückstock.

Daheim hat sie zweihundertachtzig Kopftücher,
    dreihundertzwölf Krückstöcke
    und drei Tonnen giftiger Äpfel,
    die verwandelt sie nach und nach
    in Schlangen,
    in Skorpione
    und in Seegurken...

Und wenn sie auf dem Ring
dem Abendgespenst begegnet,
nickt sie mit dem gesprungenen Kopf
und murmelt stundenlang:

Übers Jahr, gute Frau, streicht man unsereinem
auch noch Gottes schönen Mittag.

Ludvík Vaculík:
Der Flaschenteufel

Gestern nachmittag ging ich ins Café Slavia, um dort vielleicht
Jiří Kolář anzutreffen und ihm das neue, maschinengeschriebene
Buch von Pavel Hrùoz, »Klänge der Stille«, geben zu können, damit ich es aus der Hand bekäme. Kolář war nicht dort, doch von
seinem Tisch erhob sich Karol Sidon und kam mir entgegen. Ich
hatte ihn lange nicht mehr gesehen, nicht einmal unter den Gra-

tulanten der vorigen Woche, wie mir sogleich bewußt wurde, und ich wartete, ob es auch ihm bewußt würde. »Wann hatten Sie denn diesen Geburtstag?« fragte er mich und reichte mir die Hand. »Das hast du schon verpaßt«, sagte ich und fragte ihn, ob ihm denn die Kollegen nichts gesagt hätten, daß er mir auch etwas in das Gemeinschaftsgeschenk hineinschreiben soll.

»Doch, sie haben es mir gesagt«, antwortete er, »nur, um die Wahrheit zu sagen, war ich in Verlegenheit, wie ich Sie dort hätte anreden sollen.« »Na eben so, wie du mich sonst auch anredest.« »Haben Sie nicht bemerkt, daß ich dem gerade ausweiche ...« Das hatte ich, ehrlich gesagt, nicht bemerkt. Schon längst war mir jedoch aufgefallen, daß ich ihn duzte, während er mich mit Sie anredete. Doch vermute ich, wenn ich den Vorschlag gemacht hätte, das zu ändern, wäre es ihm vielleicht um etwas leid gewesen. Um was? Vielleicht um die Zeit, als er ein Junge war und zu uns zu kommen begann: Da war ich ihm wahrscheinlich noch als ein prima Mensch erschienen. Das werden nun bereits fünfzehn Jahre. »Weißt du, was du noch immer machen kannst?« sagte ich. »Schreib ein Feuilleton, worüber du willst.« Das versprach er mir, allerdings schon zum dritten Mal.

Er führte mich an den Tisch, wo irgendein Freund von ihm und irgendein Mädchen oder eine Frau saßen. Eine Weile redeten wir miteinander, bis uns abseits am Fenster ein Mann auffiel, dunkel, mager, korrekt angezogen, mit einem lustigen Schlips. Er war schon etwas älter und wirkte ein bißchen kränklich und traurig. Wir stellten Vermutungen über seine Nationalität an. Die Meinungen gingen dahin, daß er Rumäne, Ungar, slowakischer Ungar oder irgendein Südländer sei: So vieldeutig sah er aus. Er saß allein da, und vor sich auf dem Tisch hatte er nichts außer Zigaretten und einem Feuerzeug.

Auf einmal erhob er sich, trat zu uns und sagte englisch: »Sie sprechen gerade über mich.« »Ja«, sagte ich ebenfalls englisch. »Sie stellen Vermutungen an, welcher Nationalität ich bin?« »Sie sind Rumäne oder Ungar«, sagte ich. Falsch getippt, er war Araber! »Von wo?« fragte ich. »Aus Bagdad«, antwortete er. »Das

ist die Stadt Sindbads, kennen Sie das Märchen?« fragte ich.
»Freilich«, bejahte er erfreut, »nur sind es schon dreißig Jahre
her, daß ich diese Geschichte gelesen habe.«

Ich wollte ihn prüfen, ob er wirklich aus Bagdad kam. »Was
bedeutet Alf laila wa-laila?« fragte ich. »Das heißt arabisch Tau-
sendundeine Nacht«, antwortete er. »Richtig«, sagte ich und
fragte ihn, wie lange er schon in Prag sei und warum. Er erklärte,
daß es bei ihnen zu heiß gewesen sei. Er sei schon einen Monat
hier und bereits das zweite Mal innerhalb von zwei Jahren, als
Tourist. Zuvor hätte er sich in Saloniki und in Athen aufgehal-
ten, aber hier sei es schöner.

Dann fragte er, ob ich die Geschichte vom freigelassenen
Flaschenteufel kenne. Ich sagte, jeder kenne sie, und Karol
pflichtete mir bei, ebenso sein Freund. Nur das Mädchen sprach
kein Wort, weil ihr ein Schleier aus schwarzen Haaren über das
Gesicht hing und sie deshalb Mühe hatte, die Zigarette in den
Mund zu steuern. Ich fragte den Bagdader, was denn ihr Teufel
mache. Er sagte, er wisse es nicht, aber vielleicht befinde er sich
in der Flasche. Ich riet ihm, sie sollten gut aufpassen. Unser Teufel sei draußen, und wir könnten ihn nicht wieder hineinbekom-
men. Er fragte, wann wir ihn herausgelassen hätten. Ich gab ihm
die gewünschte Information und fragte ihn, ob er nicht wisse,
wie man den Teufel zurück in die Flasche bekäme. »Wenn ich das
wüßte«, lachte er, »wäre ich ein reicher Mann!«

Karol forderte mich auf, den Bagdader zu fragen, warum es
ihm hier besser gefiele als in Griechenland. Bevor er antwortete,
blickte er sich im Raum des Cafés Slavia nach allen Seiten um,
schaute durch das Fenster hinaus auf die belebte Straße mit dem
Theater und der Brücke. »Hier gibt es eine größere Freiheit.«
Eine Weile herrschte verdutzte Stille, worauf Karols Freund, der
wohl einfach sagen wollte, das sei nicht wahr, fast zutreffender
meinte: »Aber das ist nicht wirklich!«

Darauf ging ich, weil ich mich mit Ivan auf dem Hradschiner
Platz treffen sollte. Er saß schon dort, auch Pavel war dabei.
»Eben habe ich Pavel meinen vollendeten Roman zu lesen gege-

ben«, sagte er, rempelte mich mit der Schulter an und setzte hinzu: »Tausend Seiten, aber ausgezeichnete!« Nanana, dachte ich bei mir voller Angst, was, wenn er recht hätte; aber seine Prahlerei gefiel mir. Pavel schilderte uns, wie miserabel es mit seinem Antrag für die Reise nach Amerika stünde. Ivan sagte, ihm ginge es ähnlich, er würde wohl nicht nach Schweden fahren können, und er begann zu erzählen, daß ihn Herr Obrda besucht habe, um ihm mitzuteilen, daß er nach unserem kürzlichen Besuch bei Herrn Václav in Hrádeček verhört worden sei, weil man wissen wollte, was dort los gewesen ist. Es muß erwähnt werden, daß Herr Obrda darüber nichts sagen konnte, weil wir ihm nicht vertrauen und weil er dort seltsamerweise uneingeladen erschienen war; aber das alles von ihm zu sagen, ist häßlich, weil er immer und gut kocht. Eine Weile wurden die Dinge durchgehechelt, dann kam die Schlußfolgerung: »Also, entweder lügt dieser Obrda, oder sie wissen einfach nichts.« Und das schien uns allen nicht denkbar.

In diesem Augenblick gingen Kosík und Bartošek vorbei, sie blieben eine Minute an unserer Bank stehen und gingen dann weiter. Danach fuhr Rudolf Slánský der Jüngere vorbei und grüßte uns. »Das ist doch wohl kaum möglich«, lachte Pavel, »daß sie schließlich noch in irgendeine Statue vor uns ein Mikrofon einbauen?« Ich sagte: »Vor einer Weile habe ich mit einem Araber gesprochen, der sagte, bei uns gäbe es mehr Freiheit als in Griechenland.« Eine Weile wurde über mein arabisches Gewäsch geschwiegen, bis man – auch ohne Kosík – zu der Ansicht kam, daß die eine nicht besser sei als die andere.

Aber ich sage jetzt allen Ernstes: Was, wenn der Bagdader recht hat? Was, wenn er durch sein einsames Sitzen in Cafés bald in Athen, bald in Prag, durch das Aus-dem-Fenster-Schauen, das Beobachten der Leute und des Ablesen der Gespräche von ihren Lippen mehr zu erkennen vermag als ein geschwätziger Journalist, der in angemessenen zeitlichen Intervallen hierher kommt mit einer bereits vorgefertigten Ansicht, die er nur von immer denselben Leuten wieder bestätigt haben will?

Der Bagdader, der keine Aufgabe hat und dessen Methode vollkommen anders ist, erspürt vielleicht das Milieu genauer und sieht deutlicher, mit welchem angeborenen Maß an Freiheit sich die Leute darin bewegen und einander begegnen. Die menschliche Freiheit, die bestimmt breiter ist als die sogenannte politische Freiheit, entfaltet sich innerhalb der Bevölkerung unter noch stärkerem Druck als unter dem Druck eines Regimes, das nur ein kurzes halbes Jahrhundert dauert.

Rainer Kunze:
Der Mantel

Die Garderobenfrau ließ meinen Mantel, den sie in einen Aufzug gehängt hatte, ins Magazin hinab, und ich betrat das Café. Endlich stimmte die Geographie wieder für mich: Auf die großen Fensterscheiben, an denen ich mir einen Platz suchte, war die Kanonenmündung eines der Panzer gerichtet gewesen, die auch auf mich zugefahren waren.

Ich war in Prag.

Für einen Hamburger Verlag hatte ich Vladimír Holans Poem »Nacht mit Hamlet« übersetzt, und ich konnte das Buch nicht in Druck geben, ohne die Übersetzung mit dem Autor besprochen zu haben. Da es der Staatsbank Devisen bringen würde, hatte ich ein Visum für die Tschechoslowakei erhalten, in die zu reisen im Augenblick verboten war.

Hier, im Café Slavia, wollte ich Karten schreiben. Die Aushänge der Zeitungskioske waren mit großformatigen Kunstpostkarten bestückt – alte Stiche, die das mittelalterliche Prag während einer Belagerung zeigten oder in der Vogelperspektive die Schlacht auf dem Weißen Berg 1620, nach der Böhmen rekatholisiert worden war und ein großer Teil der tschechischen Intelligenz das Land verlassen hatte.

65. *Besetzung Prags durch Truppen des Warschauer Paktes.*
Aufgenommen am 24. 8. 1968.

Die Kellnerin ließ auf sich warten, was ich ohne Ungeduld registrierte. Ich bin Teetrinker, und die Kunst, Tee zuzubereiten, ist die einzige Kunst, deren Blütezeit in diesem Lande noch aussteht.

Ich schrieb nach Mähren und zwei besonders sorgfältig ausgewählte Karten nach Moskau, wo mich im Frühling Freunde in das Restaurant Praga eingeladen hatten: Wir hatten auf die Tschechoslowakei angestoßen.

Als ich nach vierzig Minuten noch immer nicht bestellt hatte, machte ich eine bittende Geste zur Kellnerin – der Anstand, schien mir, gebietet es. Doch hatte ich ihre Blickhöhe offenbar unterschätzt. Mein nächstes Handzeichen, das, davon war ich überzeugt, bemerkt worden war, blieb ebenfalls erfolglos. Ich begann zu argwöhnen, daß an meinem Tisch nicht bedient würde. Der Gast, der sich wenig später mir gegenübersetzte, hatte die Zeitung jedoch noch nicht völlig auseinandergefaltet, als die Kellnerin herantrat und ihn nach seinen Wünschen fragte. Meine Bestellung nahm sie nicht entgegen. Sie kehrte mir den Rücken zu und ging.

Mit einemmal wurde mir bewußt, daß von dort, woher ich kam, Truppen in die Tschechoslowakei eingefallen waren.

2

»Hast du diesen Mantel im Café abgegeben?« Meine Freunde blickten einander aus den Augenwinkeln an. Ich hatte das Firmenschild im Futter nie beachtet: INFORM. Und in russischer Schrift: Isgotowljeno w GDR.

»Du hast dich noch gar nicht gesetzt, da wissen die Kellner schon Bescheid«, sagte die Kollegin, die den Kaffee einschenkte. Einer fragte: »Was hast du gemacht dort?«

»Karten geschrieben.«

»Sag nur noch, in die Sowjetunion.«

Als ich bejahte, verschluckte er sich. »Daß jetzt kein junger

Donezkumpel durch Prag spaziert – dazu noch ohne Brigade, ist doch klar.«

»Wir müssen einen Ausweis für Freunde einführen«, sagte die Kollegin. Und: »Trink. Wir kochen noch mehr.«

3

Die Nachricht, mir sei in der Slávka – wie das Café Slavia im Prager Slang heißt – der Kaffee verweigert worden, eilte mir voraus. Wo immer ich mich angesagt hatte – ich wurde mit Kaffee empfangen.

Drei Tage und drei Nächte trank ich Kaffee von einer Stärke, die, ließe sie sich ins Militärische übertragen, alle noch verbliebenen eingerückten Panzer außer Gefecht gesetzt hätte:

Die Soldaten wären hellwach nach Haus gegangen.

Rose Ausländer:
Prag

Immer träumte ich nach Prag
immer kam etwas dazwischen
Zeitnot Krankheit Krieg

Kafka stand
vor dem Hradschin
verirrter Himmelsbote

Ich schwöre
beim heiligen Franz
ich kann die Mauern
nicht durchbrechen
die Zauberkünste schlafen

Dort träumen Dichter
ihre Wunder
Gut mit ihnen
Kirschen essen

Trauert Prag
um meinen Traum?
Mein Traum
trauert um Prag

Elke Erb:
Prag

Das Zentrum von Prag, welches ich während dieser Abendstunde zum ersten Mal sah, ließ mich zwischen zwei wohl gleich richtigen Übersetzungen ins Deutsche flattern: Es ist das Märchen einer Stadt der ausgebliebenen Bomber, und: es ist die Wahrheit, enthüllt, so, mach dir nichts vor, wäre es, wenn das Vorkriegsdeutschland noch stünde. Solche Prachtbauten, wo noch, Leibhaftiger! in Gassen, so eng? Oh, Ensemble! Die rote Straßenbahn stößt hindurch wie betrieben von Meskalin, Überenergie des Gesauses auf unseren Spielzeugeisenbahnen, ungläubiger Thomas, träum nicht! Wie schön, wenn nun alle Autos verschwänden, und nur sie, sie allein dieses Zentrum beführe!

Die Brückenheiligen stehen zu hoch. Die vergoldeten Kronen lassen Gebete nicht zu. Kings? Oder was ging in der weltlichen Bildhauer Kopf vor? Mit den schwarzen Mündern der Wellen lockte die Moldau zu einem unglaubwürdigen Sprung, während ihre Lippen Licht schlug, tausend auf einen Streich illuminiert.

Ivan Klíma:
Gäste aus dem Ausland

Er kam, seiner Gewohnheit entsprechend, um eine Viertelstunde zu früh. Also kaufte er sich ein Eis und blieb eine Weile vor dem Bücherkiosk stehen, obwohl er wußte, daß er keines dieser Bücher kaufen würde.

Dann fuhr der Zug ein, und bald hatte er sie im Gedränge erspäht: zunächst das Haar mit dem Goldschimmer über der niemals sonnengebräunten hohen Stirn. Sie kam zwischen zwei bärtigen jungen Männern daher; der rechts von ihr hatte ein rundes Gesicht wie Karl Marx. Mit von der Partie war offenbar auch das Mädchen, das barfuß über das entsetzlich verschmutzte Bahnhofspflaster trapste.

Er hob die Hand, aber seine Frau schien ihn nicht zu sehen. Er merkte, daß sie ausnahmsweise ihre Brille nicht trug, ohne die sie kaum ein paar Meter weit sah.

»Du kommst mich abholen!« rief sie aus, als er ihr den Weg vertrat. »Das ist Adam«, stellte sie ihn vor, ehe er etwas unternehmen oder sagen konnte. »Und das hier Jean.« Sie deutete auf das barfüßige Mädchen, dem das fettige dunkle Haar bis zum Gürtel und somit fast bis zum Rocksaum reichte. Der eine Bärtige hieß Jim. Er war mit dem Mädchen – oder allein – aus Texas gekommen, nun wollten die beiden einen Tag in Prag bleiben.

Adam fragte sich, wo Alena sie aufgetrieben hatte, diese ganze Gesellschaft, er bezweifelte, daß sie dieser Schulung wegen eigens aus Texas angereist waren. Wahrscheinlich hatten sie sich irgendwo in Preßburg kennengelernt oder erst im Zug. Zu dumm, daß er mit Alena nicht gleich allein bleiben konnte. Aber Petrs Bücherliste würde er ihnen mitgeben.

»Und das hier ist Honza.« Sie deutete auf den anderen Bärtigen, einen bebrillten Jüngling mit jüdischer Nase. »Er wohnt draußen in Vokovice, was meinst du, bringen wir ihn noch unter?« Und sie wurde merkwürdigerweise rot.

Er nahm ihre Koffer und ging zum Auto.

»Und die Kinder?« fragte sie, als alle im Wagen saßen.

»In Ordnung. Sie sind bei deiner Mutter. Sie freuen sich schon auf die Ferien mit dir.« Erst jetzt fiel ihm auf, daß ihre Augen von Müdigkeit gerötet waren.

»Ihr habt mir kein einziges Mal geschrieben«, beschwerte sie sich. Als ob Schreiben nötig gewesen wäre, bei viertägiger Abwesenheit! »Welchen Weg nimmst du?« fragte sie, kaum daß er sich in die lange Fahrzeugschlange eingereiht hatte. »Was meinst du, könnten wir in der Altstadt anhalten?«

Er blickte sie vorwurfsvoll an, aber sie merkte es offenbar nicht, sie plapperte mit hoher, aufgeregter Stimme auf das barfüßige Mädchen ein, das enge Wageninnere war zum Bersten angefüllt mit fremdsprachigem Geschrei. (Warum sind Amerikaner immer so laut, und warum ist Alena in ihrer Anwesenheit noch lauter?) Wunderbarerweise fand er auf seinem heimatlichen Altstädter Ring einen Parkplatz. Er scheuchte alle ziemlich unfreundlich aus dem Wagen, aber sie nahmen seine Gereiztheit offenbar nicht wahr. Das barfüßige Mädchen setzte die staubüberkrusteten Füße vorsichtig auf die heißen Pflastersteine. »Das ist der Altstädter Ring, und hier« – er deutete hin – »stand früher das Rathaus. Es wurde am letzten Kriegstag niedergebrannt. Wahrscheinlich wäre es erhalten geblieben, wenn die amerikanischen Truppen einmarschiert wären, die damals schon seit mehreren Tagen kurz vor Prag standen. Sie sind aber nicht einmarschiert, weil es bereits beschlossene Sache war, daß dieses Land den anderen zufällt.«

Die jungen Leute verstummten, sie wußten nicht, ob sie das als Vorwurf auffassen sollten oder als historische Erläuterung.

»Vor dreihundertfünfzig Jahren wurden hier siebenundzwanzig böhmische Standesherren hingerichtet.« Und wie stets überkamen ihn Zweifel, ob ihrer wirklich so viele gewesen waren. Zum Glück war es völlig nebensächlich in Anbetracht der Gesamtzahl aller in geschichtlicher Zeit Hingerichteten und in Anbetracht dessen, daß die beiden, zu denen er sprach, ohnehin

66. *Blick von der Museumsrampe auf den Wenzelsplatz.*

keine Ahnung hatten, was mit dieser Hinrichtung beendet und was begonnen worden war. »Jetzt veranstaltet man hier Manifestationen, Demonstrationen und Ovationen.« Sie nickten mit ernster Miene, und das ärgerte ihn noch mehr.

Sie gingen über das warme Pflaster, träge flatterten Tauben vor ihnen empor. Die meisten Häuser sahen heruntergekommen aus, einige hatte man kürzlich renoviert (darunter sein Geburtshaus), doch trotz der katastrophalen Vernachlässigung der herrlichen Bauwerke hatte dieser Ort nichts von seinem Zauber eingebüßt.

Er sah, wie beeindruckt sie waren. Er konnte ihnen freilich noch viel mehr über diesen Platz erzählen, er konnte ihnen den fließenden Bogen zeigen, unter dem ratternd und triumphierend die Straßenbahnlinie 1 hindurchfuhr, nachdem sie sich durch den Engpaß der Celetná gewunden hatte, er konnte ihnen zeigen, wo sich die Böttcherei Stanislav Kynzl befunden hatte, und in der

Erinnerung schwelgen, wie er die Bücher in Storchens Buchhandlung bestaunt hatte, damals, als es auch gute Bücher zu kaufen gab, was er jedoch nicht zu unterscheiden, daher weder zu schätzen noch auszunützen verstanden hatte, er konnte ihnen das Kinsky-Palais zeigen, darauf hinweisen, daß dort Herr Hermann Kafka sein Geschäft gehabt hatte, sie in den Teynhof führen und sie auffordern, die Augen zu schließen und sich winzige Lädchen voll Trödel und Emailletöpfen vorzustellen und die zweirädrigen Holzkarren, die man so gut als Schaukeln benutzen konnte, doch er tat nichts dergleichen, es widerstrebte ihm, etwas vorzuführen, was auf irgendeine Weise mit seiner Person oder seinem Schicksal zusammenhing.

Die Amerikaner hockten sich auf die Einfassung des Hus-Denkmals, dann fotografierten sie die Rathausruine und sich selbst. Sie konnten sich nicht satt sehen an den barocken Fassaden, den gotischen und Renaissanceportalen, den beiden Türmen der Teynkirche und dem alten Pflaster, das irgendein eifriger Funktionär demnächst wohl mit Asphalt überziehen lassen würde.

Ein verschrumpelter alter Mann trat heran, er trug einen Hut, wie ihn die Maler der Jahrhundertwende bevorzugt hatten, sowie einen schwarzen Regenschirm, der an diesem wolkenlosen Sommertag ein wenig lächerlich wirkte. »Verzeihung«, wandte er sich an Adam, »der Herr und die Dame sind Ausländer?«

Adam nickte. Er hatte das Gefühl, diesen Mann schon einmal gesehen zu haben, oder auch öfter, als er noch hier gelebt hatte.

»Entschuldigen Sie«, sagte der Alte. »Sind es Deutsche?«

»Amerikaner«, entgegnete Adam so abweisend wie möglich. Er sah, daß sie aufmerkten.

»Schade«, sagte der Alte. »Wenn sie Deutsch könnten, würde ich ihnen gern etwas erklären.«

»Vielleicht kann ich dolmetschen«, erbot sich Alena.

»Das wäre sehr freundlich von Ihnen.« Der Alte lüftete feierlich seinen musealen Hut. »Diese jungen Leute haben bestimmt keine Ahnung, wer Meister Jan Hus war.« Der Alte hob den wieder behüteten Kopf und blickte zum gewaltigen steinernen Antlitz des Reformators empor. »Die Leute kommen von weither und bewundern Apostel und Kirchen, ohne sich dessen bewußt zu sein, daß mit diesem Mann eine neue Epoche begonnen hat, wie mit Gutenberg oder Kolumbus. Wenn Sie ihnen sagen könnten, Fräulein, daß unser Meister der erste war, der für die Wahrheit gestorben ist. Als Märtyrer, obwohl es nur eines einzigen Wortes von ihm bedurft hätte, und er hätte alles behalten, woran die Menschen hängen: Amt, Besitz und Leben.«

Alena dolmetschte, und sie hörten interessiert zu, so interessiert, wie man Betrunkene betrachtet, Verrückte, Straßenmaler oder Glasschlucker.

»Und wenn Sie ihnen noch übersetzen könnten«, bat der Alte, »daß nicht nur der Meister, sondern das ganze Volk für die erkannte Wahrheit ins Feld gezogen ist und das Gewissen der Welt bewegt hat, wenngleich er später geschmäht und besiegt wurde.« Der Alte lauschte der Übersetzung so intensiv, wie ein Handwerker eines seiner Werke begutachtet, ehe er sich davon trennt. Dann lüftete er wieder seinen malerischen Hut und entfernte sich, während die barfüßige Amerikanerin schrie: »Phantastisch, phantastisch!« Es mochte ebenso dem redseligen Alten gelten wie dem Volk, das für die Wahrheit ins Feld gezogen war. Adam hätte sie darauf hinweisen müssen, daß dieses Volk längst aufgehört hatte, für die Wahrheit ins Feld zu ziehen und sich für seine Märtyrer zu interessieren. Doch wozu sollte er ein Volk vor ihnen herabsetzen, das sie nicht kannten und nicht kennenzulernen gedachten? Übrigens – kannte er selbst es, kannte irgend jemand es? Von niemandem und nichts macht man sich so viele falsche Vorstellungen wie vom eigenen Volk.

Er führte sie zur Altneusynagoge. Den heiligen Wenzel präsentierte er ihnen nur während der Fahrt, dann setzte er die Amerikaner erleichtert vor dem Hotel Flora ab. Daraufhin wurde es im Wagen fast bedrückend still, denn ihm war nicht nach Reden zumute, und seine Frau und der bebrillte tschechische Jüngling schwiegen zunächst verbissen. Dann dirigierte der Junge ihn mit einsilbigen Hinweisen in ein Gäßchen, wo Adam noch nie gewesen war, und verabschiedete sich ebenso einsilbig (doch beim Wegfahren sah Adam im Rückspiegel, wie er regungslos am Randstein stand und dem Wagen nachstarrte), und sie waren endlich allein. Er wollte wenigstens Alenas Hand berühren, aber sie zuckte zurück, und da fiel ihm auf, daß sie sich plötzlich in ein müdes, erschöpftes Wesen verwandelt hatte, dem eben alles Leben entglitten war.

Ludvík Vaculík:
Donnerstag, 31. Januar 1980

Zu Mittag klingelte jemand, es war Josef. Er trug einen grauen Mantel und darunter einen dunklen Anzug mit weißem Hemd und Krawatte. Ich erinnerte mich an den Stollen voll Wasser und fragte: »Du willst ins Theater?« – »Ach wo! An der Alltagskluft hat mir ein Pferd den Ärmel abgerissen. Aber ganz sanft, es wollte nur auf sich aufmerksam machen.«

Wir gingen durch die Celetná zum Altstädter Ring, betraten die Eisenhandlung Rott, wo Josef sich nach Elektroden zum Schweißen erkundigte, von da durch die Melantrichgasse zum Flohmarkt, wo er etwas Herrliches, Billiges kaufen wollte, irgend etwas, dann zu den »Zwei Katzen« ein Gulasch essen, dann durch die Schlucht der Perlgasse zum Jungmannplatz, wo wir uns eine Ausstellung grandios banaler Fotos aus der Arbeitswelt ansahen, vorbei an einer Musikalienhandlung, wo wir im Schaufenster Geigen und Posaunen betrachteten, durch die Passage im »Haus der Fußbekleidung« zum Wenzelsplatz, dann rechts, längs der Konditorei und des Geschäfts mit Herrenanzügen für uns in die »Alfa«-Passage, wo sich das Theater »Semafor« und das Kino »Světozor« befinden, da lasen wir nur die Programme, begaben uns durch die Unterführung an die Ecke mit der Verlagsbuchhandlung der Akademie der Wissenschaften, wo ich mich

67. *Čertovka (Der Teufelsbach).*

nach dem neuen astronomischen Jahrbuch erkundigte, das aber noch nicht erschienen war, folglich sind wieder ein Viertel der Ephemeriden im Eimer, musterten das Programm zweier Kinos, warfen einen Blick auf die slowakischen Bücher im Schaufenster des »Slowakischen Buches«, von dort ging es übers Gleis zum Landwirtschaftsverlag, wo wir auch nichts brauchten, dann durch die Opletalova zur Ecke der Rosengasse, wo Josef sich in der Verkaufsstelle für metallurgischen Bedarf nach Elektroden zum Schweißen erkundigte, und dann gelangten wir zum Heinrichsturm, dort gibt es einen Laden mit Fotopapier abgelaufenen Datums, das wir grundsätzlich nicht kaufen, durch die Passage beim »Slawischen Haus« kamen wir auf den Graben hinaus und hielten uns links, bis wir das »Savarin« erreichten, wo ich Josef zu einem Kaffee einlud.

Wir saßen am Fenster, an dem Leute vorbeigingen, uns hinter der Gardine aber nicht sehen konnten, und Josef erzählte: »Gestern will ich wie immer die Hühner einsperren. Aber ich kann sie nicht finden, die Biester. Ich renne herum, wo die Viecher sind – nirgends. Mensch, ich hab vergessen, sie in der Früh herauszulassen! Sie sind den ganzen Tag im Hühnerstall gesessen, aber Spaß hatten sie keinen daran.«

Marie Louise Kaschnitz: Tagebuch 29. 9. 1981

29. September

Ein alter Mann, der in Prag lebt, versteckt, ängstlich, verfolgungswahnsinnig, so daß zu ihm nur findet, wer ihm die abgerissene Hälfte eines Briefes bringt, den er selbst geschrieben hat, an einen Freund geschrieben hat, der mit dieser abgetrennten halben Seite also für den fremden Besucher bürgt...

Dieser alte Mann, der Gustav Janouch heißt, hat als Jüngling, als halbes Kind noch, Franz Kafka im Büro der Arbeiterversicherung besucht, zu Hause besucht, ist mit ihm spazierengegangen, hat sich aufgeschrieben, was Kafka gesagt hat, zu dem und jenem, zu Menschen, zu Büchern, zur Judenfrage, zur Religion. Ein Ausspruch ist mir im Gedächtnis geblieben, warum gerade dieser, vielleicht wegen des Wortes Gnade, eines goldbraunen Wortes, etwa die Farbe vom Karamel. Ich bemühe mich, sagte Kafka zu dem jungen Janouch, ein richtiger Anwärter der Gnade zu sein. Der Satz hat etwas in mir in Schwingungen versetzt, wie ist das, bemühe ich mich selber um Ähnliches, und würde es doch nicht auszusprechen wagen, so zimperlich sind wir geworden in bezug auf die Metaphysik. Dabei ist das Wort der schönsten Worte eines und sein Sinn der schönsten einer, da wird einmal nicht gerechnet, Bemühung, Belohnung, nein, alles geschenkt. Ein ärgerliches Wort für die Atheisten aller Konfessionen, schon der Hauch von Mystik, der ihm innewohnt, muß sie verdrießen, außerdem haben auch Könige, Richter und große Herren Gnaden verteilt.

Gnädiger Herr, und schon sind wir bei den Bücklingen, dem Rocksaumküssen, der würdelosesten Devotion. Kafkas Gnade ist allein die göttliche, sie muß etwas zu tun haben mit der Todesstunde und dem Leben nach dem Tode. Die Annäherung ist vorsichtig, nur ein Anwärter, und das ist noch ein Amt, das man »richtig« erfüllen muß. Worunter ich mir so etwas vorstelle wie eine bestimmte Form der Passivität, des Nicht-Wollens, nur Horchens, wobei natürlich, zumal für Kafka, auch ganz andere Stimmen, und solche der Finsternis, hörbar werden.

Jaroslav Seifert:
Prag im Traum

Ich weiß nicht mehr, in welchem Jahr es war,
ich ließ Paris stehen. —
Diese Stadt traf ja nicht zum ersten Mal ein Fluch.
Ich zog den Riemen meines Gepäcks enger
und eilte heimwärts.
Ich hatte Heimweh nach Prag,
und ich blieb dort bis zum Tod.

Prag lächelte mir entgegen,
und ich erzitterte
wie ein Verliebter, der seine Liebste erblickt
und ihre Umarmung nicht erwarten kann.
Am Novotny-Steg
verdrehte mir das alte Wehr den Kopf.
Ich lauschte seinem Brausen
wie einem Liebeslied.
Mozart hat es nicht aufgeschrieben,
es ist nicht im Köchelverzeichnis —
das Wasser hat es erdacht,
als es die Ufer des Landes umspülte.

In der Nacht fiel ein Katarakt von Sternen
auf die schlafende Stadt.

Irgendwer blickte mir jedoch über die Schulter
und befahl jemandem ein wenig verächtlich:
— Geben Sie ihm eine Laute,
daß er zu singen versucht!

Die Jahre waren trüb und schwer,
aber unter dem Grau des Alltags

blitzten große Schicksale durch.
Sie loderten hoch und verloschen
inmitten von weinenden Augen.

Ich bin dann mit den Toten
auf der Karlsbrücke gegangen,
auf die schweigsame Kampa,
zu den Mühlrädern auf der Čertovka.
Sie drehen sich leer
und mahlen die tote Stille.

Vieles, was ich vom Tod weiß,
sagte mir Vladimir Holan
erst nach seinem Begräbnis.
Er wohnte ein paar Schritte von hier
und er war mit dem Tod gut bekannt.
Der ist überall.

Indessen läuft mir das Leben schneller davon
als der flüchtige Äther
aus einer zerbrochenen Flasche. Nun also!
Ich habe Depressionen
wie alte Menschen auch sonst,
und in der Nacht plagen mich oft
Angstträume.

Aus ihren phantastischen Formen
und unbestimmten Farben
schwingt sich plötzlich die Stadt empor,
traurig und düster,
umzingelt von den Kiefern der Siedlungen.
Sie sind wie ein Gebiß,
und zwischendurch ragen drohend die Fangzähne
der Hochhäuser auf.

In jener Nacht träumte mir,
daß sie Prag von allen Seiten einkesselten
und gegen die Stadtmitte vorrückten.
Sie wollen die Hungermauer verschlingen
und auch die Kastanienbäume auf den Straßen,
sie wollen sich in den saftigen Rasen
und in die Blumenbeete verbeißen.

Schade um die freundlichen Wege,
wo die Liebespaare gehen
und flüstern und schwärmen.
Die grauen Staubwolken
setzen sich auf das frische Grün,
und die alten Magnolien in voller Blüte
ächzen leise.

Als sie aber mit dem Sprengen
und der raschen Demontage
des alten Aussichtsturmes
auf dem Laurenziberg begannen,
kniff ich fest die Augen zu.
Er war der Freund meiner Geliebten.

Ich hätte sie aber lieber nicht öffnen sollen!
Als sich dann die erste Straße
bis zum Grab von Smetana
auf dem Friedhof am Vyšehrad anschlich,
flogen mit einem Schmerzensschrei die Hähne
vom Dach des Domes auf
und fielen irgendwo am Flußufer
in die Büsche.

Aus jedem Traum erwacht der Schlafende wieder,
nur aus diesem nicht.
Umsonst heulen die Sirenen,

umsonst entzündete sich die Morgenröte
und breitete sich auf dem Himmel aus
wie eine Blutlache
nach einem Verkehrsunfall.

Schließlich bemerkte ich noch,
daß auf der Oberfläche des Flusses tote Fische treiben
und das Wasser schwarz ist
wie zur Stunde des Jüngsten Gerichts.

Nachwort

»Ganz Praha ist ein Goldnetz von Gedichten«, schwärmte Detlev von Liliencron nach einem Besuch Prags. Auch andere Besucher, darunter viele Dichter und Musiker, fanden nur Ausdrücke des Superlativs, wenn sie die Faszination dieser Stadt in Worte zu fassen versuchten: »der schönste Edelstein in der Krone Böhmens«, »das Herz des tschechischen Landes«, »goldenes Prag«, »Rom des Nordens«, »Paris des Ostens«. Vergleiche mit anderen europäischen Kulturmetropolen – mit Venedig, Florenz, Rom oder Paris – bieten sich an. Diese Städte rühmen sich ihres besonders reizvollen Ambientes, dem ein malerisches Stadtbild und eine reiche kulturelle Tradition zugrunde liegen. Beides trifft auch für Prag zu. Es breitet sich auf den Hügeln beiderseits der Moldau aus. Der Fluß mit seinen Brücken und Inseln, die Burg Hradschin, die zahlreichen Kirchen, Klöster, Tore und Paläste mit ihren unzähligen Türmen und Türmchen bestimmen das Stadtbild. Prag ist eine Stadt der Denkmäler, sie selbst ist ein Denkmal; eine Stadt, in der sich alle Epochen europäischer Baukunst lückenlos verfolgen lassen; eine Stadt mit einer langen und bewegten Geschichte.

Nach der Chronik von Cosmas, eines Dekans in der Domkirche zu Prag um 1110, wurde Prag etwa 725 gegründet. Es war immer Hauptstadt von Böhmen und Mähren, später auch des Kaiserreiches, und darüber hinaus Schauplatz vieler für das ganze Land entscheidender Ereignisse. Deshalb hinterließen hier die einander abwechselnden Epochen der wirtschaftlichen und kulturellen Blüte und der Niederlagen ihre unübersehbaren Spuren.

Mehrmals in seiner Geschichte war Prag auch wichtiges politisches und kulturelles Zentrum in Mitteleuropa. Zum ersten Mal bereits im Mittelalter, nachdem es zur Residenz Karls IV. geworden war. Wie kein anderer König oder Kaiser vor und nach ihm verhalf er der Stadt zu einem hohen Ansehen und einer kulturellen Blüte. An ihn erinnern heute noch vor allem zahlreiche Bauten: die Karlsbrücke, die Universität, die Hungermauer, der Veitsdom, der Karlshof sowie andere Kirchen und Klöster.

Nur zwei der zahlreichen nach Karl IV. in Böhmen herrschenden Könige war es danach gelungen, Prag zu einer bedeutenden europäischen Metropole zu erheben: Vladislav II. gegen Ende des 15. Jahrhunderts, an den der Vladislavsaal auf dem Hradschin erinnert, und Rudolf II. im ausgehenden 16. Jahrhundert, der namhafte Künstler und Gelehrte aus ganz Europa nach Prag einlud, um Künste und Wissenschaften zu fördern.

Nach der Schlacht am Weißen Berg im Jahre 1620, die den Verlust der nationalen Souveränität für Böhmen und Mähren für 300 Jahre zur Folge hatte, verlor Prag an Bedeutung. Von nun an war Wien die Hauptstadt und somit auch politisches und kulturelles Zentrum des Reiches.

Erst gegen Ende des 18. und ganz besonders im 19. Jahrhundert eroberte Prag seinen Ruf als Kulturmetropole, als Musik-, Theater- und Literaturstadt, zurück. Prag war die erste Stadt, die 1787 den genialen Mozart überschwenglich feierte. Mozart, der bis dahin weder in Salzburg noch in Paris, noch in Wien eine ihm gebührende Anerkennung für sein Werk erfahren hatte, komponierte danach für sein Prager Publikum die Oper »Don Giovanni«. Sie wurde 1787 unter seiner Leitung im damaligen Prager Standestheater uraufgeführt.

In Prag wirkte als Kapellmeister auch Carl Maria von Weber. Er und andere führende Musiker des 19. Jahrhunderts – Hector Berlioz, Franz Liszt, Frédéric Chopin und Richard Wagner – hielten Prag für eine faszinierende und für das europäische Musikleben bedeutsame Stadt.

In Prag lebte und wirkte auch der große tschechische Komponist Bedřich Smetana. Mit seinen Opern »Libuše« und »Dalibor« sowie mit der Vertonung anderer Stoffe aus alten tschechischen Mythen und Sagen setzte er der Stadt Prag ein eindrucksvolles musikalisches Denkmal.

Schon zu Beginn des 19. Jahrhunderts erwarb sich Prag den

Ruhm einer Theaterstadt. Die Prager Bühnen waren meistens die ersten, die die Dramen Schillers aufführten. Theaterstücke Lessings und anderer deutscher Dramatiker waren beim Prager Publikum ebenfalls sehr beliebt. Die Aufführungen fanden in Deutsch statt, denn bis 1868, bis zur Eröffnung des ersten tschechischen Nationaltheaters, gab es in Prag ausschließlich deutsche Bühnen. Deutsch war nach 1620 drei Jahrhunderte lang die offizielle Sprache des Landes, Tschechisch dagegen nur die Sprache der »niederen Stände«. Das hatte schwerwiegende Folgen. Die tschechische Sprache verkümmerte immer mehr und war vom Aussterben bedroht. So konnte sich im 17. und 18. Jahrhundert auch die tschechische Literatur nicht weiterentwickeln.

Erst in der ersten Hälfte des 19. Jahrhunderts sorgten tschechische Dichter und Dramatiker, z. B. Karel Hynek Mácha, Karel Jaromír Erben und Josef Kajetán Tyl, dafür, daß Tschechisch Literatursprache wurde. Um die Jahrhundertmitte bildeten sich in Prag tschechische Literatenzirkel. Und als das Streben der Tschechen nach nationaler Unabhängigkeit in der zweiten Hälfte des vorigen Jahrhunderts als politische Forderung immer stärker wurde, schlug sich dies auch in der Literatur nieder. Sie erlebte dadurch eine wahre Blütezeit. Immer mehr Dichter, Dramatiker und Prosaisten, darunter Jan Neruda, Alois Jirásek und Božena Němcová, setzten sich in ihren Werken mit Problemen ihrer Gegenwart sowie mit historischen Themen und Stoffen auseinander.

In Prag war seit der Frühzeit slawisches, jüdisches und deutsches Kulturgut vermischt. Auch die deutschsprachigen Dichter und Schriftsteller prägten, ganz besonders um 1900 und bis in die 30er Jahre hinein, das literarische Leben dieser Stadt. Rainer Maria Rilke, Franz Werfel, Franz Kafka, Max Brod und Egon Erwin Kisch – die bekanntesten von ihnen – fühlten sich Prag und seiner eigentümlichen Atmosphäre, die sie hervorgebracht hatte, auf besondere Weise verbunden. Ihr Werk wäre ohne diese Stadt schwer vorstellbar. »Prag läßt nicht los. Das Mütterchen hat Krallen«, schrieb Kafka. Ein ähnliches Bekenntnis wird auch von Egon Erwin Kisch überliefert, der gestand: »Prag ist ein Zauber, etwas, was einen bindet und hält und immer wieder hierher zurückzieht. Man kann nicht vergessen.«

Als Treffpunkt dienten den Prager Literaten beider Sprachen die legendären Cafés. Nach 1933, als Prag Zuflucht- und Transitstadt für zahlreiche Deutsche wurde, für Juden, Antifaschisten, Sozialisten und Kommunisten, darunter namhafte Künstler, waren diese Cafés für viele Flüchtlinge der einzige Ort, wo sie untereinander Verbindung aufnehmen und Nachrichten austauschen konnten.

Die Tradition der Literatencafés setzte sich auch nach dem Zweiten Weltkrieg durch. Prag ist heute immer noch eine Literatur-, Musik- und Theaterstadt, das Zentrum des geistigen Lebens der Tschechoslowakei, spielt jedoch nicht mehr eine zentrale Rolle in Mitteleuropa wie in früheren Epochen. Auch die Atmosphäre hat sich dort verändert. Die Literatur legt Zeugnis davon ab, denn vieles von der Atmosphäre Prags in den verschiedenen Epochen, vieles vom Reichtum an überlieferten Mythen, Sagen und Legenden, die aufs Eigentümlichste mit der Geschichte der Stadt verknüpft sind, vieles von den jahrhundertelang anhaltenden Kämpfen, die sich dort abspielten, ging in die europäische Literatur ein. Die vorliegende Textsammlung gibt einen kleinen Einblick in die ganze Breite der literarischen Palette.

Die Texte dieses Bandes sind vornehmlich, jedoch nicht ausschließlich nach historischen und kulturhistorischen Gesichtspunkten ausgewählt worden. Sie umfassen die Zeitspanne von der Gründung Prags bis in unsere Gegenwart. Die literarischen Texte, Ausschnitte aus Romanen, Dramen und die Gedichte, wurden nicht nach ihrem Entstehungsdatum in eine Chronologie gebracht, sondern nach dem Ereignis, von dem sie erzählen. Das Entstehungsjahr eines Textes ist nur dann richtungweisend, wenn es sich um Auszüge aus Tagebüchern und Reiseberichten handelt – es ist am Textende vermerkt.

Den Schwerpunkt dieses Buches bilden Texte, die Auskunft über Prag im 20. Jahrhundert und Zeugnis davon abgeben, daß dies für das tschechische Volk eine besonders ereignisreiche Zeit war. Eine Epoche, in der große Siege und große Niederlagen relativ rasch einander ablösten. 1918, nach dem Zerfall der österreichisch-ungarischen Monarchie, wurde Prag die Hauptstadt der ersten unabhängigen tschechoslowakischen Republik. Der Traum vieler Tschechen wurde nach 300 Jahren Fremdherrschaft wahr, doch nur für eine kurze Zeit. Schon 1938 wurde er durch das Münchener Abkommen teilweise und 1939, nach dem Einmarsch von Hitlers Truppen in Prag, bis auf weiteres zerstört. 1945 erlebte Prag die Befreiung durch die Rote Armee, 1948 die kommunistische Machtübernahme. Aber schon 1968 haben die Tanks des Warschauer Paktes eine liberale politische Entwicklung wieder eingeebnet.

Nicht alle historisch interessanten literarischen Texte konnten in diesen Band hineingenommen werden. Meine Absicht war es nicht, dem Leser eine lückenlose, literarisch aufbereitete Geschichte Prags zu präsentieren, sondern eine Art Collage aus Texten und Bildern, aus Geschichte und Geschichten, die möglichst viele Seiten Prags sichtbar werden läßt und Aufschlüsse über die Bewohner, über ihr Selbstverständnis neben vielen verschiedenen Sichtweisen der Fremden bietet.

Es mag immer noch Reisende geben, denen es nach dem ersten Besuch Prags ähnlich wie dem österreichischen Schriftsteller Franz Grillparzer ergeht. Er war 1826 mit einigen tiefverwurzelten Vorurteilen gegenüber Land und Leuten nach Prag gereist und kehrte von Prag bezaubert nach Wien zurück. In sein Tagebuch notierte er unter anderem:

»Eigentlich sollte man über kein Volk aburteilen, bevor man es in seiner Heimat gesehen.« Das kann man auch heute, in unserem Zeitalter der Massenmedien, die uns das Leben in fremden Ländern vom Wohnzimmer aus verfolgen lassen, vorbehalt- und widerspruchslos gelten lassen. Nimmt man es außerdem mit der Wahrheit in der Poesie ganz genau, so kann es dem aufmerksa-

men und aufgeschlossenen Besucher Prags widerfahren, daß er –
zumindest nach Detlev von Liliencron – in »ein Goldnetz von
Gedichten« hineingerät. Klingt das nicht verheißungsvoll?

Hamburg, Mai 1987

Textnachweis

Anna Amalie Abert: Der junge Gluck in Prag, S. 92. Aus: Christoph Willibald Gluck. Verlagshaus Bongs & Co., München 1961

Hans Christian Andersen: Prag, S. 148. Aus: Eines Dichters Basar. Sämtliche Werke, Band 3, Braunschweig 1843

Guillaume Apollinaire: Der Wanderer von Prag, S. 197. Aus: L'Hérésiarque et Cie. P. V. Stock, Paris 1910. (Zitiert nach »Einladung nach Prag«, herausgegeben und eingeleitet von Traugott Krischke. Langen Müller Verlag, München 1966)

Erich Arendt: Prager Judenfriedhof, S. 337. Aus: Aus fünf Jahrzehnten. VEB Hinstorff Verlag, Rostock 1968

Rose Ausländer: Prag, S. 353. Aus: Ich höre das Herz des Oleanders. Gedichte 1977–1979. S. Fischer Verlag, Frankfurt 1984

Ingeborg Bachmann: Prag Jänner 1964, S. 339. Aus: Werke. Band 1 (Gedichte, Hörspiele, Libretti), herausgegeben von Christine Koschel, Inge von Weidenbaum, Clemens Münster. R. Piper & Co. Verlag, München 1978

Hector Berlioz: Prag. Aus dem Brief an Humbert Ferrand, S. 156. Aus: Lebenserinnerungen. Ins Deutsche übertragen und herausgegeben von Dr. Hans Scholz. München 1914

Bertolt Brecht: Das Moldaulied, S. 316. Aus: Gesammelte Werke, Band 5, Schwejk im II. Weltkrieg. Suhrkamp Verlag, Frankfurt am Main 1967

Clemens von Brentano: Die Gründung Prags, S. 12. Aus: Werke. Band IV. Dramen. Herausgegeben von Friedhelm Kemp. Carl Hanser Verlag, München 1966

Max Brod: Prager Cafés, S. 224. Aus: Rebellische Herzen. Herbig Verlag, Berlin 1957

Edward Brown: Gantz sonderbare Rejse, S. 82. Aus: Einladung nach Prag. Langen Müller Verlag, München 1966 (Durch Niederland/Teutschland/Hungarn/Serbien/Bulgarien/usw. gethane gantz sonderbare Rejsen. Nürnberg 1685)

Johannes Butzbach: Wie die Reisenden nach Prag kamen und von der Schönheit dieser Stadt, S. 47. Aus: Chronica eines fahrenden Schülers oder Wanderbüchlein. Aus der lateinischen Handschrift übersetzt und mit Beilagen vermehrt von D. J. Becker. Regensburg 1869. Zitiert nach: Einladung nach Prag. Langen Müller Verlag, München 1966

Albert Camus: Tod im Herzen, S. 263. Aus: Licht und Schatten. Literarische Essays. Copyright © 1959 by Rowohlt Verlag GmbH, Reinbek

Ignaz Franz Castelli: Die Judenstadt in Prag, S. 154. Aus: Memoiren meines Lebens. München 1913. (Zitiert nach »Einladung nach Prag«, Langen Müller Verlag, München 1966)

Paul Celan: In Prag, S. 336. Aus: Ausgewählte Gedichte. Auswahl von Klaus Reichert. Suhrkamp Verlag, Frankfurt am Main 1976

François-René de Chateaubriand: Prag, 24. Mai 1833, S. 144. Aus: Erinnerungen. Herausgegeben und neu ins Deutsche übertragen und mit einem Nachwort versehen von Siegrid von Massenbach. Nymphenburger Verlagshandlung, München 1968

Paul Claudel: Prager Barock, S. 251. Aus: Länder und Welten. F. H. Kerle Verlag Heidelberg, Benzinger Verlag Zürich–Köln 1960

Cosmas von Prag: Aus dem ersten Buch der Chronik von Böhmen. Prag, S. 11. Aus: Des Dekans Cosmas Chronik von Böhmen nach der Ausgabe der Monumenta germaniae, übersetzt von Georg Grandaur. Leipzig 1885

Alfred Döblin: Wallenstein, S. 71. Aus: Wallenstein. Band 2. Walter Verlag, Olten und Freiburg i. Br. 1965

Paul Eluard: Prag an einem Frühlingsabend, S. 334. Aus: Vom Horizont eines Menschen zum Horizont aller Menschen. Ausgewählt und übersetzt von Friedrich Hagen. Verlag der Nation, Berlin 1957

Elke Erb: Prag, S. 354. Aus: Trost. Deutsche Verlags Anstalt, Stuttgart 1982

Abraham Saur von Franckenberg: Die Statt Praga, S. 62. Aus: Theatrvm Vrbivm. Franckfort am Mayn 1595. (Zitiert nach Einladung nach Prag. Langen Müller Verlag, München 1966)

Bruno Frei: Die Sonderstellung Prags, S. 287. Aus: Der Papiersäbel. S. Fischer Verlag, Frankfurt 1972

Max Frisch: Hradschin, S. 333. Aus: Tagebuch 1946–49. Suhrkamp Verlag, Frankfurt am Main 1970

Julius Fučík: Die Vierhundert, S. 317. Aus: Reportage, unter dem Strang geschrieben, Suhrkamp Verlag, Frankfurt am Main 1976

André Gide: Aus dem Tagebuch 1934, S. 275. Aus: Tagebuch 1889–1939. Band 3. Deutsche Übertragung von Maria Schaefer-Rümelin. Deutsche Verlags Anstalt, Stuttgart 1954

Adolf Goldschmitt: Figaro in Prag, S. 104. *Don Giovanni*, S. 107. Aus: Mozart. Christian Wegner Verlag, Hamburg 1955

Micha Josef bin Gorion: Die Schaffung des Golems, S. 48. Aus: Alt-Prager Geschichten. Insel Verlag, Frankfurt am Main 1982

Franz Grillparzer: Ein Bruderzwist in Habsburg, S. 64. Aus: Werke. Herausgegeben von Stefan Hock, Teil VII. Deutsches Verlagshaus Bong & Co., Berlin 1935. *Die erste Reise nach Prag*, S. 137. Aus: Sämtliche Werke. Band 4. Selbstbiographien. Herausgegeben von Peter Frank und Karl Pörnbacher. Nachwort von Curt Hohoff. Carl Hanser Verlag, München 1965

Willy Haas: Unheimliches Nachspiel Prag, S. 269. Aus: Die Literarische Welt. Erinnerungen. Paul List Verlag, München 1957

Peter Härtling: Die Reise nach Zwettl, S. 322. Aus: Nachgetragene Liebe. Luchterhand Verlag, Darmstadt 1980

František Halas: Der Stadt Prag, S. 289. Aus: Poesie. Übertragung und Nachwort von Peter Demetz. Suhrkamp Verlag, Frankfurt am Main 1965

Jaroslav Hašek: Der Amtseifer des Mauteinnehmers Štěpán Brych, S. 202. Aus: Schule des Humors. Fischer Taschenbuchverlag, Frankfurt 1984

Friedrich Hebbel: In Prag, S. 166. Aus: Werke. Band 5. Herausgegeben von Gerhardt Fricke, Werner Keller und Kurt Pörnbacher. Carl Hanser Verlag, München 1967

Stefan Heym: Der Fall Glasenapp, S. 309. Aus: Der Fall Glasenapp. Fischer Taschenbuchverlag, Frankfurt 1979

Wolfgang Hildesheimer: La Clemenza di Tito, S. 110. Aus: Mozart, Suhrkamp Verlag, Frankfurt am Main 1980

Miroslav Holub: Die Prager Mittagshexe, S. 346. Aus: Obwohl... Gedichte. Auswahl und Übertragung aus dem Tschechischen von Franz Peter Künzel. © 1969 Carl Hanser Verlag, München Wien

Bohumil Hrabal: Kafkarei, S. 341. Aus: Reise nach Sondervorschrift. Aus dem Tschechischen von Franz Peter Künzel. Suhrkamp Verlag, Frankfurt am Main 1968

Alois Jirásek: Das alte Prag, S. 27. *Die Altstädter Rathausuhr*, S. 40. *Eine traurige Gedenkstätte*, S. 70. Aus: Staré pověsti české. Státní nakladatelství Praha, 1967 (Alte tschechische Sagen. Staatsverlag Prag). Aus dem Tschechischen von Jana Halamíčková

Franz Kafka: Im Nationaltheater, S. 217. *In Alt-Neu-Synagoge*, S. 218. Aus: Tagebücher 1910–1923. Fischer Taschenbuchverlag, Frankfurt 1975. Herausgegeben von Max Brod.

Marie Luise Kaschnitz: Tagebuch 29. 9. 1981, S. 362. Aus: Tage, Tage, Jahre. Suhrkamp Verlag, Frankfurt am Main 1984

Alfred Kerr: Die böhmische Stadt, S. 240. Aus: Gesammelte Schriften in zwei Reihen. Band II, »Du bist so schön!«. S. Fischer Verlag, Berlin 1920, © Sir Michael Kerr und Mrs. Judith Kneale-Kerr, London

Johann Georg Keyssler: Zustand und Merkwürdigkeiten der Stadt Prag, S. 89. Aus: Neuste Reisen durch Deutschland, Böhmen, Ungarn, die Schweiz, Italien und Lothringen. Hannover 1711. (Zitiert nach: »Einladung nach Prag«, Langen Müller Verlag, München 1966)

Egon Erwin Kisch: Käsebier und Fridericus Rex, S. 95. *Polizeiminister Fouché im Prager Exil*, S. 126. *Deutsche und Tschechen*, S. 220. Aus: Prager Pitaval. Späte Reportagen. Aufbau-Verlag, Berlin 1980

Ivan Klíma: Gäste aus dem Ausland, S. 355. Aus: Der Gnadenrichter. Hoffmann & Campe, Edition Reich, Luzern/Hamburg 1979. Deutsch von Alexandra und Gerhard Baumrucker, Christine Auras und Helena Kolářová

J. G. Kohl: Einer von hundert Tagen, S. 155. Aus: Hundert Tage auf Reisen in den österreichischen Staaten. Dresden und Leipzig 1842

Günter Kunert: Prag, S. 339. Aus: Tagträume in Berlin und andernorts. Carl Hanser Verlag, München 1972

Rainer Kunze: Der Mantel, S. 350. Aus: Die wunderbaren Jahre. S. Fischer Verlag, Frankfurt 1976

Else Lasker-Schüler: Der alte Tempel in Prag, S. 235. Aus: Gedichte 1902–1943. Kösel Verlag, München 1951

Detlev von Liliencron: Praha, na zdar! S. 192. Aus: Gesammelte Werke, Band 1, herausgegeben von Richard Dehmel, Berlin 1915

Franz Liszt: Brief an seine Freundin, S. 172. Aus: Briefe an eine Freundin. Herausgegeben von La Mara. Leipzig 1894

Thomas Mann: Thomas Mann grüßt Prag, S. 282. Aus: Gesammelte Werke in 13 Bänden. Band 13, S. Fischer Verlag, Frankfurt 1974

Jan Martinec: Schnellsiedekurse, S. 275. *Der 15. März 1939*, S. 290. Aus: Held zwischen Stühlen. Ehrenwirth Verlag, München 1972. Deutsch von Bartel F. Sinnhuber

Fritz Mauthner: Nationale Kämpfe, S. 173. Aus: Prager Jugendjahre. Erinnerungen. S. Fischer Verlag, Frankfurt 1969

Alfred Meißner: Žiška vor Prag, S. 33. Aus: Žiška. Gesänge. Grunow Verlag, Leipzig 1862, S. 147–155. *Aus meinem Studentenleben*, S. 159. Aus: Kleine Memoiren. Lesser Verlag, Berlin 1868

Walter Mehring: Von Schlafenden, S. 242. Aus: Der Zeitpunkt fliegt! Rowohlt Verlag, Reinbek 1958

Gustav Meyrink: Der Golem, S. 54. Aus: Der Golem. Langen Müller Verlag, München 1972

Caroline de la Motte-Fouqué: In Prag, S. 132. Aus: Reiseerinnerungen. Dresden 1823

Sebastian Munster: Cosmographey oder Beschreibung Prags, S. 51. Aus: Cosmographey oder Beschreibung aller Länder, Herrschafften vnd fürnemblichsten Stellen des gesamten Erdbodens. Basel 1578. (Zitiert nach »Einladung nach Prag«, Langen Müller Verlag, München 1966)

Jan Neruda: Der Turmwächter von St. Veit, S. 184. Aus: Bilder aus dem alten Prag. Ausgewählt und aus dem Tschechischen übersetzt von Hans Gaertner. Aufbau-Verlag, Berlin 1957

Vítězslav Nezval: Die Stadt der Türme, S. 248. Aus: Ausgewählte Gedichte. Suhrkamp Verlag, Frankfurt am Main 1967. Übersetzt, herausgegeben und mit Nachwort versehen von Johannes Schröpfer

Karl Paetel: In Prag, S. 283. Aus: Reise ohne Uhrzeit. Verlag Georg Heintz, Worms 1982, und Verlag The World of Books Ltd., London und Worms 1982

Eduard Petiška: Von der Einwanderung der Juden in Böhmen, S. 16. *Aus den Zeiten Wallensteins*, S. 75. Aus: Der Golem. Übersetzung von Gustav Just. Union Verlag, Berlin 1972

Caroline Pichler: Denkwürdigkeiten aus meinem Leben, S. 134. Aus: Denkwürdigkeiten aus meinem Leben. Herausgegeben von Emil Karl-Blümml, München 1914.

Richard Pococke: Von Böhmen, S. 101. Aus: Beschreibung des Morgenlandes und einiger anderer Länder. 3. Theil. Wandsbek i. H. 1911.

Wilhelm Raabe: Die Stadt der Märtyrer, der Musikanten und der schönen Mädchen, S. 187. Aus: »Die Holunderblüte«, in: Sämtliche Werke. Braunschweiger Ausgabe, Band 9, 1, herausgegeben von Karl Hoppe. Vandenhoeck & Ruprecht, Göttingen 1974

Jürgen Rennert: Rabbi Löw, S. 54. Aus: Märkische Depeschen. Gedichte. Union Verlag, Berlin 1976

Rainer Maria Rilke: Kaiser Rudolf, S. 59. *Frieden*, S. 82. *Im Dome*, S. 192. *König Bohusch*, S. 213. Aus: Sämtliche Werke, Insel Verlag, Frankfurt am Main 1975

Ferdinand von Saar: Innocens, S. 161. Aus: Novellen aus Österreich. Herausgegeben von Jakob Minor, Leipzig 1909

Hugo Salus: Das Königsbad, S 31. Aus: Das Königsbad. In: Alt-Prager Geschichten. Herausgegeben von Peter Demetz. Insel Verlag, Frankfurt am Main 1982. *Altstädter Ring*, S. 197. Aus: Reigen. München 1900. (Zitiert nach »Einladung nach Prag«, Langen Müller Verlag, München 1966)

Arthur Schopenhauer: Aus dem Tagebuch des Dreizehnjährigen, S. 119. Aus: »Einladung nach Prag«, herausgegeben von Traugott Krischke. Langen Müller Verlag, München 1966, S. 108

Jaroslav Seifert: Prag im Traum, S. 366. Aus: Gewitter der Welt. Loeper Verlag. *Prager Kaffeehäuser*, S. 258. *Fünf Minuten vor dem Sterben*, S. 326. Aus: Alle Schönheit dieser Welt. © 1985 Albert Knaus Verlag GmbH, München und Hamburg. Deutsch von Hans Gaertner. Mit einem Nachwort von Gabriel Laub

Bedřich Smetana: Sehnsucht nach Prag, S. 178. Aus: Smetana in Briefen und Erinnerungen. Herausgegeben und eingeleitet von František Bartoš. Deutsche Übersetzung von Alfred Schebeck. Arita, Prag 1954. (Zitiert nach »Einladung nach Prag«, Langen Müller Verlag, München 1966)

Philippe Soupault: Die Freunde aus Prag, S. 261. Aus: Gedichte 1917–1930. Edition Text und Kritik, München 1984. Übersetzt und herausgegeben von Eugen Helmlé

Otokar Šourek: Dvořák und die Oper, S. 180. Aus: Antonín Dvořák. Sein Leben und Werk. Artia, Prag 1953. Deutsch von Pavel Eisner

Adalbert Stifter: Witiko, S. 22. Aus: Witiko. Winkler Verlag, München 1949

Friedrich Karl von Strombeck: Darstellung aus einer Reise, S. 151. Aus: Darstellungen aus einer Reise von Niedersachsen nach Wien im Sommer des Jahres 1838. Braunschweig 1839

Josef Svátek: Schiller in Prag, S. 112. Aus: Schiller in Böhmen. Cultur-historische Bilder aus Böhmen. Wien 1879. (Zitiert nach »Einladung nach Prag«, Langen Müller Verlag, München 1966)

Friedrich Torberg: Das bestellte Judenpersonal, S. 299. Aus: Golems Wiederkehr. Langen Müller Verlag, München-Wien 1968

Johannes Urzidil: Das Relief der Stadt, S. 208. *Heinrich Mann in Prag*, S. 236. Aus: Prager Triptychon. Langen Müller Verlag, München 1960

Ludvík Vaculík: Der Flaschenteufel, S. 346. Aus: Stunde namens Hoffnung. Almanach tschechischer Literatur 1968–1978. S. Fischer Verlag, Frankfurt 1978. Herausgegeben von Ludvík Vaculík, Jiří Gruša und

Milan Uhde. *Donnerstag, 31. Januar 1980*, S. 360. Aus: Tagträume. Hoffmann & Campe, Hamburg 1981. Deutsch von Alexandra Baumrucker

Karl August Varnhagen von Ense: Prag 1810, S. 123. Aus: Denkwürdigkeiten des eignen Lebens. Band 1, Rütten & Loening, Berlin 1971. *Prag, Prag!* S. 169. Aus: Aus dem Nachlaß. Tagebücher. 14. Band, Hamburg 1870

Richard Wagner: Zweiter Besuch in Prag, S. 143. Aus: Mein Leben. Band 1. Kritisch durchgesehen, eingeleitet und erläutert von Wilhelm Altmann. Bibliographisches Institut, Leipzig 1902

Bruno Walter: Immer mit Prag verbunden, S. 200. Aus: Thema und Variationen. Erinnerungen und Gedanken. Bermann Fischer Verlag, Stockholm 1947

Carl Maria von Weber: Das Musikalische Konservatorium zu Prag, S. 130. Aus: Sämtliche Schriften, Kritische Ausgabe von Georg Kaiser, 1908

Ernst Weiß: Sered findet endlich einen guten Freund, S. 252. Aus: Sered. In: Gesammelte Werke, Band 15, Die Erzählungen. Suhrkamp Verlag, Frankfurt am Main 1982. Herausgegeben von Peter Engel und Volker Michels

Franz Werfel: Das Trauerhaus, S. 229. Aus: Erzählungen aus zwei Welten. S. Fischer Verlag, Frankfurt 1952, Band II. Herausgegeben von Adolf D. Klarmann

Ludwig Winder: Ein Küchenzettel, S. 307. Aus: Die Pflicht. Steinberger Verlag, Zürich 1949

Marina Zwetajewa: Brandstätte, S. 288. Aus: Gedichte. Aus dem Russischen von Christa Reinig. Nachwort von Klaus Wagenbach. Verlag Klaus Wagenbach, Berlin 1968

Bildnachweis

1. *Praga. Zeitälteste Ansicht von Prag. 1493. Holzschnitt von M. Wohlgemuth und W. Pleydenwurff.* Aus: Liber chronicarum von H. Schedel, 1493

2. *Wyschehrad vor 1420. Ein Gemälde im Nordschiff der Hl. Peter Kirche.* Foto von F. Kašička. Aus: Staletá Praha, Band 8, Orbis 1971

3. *Valdislavsaal im königlichen Palast auf der Burg, erbaut nach den Plänen von Benedikt Rejt 1486–1502.* Foto von Vojtěch Volavka. Aus: Vojtěch Volavka, Kunstwanderungen durch Prag. Artia, Prag 1966

4. *Votivbild des Očko von Vlašim um 1375.* Links Kaiser Karl IV. empfohlen vom hl. Sigismund; rechts Wenzel IV. empfohlen vom hl. Wenzel. Staatsgalerie Prag. Aus: Oskar Schürer, Prag. Georg D. W. Callwey Verlag, München 1935

5. *Kirche im Karlshof. Gewölbe.* Foto von Alexander Paul, Prag. Aus: Prag. Herausgegeben von Reinhardt Hootz. Wissenschaftliche Buchgesellschaft, Darmstadt 1978

6. *Ermordung des Johannes Nepomuk durch König Wenzel von Böhmen am 30. April 1393.* Radierung nach einem Gemälde. Historia-Foto Charlotte Fremke, Bad Sachsa

7. *Astronomische Uhr am Altstädter Rathaus.* Foto von Carl von Boeheim. Aus: C. v. Boeheim, Prag. Adam Kraft Verlag, Augsburg 1967

8. *Prag um 1572. Stich von F. Hooghberg.* Aus dem ersten Teil des Werkes: Civitates orbis terrarum von Georg Braun, I. Auflage 1572. Aus: Oskar Schürer, Prag. Callwey Verlag, München 1935

9. *Das Grab von Rabbi Löw (1525–1609).* Foto von Jiří Doležal/ Ivan Doležal. Aus: Das Goldene Prag. Artia, Prag 1971

10. *Rudolf II., Kaiser und König (1576–1612).* Kupferstich von P. van Sompel nach P. Southman 1602. Städtisches Museum Prag

11. *Die Altstadt im Jahre 1606. Ausschnitt aus dem Prospekt von Ägidius Sadeler (1570–1629).* Aus: Vojtěch Volavka, Kunstwanderungen durch Prag. Artia, Prag 1966

12. *Prager Burg: Veitsdom. Grabmal des Feldmarschalls Graf Leopold Schlick.* Foto von Alexandr Paul, Prag. Aus: Prag. Herausgegeben von Reinhardt Hootz. Wissenschaftliche Buchgesellschaft, Darmstadt 1978

13. *Die Prager Exekution auf dem Altstädter Ring am 21.6. 1621. Anonymer Kupferstich.* Aus: Fr. Pick, Pragensia V. Prag 1922

14. *Albrecht E. W. von Wallenstein. Herzog von Friedland (1583 bis 1634). Anonymer Kupferstich.* Prag, Städtisches Museum

15. *Belagerung Prags durch die Schweden 1648. Kupferstich nach Karl Skreta von Matthias Merian.* Prag, Städtisches Museum

16. *Wallenstein-Palast, Loggia (1627).* Foto von Oldřich Starý. Aus: Tschechoslowakische Architektur, Einleitung von Oldřich Starý. Verfaßt von Marie Benešová, Oldřich Dostál, Ladislav Foltýn, Kamil Gross und Jiří Hrùoza. Artia, Prag 1965

17. *Der hl. Johann von Nepomuk auf der Karlsbrücke (1683).* Foto aus: Vojtěch Volavka, Kunstwanderungen durch Prag. Artia, Prag 1966

18. *Bombardement von Prag durch Friedrich den Großen 1757. Anonymer Kupferstich.* Aus: Oskar Schürer, Prag. Callwey Verlag, München 1935

19. *Hauptfassade des Černín-Palais, erbaut von F. Carratti 1669 bis 1677.* Foto von Vojtěch Volavka. Aus: Vojtěch Volavka, Kunstwanderungen durch Prag. Artia, Prag 1966

20. *Palais Thun-Hohenstein, Neruda-Gasse.* Foto von Carl von Boeheim. Aus: C. v. Boeheim, Prag. Kraft Verlag, Augsburg 1967

21. *Tyl-Theater, ehemaliges Standestheater,* wo 1787 die Uraufführung der Oper »Don Giovanni« von W. A. Mozart stattfand. Foto von Vojtěch Volavka. Aus: Vojtěch Volavka, Kunstwanderungen durch Prag. Artia, Prag 1966

22. *Einzug Leopolds II. auf dem Altstädter Ring 1791. Kupferstich von Karl Pluth nach Ph. und F. Heger.* Städtisches Museum Prag

23. *Die Ermordung des hl. Wenzels. Ein Wandgemälde aus dem Jahre 1543 in der Kapelle des hl. Wenzels, Veitsdom.* Foto von Jiří Burian. Aus: Jiří Burian, Katedrála Sv. Víta. Odeon, Prag 1975

24. *Statue des hl. Wenzel von Peter Parler im Veitsdom.* Foto von Carl von Boeheim. Aus: C. v. Boeheim, Prag. Adam Kraft Verlag, Augsburg 1967

25. *Statuen auf der Karlsbrücke.* Foto von Karel Plíčka. Aus: Karel Plíčka, Prag. Artia, Prag 1961

26. *St.-Veits-Dom. Blick in das Presbyterium.* Aus: Oldřich Starý, Tschechoslowakische Architektur. Artia, Prag 1965

27. *Der Alte jüdische Friedhof mit seinen 12000 Grabsteinen.* Foto von Jiří Doležal. Aus: Jiří Doležal, Das goldene Prag. Artia, Prag 1971

28. *Türme und Gebäude beim Novotný-Steg.* Foto von Jiří Doležal. Aus: Das goldene Prag. Artia, Prag 1971

29. *Spanischer Saal in der Burg, unter Rudolf II. erbaut.* Foto von Carl von Boeheim. Aus: C. v. Boeheim, Prag. Adam Kraft Verlag, Augsburg 1967

30. *Der dritte Hof der Prager Burg 1791. Ein Kupferstich von Filip und František Heger.* Aus: Jiří Burian. Katedrála Sv. Víta na Pražském Hradě. Odeon, Prag 1978

31. *Altstadt: Teynkirche. Grabplatte Tycho de Brahe.* Foto von Alexandr Paul, Prag. Aus: Prag. Herausgegeben von Reinhardt Hootz. Wissenschaftliche Buchgesellschaft, Darmstadt 1978

32. *Salvatorkirche, Klementinum und Türme der Altstadt.* Foto von Carl von Boeheim. Aus: C. v. Boeheim, Prag. Adam Kraft Verlag, Augsburg 1967

33. *Klementinum, nach der Prager Burg das größte Gebäude in Prag* (Abriß um 1750). Aus: Vojtěch Volavka, Kunstwanderungen durch Prag. Artia, Prag 1966

34. *Burg Wyschehrad 1606. Ein Stich des Ägidius Sadeler.* Städtisches Museum Prag

35. *Diamantenbesetzte Monstranz aus dem Schatz der Loretto-Kirche.* Ein Foto von Vojtěch Volavka. Aus: Vojtěch Volavka, Kunstwanderungen durch Prag. Artia, Prag 1966

36. *Die Slawenmesse auf dem Wenzelsplatz 1848. Ein Stich von M. Koutník.* Städtisches Museum Prag. Aus: Oskar Schürer, Prag

37. *Das Nationaltheater.* Foto von Jiří Doležal. Aus: Jiří Doležal, Das goldene Prag. Artia, Prag 1971

38. *Bedřich Smetana.* Ein Foto aus: Otokar Šourek, Antonín Dvořák. Artia, Prag 1953

39. *Antonín Dvořák.* Foto aus: Otokar Šourek, Antonín Dvořák. Artia, Prag 1953

40. *Der große Turm mit der St.-Georg-Statue.* Foto von Karel und Jana Neubertovi. Aus: Katedrála Sv. Víta. Odeon, Prag 1978

41. *Stiegen in die Nerudagasse.* Foto von Jiří Doležal. Aus: Das goldene Prag. Artia, Prag 1971

42. *Haus der Künstler – Rudolfinum.* Ein Foto aus: Oldřich Starý, Tschechoslowakische Architektur. Artia, Prag 1965

43. *Franz-Josef-Brücke. Rechts das Mauteinnehmerhaus* – bis 1918 wurde an allen Brücken, außer der Karlsbrücke, Zoll erhoben. Aus: Klaus Wagenbach, Franz Kafka. Bilder aus seinem Leben. Verlag Klaus Wagenbach, Berlin 1983

44. *Die Flucht des Winterkönigs Friedrich von der Pfalz aus Prag nach der Schlacht am Weißen Berg im Jahre 1620. Detail des Reliefs von Kaspar Bechteller aus dem Jahre 1631.* Aus: Jiří Burian, Katedrála St. Víta. Odeon, Prag 1975

45. *Altneusynagoge.* Ein Foto von Alexandr Paul, Prag. Aus: Prag. Hrsg. von Reinhardt Hootz. Wissensch. Buchgesellschaft, Darmstadt 1978

46. *Der Graben, die Hauptstraße Prags. Aufnahme um 1890* (mit Pferdestraßenbahn). Aus: Franz Kafka von Klaus Wagenbach. Verlag Klaus Wagenbach, Berlin 1983

47. *Eingang zum Café »Montmartre«,* das 1911 eröffnet wurde. Zeitgenössische Aufnahme. Aus: Josef Kotek, Kronika české synkopy 1903–1938. Suphraphon, Prag 1975

48. *Tanzszene im »Montmartre«*

49. *Eine Hure steigt aus dem »Grünen Anton«* (Prager Ausdruck für den Gefängniswagen). Um 1905. Aus: Klaus Wagenbach, Franz Kafka. Verlag Klaus Wagenbach, Berlin 1983

50. *Ein Bierhaus im Stadtzentrum.* Zeitgenössische Aufnahme. Aus: Klaus Wagenbach, Franz Kafka. Verlag Klaus Wagenbach, Berlin 1983

51. *Barockes Putti vor dem Loretokomplex.* Foto von Jiří Doležal. Aus: Jiří Doležal, Das goldene Prag. Artia, Prag 1971

52. *Die Moldaubrücken – Mánes-Brücke, Karlsbrücke, Brücke des 1. Mai, Jirásek-Brücke, Palacký-Brücke.* Foto von Carl von Boeheim. Aus: C. v. Boeheim, Prag. Adam Kraft Verlag, Augsburg 1967

53. *Das Goldene Gäßchen.* Foto von Vojtěch Volavka. Aus: Vojtěch Volavka, Kunstwanderungen durch Prag. Artia, Prag 1966

54. *Laubengang in der Rittergasse.* Foto von Jiří Doležal. Aus: Jiří Doležal, Das goldene Prag. Artia, Prag 1971

55. *Der Graben um 1930.* Foto aus: Oskar Schürer, Prag. Callwey Verlag, München und Brünn 1935

56. *Einmarsch deutscher Truppen in Prag. 15. März 1939.* Historische Aufnahme. Ullstein Bilderdienst, Berlin

57. *Das ehemalige Getto um 1890.* Foto aus: Klaus Wagenbach, Franz Kafka. Verlag Klaus Wagenbach, Berlin 1983

58. *Die sogenannte Altschul, die älteste und bedeutendste Synagoge Prags aus den Jahren um 1270.* Foto von Vojtěch Volavka. Aus: Vojtěch Volavka, Kunstwanderungen durch Prag. Artia, Prag 1966

59. *Gedenktafel für die Fallschirmspringer, die das Attentat auf*

Heydrich im Mai 1943 verübt haben. Sie hielten sich in der Kirche des hl. Karel Boromejský versteckt, wurden verraten und starben dort. Aus: Staletá Praha, Band VIII. Hrsg. von Zdislav Buříval. Orbis, Prag 1977

60. *Gedenktafel am ehemaligen Petschkow-Palais.* Wortlaut: Während der Nazi-Okkupation gab es in diesem Gebäude Folterkammern der Gestapo. Hier kämpften, litten und starben Kämpfer für die Freiheit unseres Landes. Wir vergessen nie, ihrer zu gedenken. Seid wachsam! Aus: Staletá Praha, Band VIII. Hrsg. von Zdislav Buříval. Orbis, Prag 1977

61. *Prag 1945. Die ersten sowjetischen Soldaten auf dem Altstädter Ring in Prag. Im Hintergrund die Ruine des historischen Rathauses. Historisches Foto.* Ullstein Bilderdienst, Berlin

62. *Der Vrtba-Garten und die Niklas-Kirche.* Foto von Jiří Doležal. Aus: Jiří Doležal, Das goldene Prag. Artia, Prag 1971

63. *Alststädter Brückenturm im Schnee.* Ein Foto. Aus: Karel Plíčka, Prag. Artia, Prag 1961

64. *Karlsbrücke, Nordseite.* Foto von Carl von Boeheim. Aus: Carl von Boeheim, Prag. Adam Kraft Verlag, Augsburg 1967

65. *Besetzung Prags durch Truppen des Warschauer Paktes.* Aufgenommen am 24. 8. 1968. Ullstein Bilderdienst, Berlin

66. *Blick von der Museumsrampe auf den Wenzelsplatz.* Foto von Vojtěch Volavka. Aus: Vojtěch Volavka, Kunstwanderungen durch Prag. Artia, Prag 1966

67. *Čertovka (Der Teufelsbach).* Foto von Vojtěch Volavka. Aus: Vojtěch Volavka, Kunstwanderungen durch Prag. Artia, Prag 1966

Umschlagabbildung: Blick über die Moldau und die Karlsbrücke auf die Kleinseite und die Burg. Foto: Jürgens Ost und Europa Agentur, Köln

Inhalt

Frühzeit und Mittelalter

18. Jahrhundert

19. Jahrhundert

20. Jahrhundert

Literatur und Reisen
insel taschenbuch

158/1/5.87

Literatur und Reisen
insel taschenbuch

158/2/5.87

Französische, spanische, italienische Literatur
insel taschenbuch

152/1/4.87

152/2/4.87

Französische, spanische, italienische Literatur
insel taschenbuch

152/4/4.87

Französische, spanische, italienische Literatur
insel taschenbuch

152/5/4.87